法律和社会科学

LAW AND SOCIAL SCIENCES

第18卷 第1辑 贺欣 主编

法律出版社
LAW PRESS·CHINA

法律和社会科学　　第18卷第1辑

主办单位：中南财经政法大学基层法治研究所
中国人民大学法学院法律与社会跨学科研究中心
北京大学比较法和法律社会学研究所

创刊主编：苏　力（北京大学）
本辑主编：贺　欣（香港大学）

关注本刊微信号：LSS_2014投稿（输入“投稿地址”）

目　录

“家事法的社会科学”专号

论文

评论

LAW AND SOCIAL SCIENCES

Volume 18 Number 1

Contents

Symposium: Social Sciences of Family Law

Essays

Comments

Dialogue

《法律和社会科学》
第18卷第1辑,第1～22页

法律如何回应家庭暴力

张剑源*

摘要:家庭暴力乃是"个体暴力"与"家庭纠纷"二者之交叠。然而,过往执法和司法对涉家暴案件的处理,却没有完全注意到这种双重属性的交叠,甚至呈现出在"个体主义"和"家庭本位"之间非此即彼的摇摆,这不利于涉家暴案件的有效处理。妥善处理涉家暴案件,必须将家庭和个体因素同时考虑,同时还必须对社会性别、家庭权力结构等问题予以关照。作为一类难办案件,涉家暴案件处理过程的复杂性,提示了法律运作中两个易被忽略的问题:第一,当所依据和适用的法律有多重选择可能时,法官或执法者应准确分析不同法律规定之目的,同时应特别注意不同法律规定之间的有效衔接;第二,对社会科学知识的重视和合理利用,有利于准确认定案件事实,同时也有利于准确适用法律。

关键词:家庭暴力　伦理　个体主义　法律适用　法律和社会科学

---

* 云南大学法学院副教授。相关研究得到云南大学"青年英才培养计划"资助,特此致谢。

一、问题的提出

2016年3月1日实施的《反家庭暴力法》是一部非常特殊的立法。首先,在《反家庭暴力法》出台之前,立法和司法解释中实际上已经包含了众多对家庭暴力行为进行规制的规定。比如《婚姻法》中有关家庭暴力的规定;《治安管理处罚法》中有关"虐待家庭成员""遗弃"的规定;《刑法》中有关"虐待家庭成员""拒绝抚养"的规定;最高人民法院等联合发布的《关于依法办理家庭暴力犯罪案件的意见》中对"家庭暴力犯罪"的规定;等等。另外,《治安管理处罚法》和《刑法》中有关殴打、侮辱、拘禁、故意伤害、故意杀人等规定,实际上都与家庭暴力有关。① 可以说,在《反家庭暴力法》出台之前,无论是通过民法、行政法、刑事法,还是司法解释,国家都已经建立了对家庭暴力行为规制的完备的法律和政策体系。那么为何国家还要专门制定一部《反家庭暴力法》?是重复,还是一种有效的补充?其次,《反家庭暴力法》中规定的一些较新的制度和措施,比如"人身安全保护令"和"告诫"制度等,看似拓宽了受害者的救济途径,然而若仔细分析就会发现,这些制度实际上只不过是一些"软绵绵"的制度。至少,相较于治安管理处罚和刑事处罚来说,它们的确是较轻的责任形式。② 那么,在"暴力"面前,立法的目的就是打击违法犯罪,保护人民群众的人身安全和财产权益。但是,既有的"重"处罚措施都不行,再制定一些"软绵绵的"制度和措施会有意义吗?最后,从更为宏观的角度看,中国长久以来形成的"劝和

① 参见《婚姻法》第32条,《治安管理处罚法》第43条、第45条,《刑法》第237条、第238条、第260条、第261条,以及《关于依法办理家庭暴力犯罪案件的意见》等。

② 在调研和访谈中,有些法官就曾对我们讲:"就是感觉这个人身保护令,自己个人感觉就是软绵绵的,就是说能不能切实保护到申请人的利益,避免犯罪行为的发生,好像这个措施不是很给力。感觉你法院下了这个裁定,但是,对方就一定参照你这个去执行吗?……"

不劝分”“家丑不可外扬”“家务事”等观念一直在家庭生活中发生着作用。[①] 这一国家专门针对家事制定的法律，又会对基层社会和千千万万的家庭产生什么样的影响？

本文认为：这些相对宏观的问题实际上都源于一个基础性的问题，那就是：家庭暴力到底有何特殊？为何立法和制度设计在面对家庭暴力的时候，会产生出如此多不同的规定？在纷繁复杂的家庭暴力案件处置过程中，究竟应当如何进行法律选择、如何进行决策才是最佳的选择？

过去，学界针对家庭暴力问题的特点、解决家庭暴力的方法、出台和完善仅家庭暴力立法等问题进行了大量研究，介绍和引荐了一大批国外有关家庭暴力的研究成果，形成了一些具有代表性的观点。这些观点从总体上看大致可以分为两类：一类是，特别强调从对受暴者个体权利保护的角度展开研究。例如，有学者认为，家庭暴力尤其是针对妇女的家庭暴力产生的深层原因在于“传统不平等的性别结构”或“社会性别不平等”；[②]在解决家庭暴力的方法方面，倡导外部社会支持体系的建立；[③]认为“去家庭化”已经成为我国反家庭暴力立法的一个重要特征，在立法中主张婚内赔偿等制度设计。[④] 另一类是，则较为注重对家庭暴力问题整体性的研究，不仅关注到家庭暴力问题中的个体权利

---

① 此类影响，有些是正面的，有些是负面的，应该辩证地看待，但它的确是一种既存的事实。相关研究可参见苏亦工：《辨正地认识“法治”的地位和作用》，载《山东社会科学》2015 年第 12 期；李拥军：《我们期待着属于中国的家庭法》，载《法制与社会发展》2019 年第 4 期；曹贤信、赖建平：《亲属立法的人性基础》，载《重庆大学学报》(社会科学版)2018 年第 1 期等。

② 参见佟新：《不平等性别关系的生产与再生产——对中国家庭暴力的分析》，载《社会学研究》2000 年第 1 期；陈苇：《我国农村家庭暴力调查研究——以对农村妇女的家庭暴力为主要分析对象》，载《法商研究》2007 年第 6 期。

③ 参见王凤仙：《反抗与妥协——家庭暴力受害者个案研究》，载《妇女研究论丛》2001 年第 5 期；陈钟林、张芳：《家庭暴力受虐妇女社会支持网络构建的实证研究——以天津市为例》，载《妇女研究论丛》2006 年第 5 期。

④ 参见张洪林：《反家庭暴力法的立法整合与趋势》，载《法学》2012 年第 2 期；金眉：《论反家庭暴力的立法缺失》，载《法学家》2006 年第 2 期。

问题,同时还从家庭秩序、家庭伦理,以及政策影响等方面展开研究,[①]试图提供一个分析和解决家庭暴力问题的整体性图景。除此之外,实证研究,以及对社会科学知识引入家庭暴力实践的探讨也在近年来不断增多。[②] 总的来看,反家庭暴力相关研究成果开始从过去较为常见的"个体主义"抑或"家庭本位"的单一偏好慢慢向"整体性"研究转变,拓展了我们对家庭暴力和反家暴法的认识。

本文建立在既有研究基础上,以当下国家法律对家庭暴力的回应为主题展开,主要利用调研资料和公开裁判文书展开研究。文章第二部分回顾了过往国家法律回应涉家暴案件的两种倾向,指出:个体主义的和家庭本位的案件处理方式都不能完全准确处理好涉家庭暴力问题,原因在于执法和司法过程对家庭暴力这一概念认识的不足和偏差。文章第三部分对"家庭暴力"这一概念进行了系统的反思和讨论,指出它是一个与个体间的暴力、家庭纠纷,以及家庭权力结构三个因素都密切相关的复杂概念。文章第四部分分析了《反家庭暴力法》及新近相关司法政策对这一复杂性问题的回应。文章第五部分讨论了未来国家法律回应涉家庭暴力案件需要关注的一些细节问题。

二、过往国家法律回应家庭暴力的两种倾向

笔者通过对相关案例的分析发现,无论是公安机关还是人民法院,

---

① 参见姜涛:《刑法如何面对家庭秩序》,载《政法论坛》2017 年第 3 期;张剑源:《赋权与说和:当代中国法律对个体—家庭关系变迁的回应》,载《思想战线》2018 年第 2 期;贺欣、吴贵亨:《司法调解对家庭暴力的删除》,载苏力主编:《法律和社会科学》(第 11 卷),法律出版社 2013 年版。

② 参见陈敏:《人身安全保护令实施现状、挑战及其解决》,载《预防青少年犯罪研究》2016 年第 3 期;刘昱辉:《论公安机关实施〈反家庭暴力法〉中的不作为问题及对策》,载《中国人民公安大学学报》(社会科学版)2017 年第 3 期;王少、孔燕:《心理干预与法律规制的融合进路——基于家庭暴力防治的分析》,载《广州大学学报》(社会科学版)2017 年第 3 期;王玲、吴清禄、蔡兆欣:《香港亲密伴侣暴力危机评估与控制的实践经验和启示》,载《社会工作与管理》2016 年第 6 期等。

在处理涉家暴案件的过程中，有两种倾向是最为明显的：一种我们将其称为“个体主义”，另一种则为“家庭本位”。

（一）个体主义

当妻或夫一方以“被对方打”这一理由来到公安机关或人民法院要求解决问题时，如果执法和司法人员仅将双方看作平等的“个体”，而不考虑他们之间的“关系”时，“以平等适用于一切人的规则为基础的权利”就开始发挥作用了，①个体主义的涉家暴案件处理过程也就开始发生了。

第一种情况，强调夫妻双方之间关系的平等和平衡。公安机关和法院认定当事人之间曾发生“相互动手”“互相扭打”“抓扯”等，并认定“双方当事人均有过错”，以及“双方均不同程度受伤”。

> 案例1：关于被告主张要求原告支付精神抚慰金100,000元，本院认为，家庭暴力是指行为人以殴打、捆绑、残害、强制限制人身自由或者其他手段，给其家庭成员的身体、精神等方面造成一定伤害后果的行为。被告提供的S市公安局案（事）件接报回执单显示，原、被告于2013年6月2日因家庭琐事发生纠纷，但无过激行为，被告身体多处软组织挫伤，应当是在互相扭打中造成的，对此双方当事人均有过错，尚不造成伤害的后果，故被告的上述主张，本院不予支持。②

该案例中，法官在对家庭暴力进行认定时，几乎是在一种完全平等的视角上看待当事人双方的权力关系。首先，认定了“打”（而没有简单将之认定为是“家庭纠纷”）；其次认定了“互打”（而没有认定谁先动手、是否存在正当防卫等）。在这种情况下，法官认为：夫妻双方地

---

① 哈耶克曾说过：个人主义坚决反对任何强制性的特权，亦即反对对任何并非以平等适用于一切人的规则为基础的权利提供任何保护，而不论这种保护是依据法律还是依凭强权。参见［英］哈耶克：《个人主义与经济秩序》，邓正来译，生活·读书·新知三联书店2003年版，第40页。

② 顾甲与王某某离婚纠纷一审民事判决书。载中国裁判文书公开网：http://wenshu.court.gov.cn/，最后访问日期：2018年9月20日。本文中提到的裁判文书，如无特别说明，均来自此网站，访问日期亦相同。

位平等,谁都不应当打谁,双方都动过手那么过错就相互抵消。

第二种情况,在认定为“互打”的前提下,认定夫妻某一方的主要责任,以“赔偿”方式解决问题。

> 案例2:2014年10月18日中午、2014年10月19日6时许,原告王某与被告李某(双方系夫妻关系)分别因家庭纠纷两次发生打架,经P县公安局D派出所民警调解达成如下协议:一、原被告婚姻问题自行协商或到法院提起诉讼。二、原告打伤被告一事,原告负责被告住院期间的医治事宜(支付医药费、护理费、住院费等费用)……①

第三种情况,认定当事人违反《治安管理处罚法》或《刑法》,对当事人予以相应处罚。

> 案例3:2013年11月14日0时许,袁某(丈夫)来到司某(妻子)婚前购买的“某某家园”住宅,要求司某开门,但司某害怕开门后被袁某殴打,就一直没有开门,而袁某就大骂司某并猛踢大门,经邻居报警,才由警察将其制止。次日早晨,袁某怒气未消,再次来到司某家,将司某殴打致伤,经Z县人民医院诊断为:头部、胸部、背部多处软组织挫伤;颈部捏伤痕迹。2013年11月15日,Z县公安局对袁某实施家庭暴力的行为作出Z公(城)行罚决字(2013)31号公安行政处罚决定书,对袁某给予行政拘留7日,并处罚金200元的处罚。②

> 案例4:2013年2月12日22时30分许,被告人翁某某在J市Y镇家中因夫妻矛盾纠纷与其妻被害人阮某某发生口角并殴打其妻阮某某,致使被害人阮某某右眼受伤,视力下降至0.12,经鉴定:被害人阮某某损伤程度属于轻伤。2013年8月9日,被告人翁某某主动投案。经审理,法院判决被告人翁某某犯故意伤害罪,判处有期徒刑9个月。被告人翁某某赔偿

① 王某与李某离婚纠纷一审民事判决书。

② 司某某与被告袁某某离婚纠纷一审民事判决书。

附带民事诉讼原告人阮某某各项经济损失共计人民币39,795元(含已支付的2800元)。[①]

这两个案例中,当事人分别因违反《治安管理处罚法》和《刑法》而受到处罚。这与《治安管理处罚法》第1条"保护公民、法人和其他组织的合法权益",和《刑法》第2条"保护公民的人身权利、民主权利和其他权利"的立法目的是相吻合的。实际上就是一种"将身体置放在法律的平等保护之下"的努力——一种以"法权化"代替"伦理化"的努力。尊卑、良贱、男女不再成为刑罚的参考,唯有个体间的平等才是执法者和法官考虑的核心。[②]

总之,如果我们将上述案例中的当事人换成其他的人,比如两个完全陌生的人,处理方式似乎也不会出现多大不同之处。在这些情况下,"夫妻""男女""家庭",这些因素几乎很少有进入执法和司法过程的可能。这实际上就是我们所称"个体主义"的关键之处。

(二)家庭本位

虽然在涉家暴案件处理过程中,个体主义是执法者和司法者采用的一种进路,但无论如何,个体主义的进路还不是最为常见的进路。相较来说,以家庭本位为基础,以维护家庭整体性为目的进路往往更为常见。例如一位基层法官在谈到家事案件以及人身安全保护令时是这样说的:

家事类案件,关键就是多交流,你多做做工作,他/她可能就会撤诉……这种家事类案件,我的想法就是,越温越能起到一定的效果,因为打官司就容易结怨家,就会成为仇人。作为法官不管,法律文书一下,两人就成了一辈子的仇人。在中国这个传统的熟人社会中……两个人没有感情,怎么会成为夫妻,最后怎么分割遗产,这不都是在亲属之间嘛。所以,都是

---

① 翁某某故意伤害一审刑事判决书。

② 参见黄金麟:《历史·身体·国家——近代中国的身体形成(1895~1937)》,联经出版事业公司2000年版,第134~135页。

熟人社会,它就需要调解,不能激化矛盾。一些冲突不大的纠纷,我们坐下来调解,大概50%都可以调解达成协议。但是如果在调解之前比如说就开个人身保护令,就会产生一定的影响,可能后续的调解工作就不好开展了。像这种情况,双方要求解决问题,我们一般的处理方式就是,首先写道歉信,认错。夫妻之间还是有感情的。我们最近调解的一些案件,打得不是太重,一般是女的被打,我们先做工作……像申请人身保护令,这个真的很难。可能一些生活的经验法则[更好],要用法律来调整就很难。……所以我们对婚姻家事类案件,一般都是调解。我们在审理过程中,一般都尽可能地维系家庭的平衡,尽可能地少下判决书,多下调解书。有的时候文书一下,家庭状态发生改变,不一定是好事,所以要特别的慎重。家事案件审理过程中,经验法则超越法律规定。

很多案例呈现的情形与这位法官所讲的较为相似,即"家庭"作为司法者和执法者后果考量中的一个重要因素,对案件的走向和结果都产生了较大影响。调解、"经验法则"在其中发挥了重要作用。

案例5:经审理查明:……2014年11月5日,原、被告因家庭琐事发生抓扯,在抓扯过程中,被告邹某某用锄头将原告赵某某头部打伤,原告赵某某在××卫生院住院治疗11天,被告邹某某被××县公安局处以5日行政拘留。……本院认为:……原、被告婚后因生活琐事发生争吵,2014年11月5日,原、被告因家庭纠纷发生抓扯导致原告受伤,影响了夫妻感情,但夫妻之间难免会产生矛盾,只要在今后生活中,双方相互包容,相互理解,多为对方着想,加强联系和沟通,其夫妻关系是可以得到改善的。原告认为被告经常实施家庭暴力,导致夫妻感情破裂要求离婚的诉讼请求,其证据不足,理由不充分,不予支持。①

① 赵某某与邹某某离婚纠纷一审民事判决书。

该案例中，在离婚诉讼之前，被告因用锄头殴打原告而被拘留这一事实有确切的证据能够证明，但是最后法院的判决书中仍然认为家庭暴力的“证据不足，理由不充分”。从判决理由的说理中可以看出，试图修复良好的夫妻关系、维持家庭的存续，成为法官一个重要的考量。

三、何为“家庭暴力”？

上文中的案例容易给人造成一种“个体的归个体、家庭的归家庭”的假象。一方面，如果仅将家庭暴力看作是“个体间的暴力”，那么可以同陌生人间的纠纷一样通过“赔偿”，或通过国家强制力（比如行政处罚和刑事处罚）的介入予以有效解决；另一方面，如果仅将家庭暴力看作是“家庭纠纷”，则又可以通过互相原谅、“创造良好的家庭环境”等角度以调解的方式解决。但是，通过对个案的仔细分析也不难看出，这种两极化倾向是存在问题的，有其局限性。

（一）家庭暴力并非一个“非此即彼”的概念

首先，纯粹个体主义的执法和司法过程很容易让人忽略在此类案件中“家庭”和“夫妻”关系既存的事实。比如案例 1 和案例 2 中，我们看到了“相互动手”“互相扭打”“抓扯”等所引起的“双方当事人均有过错”或“双方均不同程度受伤”的结果，似乎他们的情况与常人无异。然而，一个依然不容忽视的事实是：他们除了是两个打架的平等个体外，还是一对有着伦理关系的夫妻；他们之间除了有权利义务关系外，还有一个他们共同维系着的家庭和伦理。在案例 3 和案例 4 中，我们看到了另外一种情形，国家强制力直接介入，施暴者一方被处罚或被限制人身自由。看似都解决了问题，但若留心观察，不难看出，这些案例中还是留下了有进一步讨论空间的问题，例如，是否会出现上文中基层法官所说的那种“激化矛盾”，抑或成为“一辈子仇人”的可能后果？当然，在某些家庭暴力严重的情况下，国家强制力直接介入是必要的。然而,这里更多的是提示了一个国家强制力进入家庭的可能和限度的问题。

其次,纯粹家庭本位的执法和司法过程又容易让人感觉到个体及其权利被遮蔽的可能,似乎家庭成员间的事务都可以在家庭内部得到解决,而不需要任何外在机制的介入。比如案例5中,通过前后证据,事实上可以看出女方过往遭受家庭暴力的既存事实。然而,法官围绕"家庭"之恢复而进行的判决,实际上总体地遮蔽了个人权利得到主张和救济的可能。"家"在这种情况下似乎反而成了个人权利实现的障碍。

综上所述,"个体主义"进路侧重从个体权利出发,强调对施暴人的惩罚,但往往会忽视家庭成员间的身份关系和家庭整体性的实现;"家庭本位"进路以维护家庭和谐为出发点,强调对身份和伦理因素的重视,但常常会遮蔽个体权利的实现,表现出"屈个人而全家庭"的倾向。两种法律回应的倾向都显示出了其固有的问题和局限。也因此,有必要对"家庭暴力"有一个更准确的认识。

(二)家庭暴力乃是"个体暴力"和"家庭纠纷"二者的交叠

首先,作为背景,必须认识到目前中国社会中那种个体与家庭之间"若即若离"的关系的存在。因为只有认识到这一点,才有可能弄清楚:家庭暴力不可能只与个体(个体主义)或只与家庭(家庭本位)有关。因此,在处理方式上也就不可能"个体的归个体、家庭的归家庭",而应该是一个综合的考量过程。关于这个问题,阎云翔曾做过细致的讨论。他首先指出了中国社会中个体化崛起的趋势:

> 中国社会从未停止变化,新近在诸多方面的激进变动更是从本质上改变了社会的结构。个体的崛起就是这样一种转型性的变化……个体的崛起在很大程度上改变了社会关系的结构,导致了中国社会的个体化。①

① 参见阎云翔:《导论:自相矛盾的个体形象,纷争不已的个体化进程》,载[挪威]贺美德、鲁纳:《"自我"中国:现代中国社会中个体的崛起》,许烨芳等译,上海译文出版社2011年版,第1~2页。

但他同时也注意到了中国社会中那种个体与家庭之间“若即若离”的关系：

首先也是最为重要的是，家庭仍然是正在崛起的个体的重要资源……家庭同样也可以作为一个“想象的共同体”发挥着塑造个体身份认同的重要作用……当个体从包含一切的社会范畴中脱离出来，传统和集体都不会消失；相反，两者都成为正在崛起的个体可资利用的资源。[①]

其次，正因为个体与家之间存在这种“若即若离”的关系，我们就不得不承认：在处理涉家暴案件的时候，就必须要考虑家庭完整和恢复家庭秩序的重要性，必须明白“家”直到今天仍然是认识中国社会的关键词。[②] 但同时也不能不对崛起的个体主义保持关切，并时刻对个体权利保持敏感性。从这个角度来看，家庭暴力应该是一个与“个体间暴力”和“家庭纠纷”这两者都密切相关的概念。

首先，它虽是一种个体间的暴力，但却是一种特殊的个体间的暴力。它不完全像发生在陌生人间，而是发生在家庭成员间的暴力。其中包含了伦理的因子，关涉家庭是恢复还是瓦解；其次，它虽是一种家庭纠纷，但却是一种特殊的家庭纠纷，不同于发生口角等纠纷，它往往带有暴力的性质，存在对个体权利的侵犯。

案例6：本院认为，在受理案件后，本院曾多次对原被告双方做调解工作，希望双方能珍惜两人相识、相知、相爱的缘分，多从家庭和小孩的利益出发，给彼此一个机会。但双方在本院受理案件前和案件审理过程中，多次因家庭矛盾向公安机关报警，夫妻之间的矛盾激化严重。且被告张某甲在公安机关于2015年6月8日对其作出的询问笔录中明确表示，其

① 参见阎云翔：《导论：自相矛盾的个体形象，纷争不已的个体化进程》，载[挪威]贺美德、鲁纳：《“自我”中国：现代中国社会中个体的崛起》，许烨芳等译，上海译文出版社2011年版，第21～22页。

② 参见麻国庆：《家庭策略研究与社会转型》，载《思想战线》2016年第3期。

2015年6月7日在小区门口殴打原告陈某，后路人报警，事后公安部门鉴定为轻微伤。可见双方之间的矛盾已足以造成双方难以共同生活，且可能影响原被告双方的其他家庭成员及双方子女的正常生活，故本院可以认定原、被告之间的夫妻感情确已破裂，应准予原、被告离婚。……结合原告在公安机关所做的笔录及验伤证明，原告于2015年6月8日0点32分的就诊记录及原告的伤势照片，本院认定被告张某甲确实存在家庭暴力。①

在该案中，我们同时看到了家庭和个体两个因素并存的情况。首先，家庭是法院考虑问题的出发点，同时也是目的。所以，法官"曾多次对原被告双方做调解工作，希望双方能珍惜两人相识、相知、相爱的缘分，多从家庭和小孩的利益出发，给彼此一个机会"。但是，法官并没有"为了家庭而家庭"，甚至以"和稀泥"等方式来解决问题。相反，法官准确地把握住了"夫妻之间的矛盾激化严重"以及"双方之间的矛盾已足以造成双方难以共同生活，且可能影响原被告双方的其他家庭成员及双方子女的正常生活"这一事实，因此，在"家庭"这一目的无法实现的时候，自然转向了对"个体"的关注和保护。

法官这一"转向"的过程实际上反映出法官并没有被纯粹"家庭本位"和纯粹"个体主义"教条所束缚，而是以事实为依据，根据特定的案情而做出的较为恰当的法律选择和判决，既没有"屈个人而全家庭"，也没有忽略对恢复家庭整体性的重视。

四、新的法律、政策和实践所带来的改变

就此来看，合理的涉家暴案件的执法和司法过程，决不能像过往处理涉家暴案件那样，在纯粹的"家庭本位"或纯粹的"个体主义"之间摇

① 陈某与张某甲离婚纠纷一审民事判决书。

摆,而应该是一种综合的法律选择和适用过程。上文提到的《反家庭暴力法》以及相关法律政策的出台和实施对这些问题进行了积极有效的回应。

(一)家庭

有一种较为普遍的认识,认为《反家庭暴力法》出台最大的意义在于:保障人权、维护妇女儿童权益、回应受暴者的关切。然而,若仔细分析《反家庭暴力法》第1条有关立法目的的规定,可以看到该法的立法目的与刚才说的这种认识有很大的差别,其更为复杂,包括:第一,预防和制止家庭暴力;第二,保护家庭成员的合法权益;第三,维护平等、和睦、文明的家庭关系;最终,促进家庭和谐、社会稳定。①

如果说"社会稳定"对绝大部分法律来说是一个必不可少的立法目的的话,那么"促进家庭和谐"显然就是与"保护家庭成员的合法权益"一起,构成了《反家庭暴力法》最为根本和核心的目的。这是从立法文本字面上来理解的。若从更为宏观的层面上来看,"家庭和谐"无疑是,而且也应该成为"反家庭暴力"最重要的目的(之一)。比如,在2016年最高人民法院《关于开展家事审判方式和工作机制改革试点工作的意见》有关"工作理念"的规定中我们也看到了相类似的内容:

> 倡导文明进步的婚姻家庭伦理道德观念,维护健康向上的婚姻家庭关系,积极培育和践行社会主义核心价值观,弘扬中华民族传统家庭美德,维护公序良俗。
>
> 树立家庭本位的裁判理念,对家庭财产关系的处理以有利于家庭成员共同生活的团体主义为价值追求。坚持以人为本,发挥家事审判的诊断、修复、治疗作用,实现家事审判司法功能与社会功能的有机结合。
>
> ……

① 《反家庭暴力法》第1条规定:为了预防和制止家庭暴力,保护家庭成员的合法权益,维护平等、和睦、文明的家庭关系,促进家庭和谐、社会稳定,制定本法。

这一在家事审判改革中提出的“工作理念”无疑也是对涉家暴案件审理的一个重要指南。也可以说,在纠纷和危机面前,重塑家庭秩序和家庭关系成为司法的一个重要工作目标。

除此之外,在《反家庭暴力法》中,相关的一些制度设计实际上也与维护“家庭”和谐密切相关。例如人身安全保护令制度,以及与此相类似的告诫制度。[1] 当然,可能有人会质疑,认为这两个制度明明是以保护个体权益为出发点的,是以救济受暴妇女和儿童为目的的,怎么成了维护家庭和谐的具体制度设计了?关于这个问题,上文已经提及:对个体,特别是对受暴妇女和儿童的权益救济,在《反家庭暴力法》出台之前实际上已经有了非常完备的法律体系。在实际的法律救济场域,现有的法律体系也一直在发挥着作用,例如《刑法》和《治安管理处罚法》。这些法律对家庭生活的强势介入,对有效地解决针对妇女和儿童的暴力行为发挥了极为重要的作用。然而,不同的是:人身安全保护令制度和告诫书制度从法律强制力的角度来看,实际上远不如治安管理处罚措施的强度大。例如《反家庭暴力法》第17条第2款中规定,负责执行和协助执行“告诫”的主体的主要职责为:“监督加害人不再实施家庭暴力”;而人民法院对人身安全保护令的执行更多也只能通过告诫或教育等措施来完成,大多数情况下是违反了保护令中的要求才会受到相应的处罚。因此,“人身安全保护令”和“告诫书”实际上是一种完全不同于刑事处罚和治安管理处罚,当然也不同于调解的措施。它具有双重价值:第一,给予施暴人一个教育、一个“改过自新”的机会。在这个层面上,“人身安全保护令”和“告诫书”的制度设计更倾向于一个伦理意义上的教育和引导机制;第二,同时给予正在遭受危机的家庭一个“缓冲”,而不至于在更为“刚性”的治安管理处罚法和刑法强势介入之前就发生急剧的“撕裂”。因此,“人身安全保护令”和“告诫书”制度的恢复性、整体

[1] 关于“人身安全保护令制度”,《反家庭暴力法》在第四章中做了专章规定。关于“告诫制度”,可参见《反家庭暴力法》第16条第1款:家庭暴力情节较轻,依法不给予治安管理处罚的,由公安机关对加害人给予批评教育或者出具告诫书。

性的作用显然更为明显，兼具了对家庭和个体的双重考量。

（二）个体

改革开放以来，个体自由对整个社会的影响越发深入。[①] 虽然个体化的法律体系并不能完全适应中国的社会现实，然而，不可否认的是，基于个体化的立法体系在保护个体权利、推进改革进程中一直发挥着重要作用。[②] 在反家暴领域，对个体权利的保护当然也是立法和法律实践最为重要的目的之一。

除《反家庭暴力法》第1条中有关“保护家庭成员的合法权益”的规定外，《反家庭暴力法》第33条规定：加害人实施家庭暴力，构成违反治安管理行为的，依法给予治安管理处罚；构成犯罪的，依法追究刑事责任。第34条规定：被申请人违反人身安全保护令，构成犯罪的，依法追究刑事责任；尚不构成犯罪的，人民法院应当给予训诫，可以根据情节轻重处以1000元以下罚款、15日以下拘留。这两个条款分别规定了在处理涉家暴案件时候，《反家庭暴力法》与《治安管理处罚法》《刑法》相衔接的问题。所衔接的主要法律和司法解释条款包括：《治安管理处罚法》第45条有关“虐待”和“遗弃”的规定、《刑法》第260条和第261条有关“虐待罪”和“遗弃罪”的规定、《刑法》有关故意杀人、故意伤害、强奸、猥亵儿童、非法拘禁、侮辱、暴力干涉婚姻自由等的规定，以及最高人民法院等四部委《关于依法办理家庭暴力犯罪案件的意见》中所作出的相关规定等。另外，《反家庭暴力法》第21条有关撤销监护权的规定也与此相关，是对家庭暴力中受虐被监护人的一种重要的保护和救济措施。[③]

这表明：当按“家庭”原则来处理问题已无济于事，或家庭暴力已

---

① 参见张龑：《论我国法律体系中的家与个体自由原则》，载《中外法学》2013年第4期。

② 参见［挪威］贺美德、鲁纳：《“自我”中国：现代中国社会中个体的崛起》，许烨芳等译，上海译文出版社2011年版，第264～265页。

③ 关于撤销监护权的问题，可参见张剑源：《法官如何思考——以撤销监护权案件为中心的实证研究》，载解亘主编：《南京大学法律评论》（2018年秋季卷），南京大学出版社2019年版，第95～112页。

明显对受暴者人身安全造成巨大威胁的时候,保护个体权益就成为法律实践的必然选择。这两个条款恰恰提供了一种在不同法律选择间有效“衔接”的管道,让问题在必要的时候能够自动地从维护家庭整体性转向维护个体权利。要知道,在一些情况下,如果不能对个体及时提供权利保护,就极有可能带来更为严重的后果。① 因此,法律在这些时候需要直接“刺入”家庭内部,以一种近乎完全个体主义意义上的行动来实现对个体权利的保护。

(三)社会性别与家庭权力结构

这一问题是对前一个问题的自然延伸,是指在处理涉家暴案件的过程中,当维护个体权利成为必要,在法律运作自然转向“个体”的时候,还需要注意到的一个相对隐性的问题是:在家庭中,个体间的关系(特别是夫妻关系、父子关系等),表面上(形式上)看是平等的,但可能并不必然时时都是实质平等的。例如本文中多个案例所展现的,长久以来在夫妻之间存在的施暴与受暴的关系。我们把这种长期以来产生和存在的问题称为是在家庭成员中存在的“权力结构”关系。新近立法以及司法领域的一些新的进展表明,法律对家庭暴力的回应除了需要实现保障家庭和谐和保护个体权利并重外,还需要能够“刺破”形式平等背后隐藏在家庭成员之间的权力结构不平等问题。

关于父母子女关系,以及法律对该关系背后权力结构予以“刺破”的问题,在2015年“南京虐童案”的裁判文书中,法官有很好的阐明:

> 未成年人的父母或其他监护人依法对其有抚养教育的权利和义务,但该项权利的行使不得超越法律边界,应受到国家法律的监督。未成年人并非父母或其他监护人的私有财产,其生命健康权不应以任何理由受到侵害,物质生活的优越性

---

① 相关案例和报道,可参见姚鹏:《家暴案频发,反家暴法亟须“发力”》,载《中国妇女报》2016年4月21日,第A02版;吴晓杰:《虐待,还是故意伤害?》,载《检察日报》2010年12月1日,第05版等。

不应亦无法替代对未成年人生命健康及人格尊严的权利保障。①

关于法律对夫妻之间固有权力结构予以"刺破"的问题,我们也搜集到了相关判例。

案例7:……鉴于家庭暴力具有隐蔽性及外人不愿介入,不为第三人明知以及有关部门在接到报警后,也多以家庭纠纷、夫妻矛盾处置的特点,现实中较难举证。因此,本案中,曹某甲虽自始至终否认自己是加害人,并质疑施某的精神状态,但从施某多次在其住处及附近报警的情况,根据生活经验判断,加害人为曹某甲的盖然性较高。而曹某甲主张施某存在家庭暴力,对其进行人身侵害,并无充足证据予以支持,本院对此不予采信。本院认为,从本案在案证据反映的加害人施暴的时间、次数以及被害人的精神状态、恐惧心理等情形,结合一般人的心理忍受能力等因素,应当认定曹某甲的暴力行为给施某身心造成了一定的伤害后果,施某作为无过错方,有权请求损害赔偿。

除此之外,本研究搜集到多起涉家暴的"以暴制暴杀夫案"中,"有家暴方面专门知识的人"在法庭上陈述的系列意见,足以说明家暴受暴人的特殊性,同时也更鲜明地揭示了施暴者和受暴者之间不平等权力结构。

受暴人的反抗行为与一般人受到攻击的反应是不一样的。受暴的反抗行为不是即时的,因为在体力上、心理上受暴人都打不过施暴人,故她们的暴力行为通常不是针对已经发生的暴力行为进行报复,而是提前对根据她长期的受暴经历判断一定会再次发生的暴力的预测来进行的预防。当暴力超过她的忍耐底限时就会反抗,因为女性天生的生理弱势,会选

① 上诉人李某故意伤害一案的刑事裁定书。

择时机从施暴人背后进行攻击、借助工具,或用药等,采取偷袭来达到反抗目的。

了解家庭暴力受暴者的心理和行为模式,不能从一个局外人的角度,而是应结合其以往的受暴经历和当时的处境,设身处地地站在受暴者的角度,判断其行为或表现的合理与否……

即使暴力已经很严重了,仍然选择忍耐,可能是相信维持婚姻更安全,也可能是因为没有经济来源……

受害妇女的加害行为一般只针对施暴者,在施暴者消失后,对其他人不会再有危害性……①

这类案件中,专家的证言成了法官审理案件的重要参考。比如在张某某故意杀人一案的判决书中,法官就写明:

有家暴方面专门知识的人……在法庭上对家庭暴力方面的专业知识做出了客观、充分的解释,在认定本案的起因、被告人的犯罪动机、作案过程、行为的社会危害性时可予以参考。②

最高人民法院等共同发布的《关于依法办理家庭暴力犯罪案件的意见》中规定:"对于长期遭受家庭暴力后,在激愤、恐惧状态下为了防止再次遭受家庭暴力,或者为了摆脱家庭暴力而故意杀害、伤害施暴人,被告人的行为具有防卫因素,施暴人在案件起因上具有明显过错或者直接责任的,可以酌情从宽处罚。"

这些例证实际上都是在个体主义的"人人平等"观(形式上的"人人平等")中,加入了对权力结构、社会性别等相关因素考量的实例。实际上就是一种在家庭关系中对个体权利予以保护的进一步深化。

---

① 曹某犯故意杀人罪、姚某某犯故意杀人罪、张某某犯故意杀人罪、杨某某犯故意杀人罪等案判决书。

② 张某某犯故意杀人罪一案判决书。

五、法律回应家庭暴力的关键性问题

涉家暴案件看似简单，但确实是一类难办案件。上文的讨论表明：司法者和执法者在处理涉家暴案件时候必须同时考虑以下三个因素：第一，家庭的和谐是案件处理的核心目标，但又不能为了单纯追求"家庭价值"而以"和稀泥"的方式遮蔽个人权利的实现；第二，"家"如果因为暴力的存在无法再成为个体的"港湾"和归宿的时候，个体价值应该取代家庭价值而成为司法和执法者追求的目标，法律应该在个体权利需要得到保护的时候及时出场；第三，在维护个体权利的时候，必须注意到"人人平等"的观念和实践在形式意义上和实质意义上的差别。必须对"权力结构"以及"社会性别"等因素保持足够的关注，否则"个体权利"和"人人平等"的教条极有可能成为对女性以及未成年子女等家暴受害者的一种新的压迫。

为了实现对问题的系统化考虑，司法和执法者必须努力克服过往处理涉家暴案件时候那种要么偏向对个体权利的保护、要么偏向对家庭的维护的"摇摆"倾向。司法和执法者不仅需要完成事实认定的核心工作，还要谨慎、客观地对未来当事人家庭和个体生活境遇作出预测，通过诸如社会性别的考量来促成实质平等的实现。因此，处理好以下两个问题尤为重要。

第一，衔接。正因为复杂，涉家暴案件在处理过程中必然需要理顺各个环节及相关因素。关于这个问题，在上文有关《反家庭暴力法》与《治安管理处罚法》《刑法》的衔接的讨论中有过分析，但那更多是从立法层面上考虑的，在实际的法律运作过程中，"衔接"更显重要。比如，《反家庭暴力法》第30条规定："……人身安全保护令失效前，人民法院可以根据申请人的申请撤销、变更或者延长。"这一规定在实践中遇到的最大问题是：如果当事人申请延长，可以申请几次？如果没有次数限制，会不会造成当事人的"诉累"和法院"诉讼爆炸"的双重不利局面?反之,如果有次数限制,在不能再延长申请期限的时候,法律对当事人的保护责任将由谁来承担?关于这一难题,《反家庭暴力法》中没有直接回应,但是在一些地方出台的实施细则中我们看到了一些突破。比如云南省高级人民法院等联合发布的《云南省家庭暴力人身安全保护令制度实施办法》中规定:"申请延长保护期限不超过两次,每次不超过六个月。"从该规定的制定目的可以看出,如果一个受暴人在两次申请延长保护令期限,保护期长达一年半的时间里都处在"遭受家庭暴力或者面临家庭暴力的现实危险"状态中,那么,"保护令"势必已经失去了其应有的作用,"保护令"甚至有可能成为施暴者继续施暴的一种"遮蔽"。在这种情况下,就必须向治安管理处罚或刑事处罚的过渡。从这个角度来看,这一规定可以促进《反家庭暴力法》与《治安管理处罚法》《刑法》的有效衔接,使法律对家的维护和对个体的保护能够较好地实现衔接。

第二,社会科学判断。有一些情况只有法律上的衔接可能还远远不够。例如,当我们把"家庭暴力受暴妇女杀夫"与"一个人杀了另外一个人"两种情况进行比较的时候,对这两种情况理解上的差异,可能就会对案件的结果产生一定影响。这个时候,所需要认定的"事实"就会是一个更为系统的工程。上文讨论过的个体、家庭、社会性别、权力结构等因素都将进入事实认定的过程。[①] 而欲达致对这些因素和事实的准确判断,就需要拓展方法,在更广泛的领域寻找智识资源。例如,在一些西方国家,"受虐妇女综合征"(battered wife syndrome)这一来自心理学、精神病学领域的概念,被广泛适用于涉家暴案件的审理中[②]其中一个最重要的原因就在于它能够提供一个在法律之外理解受暴妇女及其行为的视角,让法官更好地理解这些受暴妇女行为的特质,以此拓

① 侯猛在其相关研究中曾指出:法律人在裁判过程中所进行的社会科学判断,主要是围绕事实问题展开。事实认定必须通过证据来完成,证据在裁判过程中的作用十分关键。这样,社会科学与证据的关系就相当密切。参见侯猛:《司法中的社会科学判断》,载《中国法学》2015年第6期。

② 参见Bronwyn Barta:《受虐妇女综合症专家证据在澳大利亚司法实践中的运用》,黄晓文、叶珩艳译,载《法学杂志》2005年第6期。

展法官和执法者们在对案件作出裁决时的视野和认识。这一方法在我们国家的司法实践中也有了具体的尝试。

> 案例8:被害人李某甲对被告人杨某某实施长期的家庭暴力,给杨某某的身心健康造成了严重的伤害,被害人李某甲在案件的起因上具有明显过错……综合全案,根据被告人杨某某的杀人动机及犯罪情节以及其行为对社会的危害性,可对被告人杨某某从轻处罚。对其辩护人提出的被告人杨某某遭受严重家庭暴力等相关辩护意见予以采纳……①

该案被告人杨某某的辩护律师在为被告人辩护时引入了“受虐妇女综合征”这一概念。

> 被害人李某甲长期对被告人杨某某的暴力殴打是导致本案发生的直接原因,被害人对本案的发生存在严重的过错。维护房产是诱因,摆脱家庭暴力控制是杀人动机,杨某某的行为具备受虐妇女综合征的基本特征。

可见,科学知识的引入从总体上拓展了对“个体平等”以及相关事实更全面的认识,可以使法官和执法者在试图给予个体以权利保护的时候能够认识到追求实质平等的重要性。那种类似于“积极平权”(affirmative action)的,为了补偿社会整体在过去对特定的、受保护的群体之歧视,而直接或者间接向其成员提供就业、就读大学或者职业学院以及其他社会福利和资源的政策。②

再如,受暴妇女在申请人身安全保护令的时候,法官即刻面临的一个现实难题是:家庭暴力的现实危险真的存在吗?这时,可能有很多证据可以证明“过去发生的事实”,但法官现在更需要做的是:预估将来

---

① 杨某某犯故意杀人罪一审刑事判决书。

② 参见陈颐:《司法如何面对平等的两难(上)——评巴基案及其意义》,载《中国审判》2014年第11期。

会发生什么,[1]而这实际上就有很大的不确定性。为了解决这一难题,在一些地方出现了通过受暴严重度量表(CTS)这样一类依据心理学、神经科学等知识构建起来的手段来判断危险性的方式和方法。[2]虽然还不完全成熟,但这些方式和方法明显拓展了法官和执法者的判案效率及其科学性,弥补了法条主义的缺陷和不足。

---

① 参见[美]约翰·莫纳什、劳伦斯·沃克:《法律中的社会科学》,何美欢等译,法律出版社2007年版,第375页。

② 参见林明杰:《台湾家庭暴力危险分级方案之成效:一个分类整合模式》,载《社会工作》2011年第1期。

《法律和社会科学》
第 18 卷第 1 辑,第 23 ~46 页

家事审判中的调解式话语与审判式话语

贺　欣　李洛云　冯煜清*

摘要:本文取材于家事审判中的庭审话语,从微观层面探讨了两种不同的纠纷解决话语:调解式话语与审判式话语。这两种话语在话语多样性、语言交互、打断的运用以及纠纷处理等方面均有不同。在解决纠纷的过程中,调解式话语在一定程度上比审判式话语更具优势,两者的主要区别为,审判式话语更倾向于压制当事人,而非探究争议焦点;调解式话语则更符合中国的乡村文化传统。上述发现是对转型时期中国司法语境下的规则形式主义的反思。

关键词:法庭话语　纠纷解决　规则的形式化

我国法院民事案件的审判方式一直游走于正式化与大众化之间。我国早期民事司法主要通过

---

* 贺欣为香港大学法律学院教授、李洛云为北京市高级人民法院法官、冯煜清为东南大学法学院副教授。本文的主体部分原文为英文,刊于 *Political and Legal Anthropological Review* 40(2):324 –341,2017,魏帅译,冯煜清校。

劝说和教育当事人的方式解决纠纷。① 19世纪80年代末,民事司法经历了精英化、专业化和弱化调解的改革,但是这些改革被认为缺乏群众基础,会影响社会稳定。2003年后民事司法逐渐走向大调解模式。②今天,虽然大调解已经淡出了民事司法,但"群众路线"仍然是民事司法的指导方针,调解率仍然是评价法官工作的重要指标。③

在理论界,规则形式主义一直备受诟病。一方面,有学者认为我国法院解纷能力的不足正是由于审判中规则形式主义的缺失。例如,有学者指出,非职业化的审理方式导致了大量错案,继而引发民众对司法的不满,动摇了司法的正当性基础;④法院解纷能力的提升离不开审判方式的深层次改革。⑤ 另一方面,亦有学者反对规则形式主义的普遍适用,认为当事人在很多情况下缺乏对法律的基本理解但期待实质正义的实现。这一现象在一些欠发达地区尤为突出。例如,苏力教授认为,在农村地区解决纠纷需要的是当地生活常识和本土知识,而非法律知识。⑥

针对上述争议,本文选取了中国某郊区法院的三起离婚诉讼,采取经验研究和比较的方法分析三起案件中的审判话语,在微观层面比较法律话语和调解话语在纠纷解决过程中的功能定位。在某种意义上,

---

① See Hualing Fu and Richard Cullen, 2011. "From Mediatory to Adjudicatory Justice: The Limits of Civil Justice Reform in China", In *Chinese Justice: Civil Dispute Resolution in Contemporary China*, edited by Margaret Y. K. Woo and Mary E. Gallagher, pp. 25 – 57. Cambridge: Cambridge University Press.

② See Benjamin Liebman, (2011). "A Populist Threat to China's Courts?" In *Chinese Justice: Civil Dispute Resolution in Contemporary China*, edited by Margaret Y. K. Woo and Mary Gallagher, pp. 269 – 313. New York: Cambridge University Press.

③ See Carl F. Minzner, 2011. "China's Turn against Law", *American Journal of Comparative Law*, No. 59, pp. 935 – 984.

④ See Randall Peerenboom, 2002. *China's Long March toward Rule of Law*, 290. New York: Cambridge University Press.

⑤ See Hualing Fu and Richard Cullen, 2011. "From Mediatory to Adjudicatory Justice: The Limits of Civil Justice Reform in China", In *Chinese Justice: Civil Dispute Resolution in Contemporary China*, edited by Margaret Y. K. Woo and Mary E. Gallagher, pp. 25 – 57. Cambridge: Cambridge University Press.

⑥ 参见苏力:《送法下乡》,中国政法大学出版社2000年版,第322~392页。

法官的庭审话语就是司法行为。[①] 由此可见,庭审话语中展示出的重要细节能够折射出不同司法模式。本文的经验数据与分析将会为法律与发展运动中规则形式主义的争议提供一个新的分析视角。

一、家事案件中的两种庭审话语体系

在语言学上,话语指“构成发言或文字作品的连续片段”,而话语分析视角则着重于这些片段如何架构以及在交流中话语使用者如何达到其沟通的目标。[②] 在庭审中,话语的架构直接表现为对话、说教、讲故事、问答、打断等形式。这些庭审语言的运用在最直观的层面上展示了纠纷的解决过程。本文的话语分析亦受到福科式话语观的影响,认为话语是一种解释与构建的权力。[③] 因此,离婚诉讼中不同类型的话语代表了不同的纠纷解决框架和相互竞争的纠纷范式。[④]

我国离婚诉讼中存在两种不同的话语体系,即审判式话语和调解式话语。如此分类是受到法人类学家梅莉的启发,梅莉将法庭话语分为三种不同的话语类型,分别为:描述法律权利与法律事实的法律话语,描述人际关系与道德责任的道德话语,以及探讨错误归因的治疗话语。[⑤] 在此基础上,本文将我国家事诉讼中的庭审话语进一步整合为两种话语体系,即审判式话语和调解式话语。其中,审判式话语以梅莉

① See Susan Phillips, 1998. *Ideology in the Language of Judges: How Judges Practice Law, Politics, and Courtroom Control*, Oxford: Oxford University Press.

② See John M. Conley and William M O'Barr, 2005. *Just Words: Law, Language and Power*, 6. Chicago: University of Chicago Press.

③ See Michel Foucault, 1972. *The Archaeology of Knowledge*, New York: Harper & Row.

④ See John L. Comaroff and Simon Roberts, 1981. *Rules and Processes*, Chicago: University of Chicago Press.

⑤ See Sally Engle Merry, 1990. *Getting Justice and Getting Even*, Chicago: University of Chicago Press.

所说的法律话语为主导,围绕财产、权利、法律事实与法律真相展开,强调规则在审判中的形式化适用;①调解式话语则以非法律的话语为主导,以一劳永逸地化解纠纷为最高目标。② 调解式话语并不排斥法言法语,但仅将之作为非法律话语的补充,服务于和解这一目标。进一步看,不同的话语体系导致不同的解纷过程及结果。审判式话语连接了事实和权利。审判式话语将问题分割构造成案件事实展现给法官,法律准绳将事实与关系限缩并重新解释。而调解式话语较少遵循既定的框架和结果,也很少直接强调纠纷双方的权利,法律规则常常被边缘化,而和解则成为期待的结果。③

审判式话语与调解式话语并不是非此即彼,而是交叉重叠的。为有效地解决纠纷,无论是我国还是西方国家的法官往往都会采取审判式话语与调解式话语混合的话语模式,只是不同背景的法官对话语模式的选择有所偏重而已。④ 例如,我们的经验研究表明,在我国,有过专业法律训练的法官更倾向于审判式话语,而较少接受法律教育的法官则更倾向于调解式话语;年纪大的且有婚姻背景的法官更容易指出婚姻中的对错,而较少论及法律上的对错;单身或刚结婚的青年法官则缺乏对婚姻的深刻理解,更多的就法律论事。

① See Sally Engle Merry, 1990. *Getting Justice and Getting Even*, Chicago: University of Chicago Press.

② See Xin He (贺欣) and Kwai Hang Ng, 2013. "Pragmatic Discourse and Gender Inequality in China", *Law and Society Review* 47 (2): 279 – 310.

③ See David Greatbatch and Robert Dingwall, 1999. "The Marginalization of Domestic Violence in Divorce Mediation", *International Journal of Law, Policy and the Family* 13 (2): 174 – 90; Xin He (贺欣) and Kwai Hang Ng, 2013. "Pragmatic Discourse and Gender Inequality in China", *Law and Society Review* 47 (2): 279 – 310.

④ See Dave Cowan, Sarah Blandy, Emma Hitchings, Caroline Hunter, and Judy Nixon, 2006. "District Judges and Possession Proceedings", *Journal of Law and Society* 33 (4): 547 – 71; Dave Cowan and Emma Hitchings, 2007. "Pretty boring stuff: District Judges and Housing Possession Proceedings", *Social and Legal Studies* 16 (3): 363 – 82; Xin He (贺欣) and Kwai Hang Ng, 2013b. "In the Name of Harmony: The Erasure of Domestic Violence in China's Judicial Mediation", *International Journal of Law, Policy and the Family* 27 (1): 97 – 115.

二、数据和研究方法

本文的分析对象是离婚诉讼中的庭审话语。在我国,离婚诉讼占全部民商事案件的20%以上。[①] 它虽然讨论的都是家长里短之事,但其影响的却是作为社会基础关系的婚姻、财产和亲子关系,很容易影响社会稳定,甚至会带来对人身安全的威胁。对于基层法院的法官来说,处理家事纠纷是非常棘手的,因为夫妻以及其他家庭成员之间的矛盾往往是多方面的,关键问题往往在开庭结束前才浮出水面,这就需要法官在处理此类案件时足够敏锐。

本文分析的话语片段源于2013年12月北京郊区某基层法院审理的真实离婚案件。该法院每年处理约5000件案件,每位法官每年审理近60件案件,这个数量大概是全国法院的中位数。法院辖区县距离北京城区48公里,辖区内多山。该辖区2013年的人均GDP为6000美元,相当于北京城区的1/5。辖区内有30万常住人口,其中20%为外来务工人员。我们的文本材料主要来自于调研中的笔记和法院提供的庭审笔录,共计35个案件。为了充分展示不同的庭审话语,我们从中选取了3个最具代表性的案件:一个极为依赖审判式话语的案件,一个极为依赖调解式话语的案件,以及一个先后由两位话语风格迥然不同的法官审理的案件。尽管上述三个案件不足以代表我国家事审判的总体情况,也很难说明哪种话语更适合当代中国司法,但足以展示出两种不同审判话语的内涵、区别和适用性,为分析和理解中国乡村和郊区法院纠纷解决提供了一个新的视角。

案件一主要通过调解的方式解决,审判者是一位从部队复员转业的中年法官(以下称转业法官),约49岁,在法院工作了25年。他从部队退伍时只有高中文凭,转业后通过专业培训和远程教育先后取得了

① 《中国法律年鉴(2011年)》,中国法律年鉴社2011年版。

大专文凭和法学本科学位。该案当事人是一对结婚23年的夫妇,均为外来务工人员,育有一个20岁的儿子。他们在北京买了房,定居在北京郊区。据原告妻子(以下称务工妻子)称,她丈夫(以下称待业丈夫)已经45岁了,却不愿意工作,长期失业在家,沉迷于赌博,且对家人漠不关心。妻子的工作不稳定,但是独立承担了全家的开销,包括儿子读大学的学费。妻子对于丈夫的懒惰感到失望,数次提起离婚诉讼,但均被驳回。丈夫则声称妻子对他过于趾高气扬,但表示不愿意离婚。通过法院调解,丈夫承诺尽快找到一份工作,最终妻子撤诉。

案件二主要通过审判的方式解决,过程中有一些简单的法院调解。审判者是一位接受过正规法学教育的青年法官(以下称硕士法官)。硕士法官28岁,拥有民商法硕士学位,2009年被法院录用为书记员,2012年任助理审判员,开始独立审判。该案当事人是一对30岁左右的夫妻,结婚11年,育有一个10岁的儿子。夫妻双方均是北京郊区的本地农民。妻子(以下称农民妻子)起诉离婚,声称其丈夫(以下称农民丈夫)拒绝履行作为家庭成员的责任:他经常夜不归宿,对儿子不闻不问,总因为鸡毛蒜皮的小事争吵,偶尔还有家暴行为。农民妻子要求离婚,并获得儿子的监护权以及每月500元人民币的抚养费。农民丈夫对于自己的婚姻危机无动于衷,只是提出要参与分配岳父母家拆迁补偿款。硕士法官认为拆迁的房子不属于当事人夫妇,拆迁补偿款的问题与本案无关,要求他另案起诉。硕士法官最终判决驳回农民妻子的离婚请求,认为夫妻感情并没有破裂,双方仍有机会修补关系。农民妻子对判决结果非常恼火,迫切希望再次提起离婚诉讼。

案件三由两位风格迥异的法官先后处理:一位是经验丰富、资历老的中年法官(以下称老法官),另一位是毕业不久的青年法官(以下称小法官)。老法官45岁,通过远程教育获得法学本科学位,从事民事案件的审判工作超过15年。小法官28岁,硕士学历,到法院工作两年左右,成为主审法官仅月余。该案最初由小法官负责,主要通过审判式话语解决纠纷,但并不顺利。老法官随后接手了该案,通过调解式话语解决了纠纷。该案中,丈夫(以下称再婚丈夫)和妻子(以下称再婚妻子)

均为二婚,结婚仅两个月再婚妻子就对再婚丈夫失去了热情,提出离婚。再婚丈夫同意离婚,但要求其妻子返还彩礼 20,000 元。再婚妻子拒绝返还,提出这笔钱早已花在了她丈夫身上。庭审过程中,再婚丈夫把要求降到 13,000 元,但是再婚妻子仅愿意归还 10,000 元,且拒绝再接受小法官的调解。极度失望的丈夫威胁要上访,法院遂请老法官接手,后者成功说服了再婚妻子返还 13,000 元彩礼。该案最终调解结案。

上述三起案件均无代理人参与。当事人文化水平较低,没有诉讼经验,对法律及司法制度的理解相当有限,在庭审中使用了大量的非法律话语。

三、调解式话语与审判式语言

法官对不同庭审话语的使用体现了差异化的司法权运作方式和意识形态。[①] 尽管庭审话语的核心目标都是控制庭审进程并引导纠纷的解决,但是不同类型的话语导致当事人不同的回应。本部分将从 4 个方面对调解式话语和审判式话语的运用过程和结果展开比较分析,包括:话语权威的建立、话语交互、打断的运用,以及对纠纷的处理。

(1)话语权威的建立

调解式话语通过构建当事人的内心认同建立话语权威。例如在案件一中,转业法官就丈夫过于懒惰的争议焦点,运用多种话语类型对纠纷双方进行了长达 5 分钟的教育,获得了当事人的认同,建立了话语权威。

片段 1

转业法官:【看向被告】我觉得你应该从实际出发,从自己的情况实际出发。你要是有这底,歇个一天、一年、两年的

① See Susan Phillips, 1998. *Ideology in the Language of Judges: How Judges Practice Law, Politics, and Courtroom Control*, Oxford: Oxford University Press.

都无所谓。本身家里也不宽裕,你说说,你说你俩过去一起努力,也置上房子、置上地了,有自己的事业了,结果跑这离婚来了。所以应该多找找自身的不足,也应该认识到自身的不足影响家庭生活了,影响夫妻感情了……你说现在这钱也好挣,那是对于勤奋人来说,你要是说不好挣,那也是对于懒惰人来说的,有活就先干着呗。有就比没有强,你干就比不干强。你接触人呢,如果坐那玩,那你接触的全是玩的人,如果你去干活,你接触的就全是干活的人。你就得有信心,这个活不好,你挑一个适合自己的挣得多的好不?我认为也是被告过错比较大应该改造……话说回来了,【看向原告】我再说说你啊,这个女人有些个时候你不能做得太强势,你夫妻之间嘛是不?你不给他钱,他以为你看不起他,是不是?……这人尤其是男人你应该给他一个脸面,是不?我觉得说这个,你们俩这个矛盾这个问题,从你这来讲,是为了这个家为了这个日子,恨铁不成钢,是不?挣的钱不够给你一个人花,但你给了这个家这个孩子,孩子正是上学的时候,这得辛苦一点点,但是夫妻俩就是夫妻俩,白头到老那可是好事。

在这长达5分钟的调解发言中,转业法官灵活运用了多种话语类型。他首先指出当事人夫妻已成功在北京郊区安家落户,暗示他们应珍惜现在所拥有的生活;接着又要求双方看到自己的不足,这是策略性的自我批评的调解技巧。具体来看,转业法官从待业丈夫一方引出谈话,因为后者不愿工作及对妻儿不闻不问是纠纷的焦点。但他并没有训斥待业丈夫,而是直白地指出了其不工作的问题,并要求丈夫以家庭为重,挑一个适合自己的工作(“有活就先干着呗。有就比没有强,你干就比不干强。”)。在这里,转业法官有机结合了道德话语中的谴责和治疗话语中的鼓励,并将主要责任归咎于待业丈夫,获得了后者的认可。转业法官随后转而教育务工妻子。由于务工妻子较为强势,法官首先通过道德话语对她进行谴责,提出她不应太强势,应该给丈夫足够的尊重。但在同时,法官也立即认可了她对家庭的贡献(“从你这来讲，是为了这个家为了这个日子，恨铁不成钢，是不？”），进而通过务实的语言指出她的困难（“孩子正是上学的时候，这得辛苦一点点”）。暗示了对于这个阶段的家庭来说困难是难以避免的，牺牲是必然的，务工妻子应当接受这种牺牲。最终，转业法官运用治疗话语作总结（“夫妻俩就是夫妻俩，白头到老那可是好事”）。

在案件一中，当事人的文化程度都不高，因此这种接地气的语言更容易被他们理解和接受。同时，法官话语中传递的价值观带有浓厚的儒家文化色彩，这在我国多数地区，尤其是农村和欠发达地区仍然是主导思想，因此这样的话语很容易让当事人产生共鸣，其观点也更容易被双方接受。

在建立话语权威的过程中，调解式话语并不排斥法律话语的运用，但法律话语更多地以辅助和强化非法律话语的角色出现。例如在案件一中，务工妻子一度拒绝调解，因为在之前的几次诉讼中她已多次接受调解，但结果不尽如人意。为了强化其话语权威，转业法官在其道德话语中插入了少量法律语言，成功说服了当事人。

片段2

转业法官：【看向原告】婚姻案件啊，根据婚姻法的规定，应当进行调解，所以必须要进行调解。而且调解要贯穿审判的全过程。所以我有必要多说几句。你们俩呀，从外地到这来，心往一处想，绑在一块，在这安家了，不容易，得珍惜这段感情。【看向被告】到这来闯份天下也是非常不容易的【看向原告，随后看向被告】你看你爱人这鲜活的例子在这呢，刚才她说了她通过自己的努力通过自己的打拼，现在一个月收入这么多，是吧？比如刚才我问她怎么平时不给你点钱呢？这个法律上有规定：夫妻间有相互扶助的义务。但是夫妻俩应该共同奋斗日子才能过好，仅一味地等待甚至不务正业那肯定影响夫妻感情。你以为你爱人不愿意回家，孩子愿意让父母分开居住？法庭认为你有过错。你说你爱人有什么过错？你说原告有什么过错？可能有些强势，这也能看得出来，但你是能够接受的,应该是能够容忍的。

在这个片段中,法官援引了婚姻法作为其调解的基础,强化了其话语的权威性(“根据婚姻法的规定,应当进行调解”)。但他并没有继续展开,而是转向劝导式的说辞(“所以我有必要多说几句”)。为了打消务工妻子的对立情绪,他还直接援引了法律规定(“夫妻间有相互扶助的义务”),这不仅强化了他说教的合法性基础,也进一步紧扣住了夫妻双方的争议核心:丈夫不愿意工作。

与调解式话语不同的是,审判式话语的权威源自司法权本身,这高度依赖于当事人对法院和法律的认知和态度。

片段 3

硕士法官:陈述一下答辩意见。同意离婚吗?

农民丈夫:不同意。

硕士法官:不同意离婚是吗,认为不同意的理由是什么呢?

农民丈夫:不……就是孩子……就是孩子安身之所的问题。嗯,同意离婚就是牵扯到孩子的问题,孩子……

硕士法官:【打断】就是考虑到子女健康成长的情况是吧?(被告:对对对)不同意离婚。

农民丈夫:就是正好大了有一个安身之处。

农民妻子:【插入】他不同意离婚他那意思就是因为孩子大了,没有住处,他就这个(意思)。

硕士法官:就是离婚之后子女没有住处,是这意思吗?

农民丈夫:对对对……

农民妻子:对。他离婚同意离。

硕士法官:离婚他不同意,刚才说了。

农民妻子:【语调上扬】他就是给孩子——那什么(找个住处?)……

硕士法官:【抬头转向被告】你同不同意离婚,明确表示意见。同不同意离婚?

农民丈夫:不同意离婚。

硕士法官:他不同意离婚。

由上述对话可见,农民丈夫对于是否离婚表现得优柔寡断、含混不清,他的真实意图是以离婚作为筹码赚取更多的财产。但在法官的审判式话语体系下,他的诉求被重新解读为一个法律问题,即孩子抚养权的问题(“就是考虑到子女健康成长的情况是吧?不同意离婚”)。法官的话语运用从司法技术上来说并没有错误,但是由于双方当事人不懂法,也没有能力将自己的真实诉求用法律的方式表达,就造成法官的审判话语难以获得当事人的认同,甚至引起双方当事人的对立。在法官反复逼问农民丈夫是否同意离婚时,农民丈夫被迫走向法官和对方当事人的对立面,由含混不清变为坚定拒绝。

在当事人缺乏对法律的认可甚至了解导致法律话语无法建立权威时,审判式话语也很难有效地转向其他话语类型。在案件二中,硕士法官面对缺乏基本法律知识的当事人,两次试图运用道德话语建立权威,但均以失败告终。第一次是在调解的过程中,农民妻子声称农民丈夫沉迷于赌博,农民丈夫拒不承认,硕士法官这时说道:“即使真有这事(赌博),为了这个家,你们俩也应该忍一忍。”但是他的说教立刻被农民妻子打断。

第二次发生在庭审尾声:

片段4

硕士法官:根据法律规定,离婚案件,法庭都需要对双方做一下工作,毕竟结婚离婚双方还是需要慎重考虑,子女也就10岁左右正是需要亲情呵护的时候,离婚后一个破碎的家庭容易对子女的心理产生一些影响,对他的健康成长不利。所以说双方也应该慎重考虑,如果有问题的话积极沟通解决,好吧?跟你们说这些话是希望你们冷静考虑一下。原告方能够考虑考虑吗?

农民妻子:不考虑。

相较于多样化的调解式话语,审判式话语更加专业,话语类型也更为单一,这导致其他话语类型在法律话语占主导的话语体系中格格不入。硕士法官的道德话语并非一无是处,但出现在他的审判式话语体系中就显得陈词滥调、缺乏诚意,因此没能建立足够的权威或者得到充分信任。这使双方当事人在整个庭审过程中态度冷漠,而且多次打断法官的讯问或说教。

两种话语体系在建立权威方面的差异在案件三中同样有所体现。在小法官审理案件的过程中,他遵循法律话语规范将再婚丈夫称为被告,却没想到这一称呼成了导火索。

片段5

小法官:被告,你有证据就当庭提交,其他没用的话不要讲。

再婚丈夫:你没说让我今天拿证据。

小法官:不拿证据你到法院做什么来了?

再婚丈夫:是你叫我来的,我没想来。

小法官:被告,我告诉你,我们法院受理案件的原则是:民不告官不理,人家不告你,我能叫你来?

再婚丈夫:你不要张口被告闭口被告,我听着不舒服。你是法官,我的名字叫张××,你叫我名字就行了。我又没做错什么,凭什么叫我被告?

小法官:今天开庭,你来什么劲?

再婚丈夫:我就是听不得你把我叫成被告。她要是污蔑我呢?我也成了被告?

小法官:在法院,你就是被告,这是法律规定的,不是你选择的。

此时法官敲了法槌,再婚丈夫停止了进一步的争论。在之后的庭审中,小法官开始以姓名称呼再婚丈夫,但是已经很难再建立权威,再婚丈夫对法官的调解和审判活动开始消极对待。“被告”这一称谓在民事诉讼中并不具有贬义,只是指代特定诉讼角色,法官使用这一称谓是期望突出庭审的程序性,强化其话语的权威性。然而,对于不懂法的再婚丈夫而言,被告上法院、成了“被告”并不是什么光彩的事,意味着做了错事(“我又没做错什么,凭什么叫我被告?”)。他不能理解被告称谓的程序意义,反而因此产生了对立和抵触情绪。

相较之下,老法官对于法律话语的运用则更加贴合当事人的法律意识。在他接手后,再婚妻子已经拒绝再出庭,也不愿意同她的丈夫进行沟通。老法官将法律话语植入对她的劝导中,强制已经心生抵触的再婚妻子重新回到法院调解中。

片段 6

老法官:你的离婚案件我们受理已经两个月了,上次传你来法院,你咋没过来?没什么事吧?

再婚妻子:没事,那天正好出差了。

老法官:没事就好。是的,出差的事有时不由我们自己,但你离婚的事情也很重要。你向法院提出了离婚,你就有法律上的责任来法院协商,将婚姻上的问题解决好,才能安心工作。

在上述对话中,老法官先用治疗话语拉近双方的距离(“没什么事吧?”“没事就好“),再话锋一转提醒再婚妻子她有法定责任促进诉讼(“你向法院提出了离婚,你就有法律上的责任来法院协商”),进而建立起话语权威,同时把再婚妻子拉回到调解程序中。

(2)庭审进程的控制

对庭审进程的控制是庭审话语技巧的体现,主要通过限制和打断当事人发言实现。[①] 我们的经验材料表明,审判式话语和调解式话语都善于使用打断的技巧控制庭审进程,但其目的有所区别。在调解式话语中,这种控制主要用于压制可能会影响调解效果的负面表达;而在审判式话语中,其主要目的则是用于将谈话限定在法律问题的范围内,为最终裁判的作出提供支撑。以案件二为例。庭审中农民妻子提出双

① See Susan Phillips, 1998. *Ideology in the Language of Judges: How Judges Practice Law, Politics, and Courtroom Control*, Oxford: Oxford University Press.

方早已分居达1个月,这引发了一段关于夫妻共同财产的对话。

片段7

硕士法官:【对被告】就是她9月10日走了,又回来过是吗?

被告金某:就是几乎经常回来。

硕士法官:经常回来是吗?

原告陈某:【对被告】我回来多少次?

被告金某:就在我不在家的时候……

硕士法官:【打断】原告有婚前财产吗?

在这里,硕士法官意识到分居的时间并没有达到《婚姻法》规定的夫妻分居满两年的要求,于是立刻打断了当事人的谈话,迅速转向下一个法律问题。

片段8

硕士法官:婚后共同购置的财产有吗?

农民妻子:没有。

硕士法官:【对被告】没有是吗?

农民丈夫:这个可不是说没有。

硕士法官:有什么呀?

农民丈夫:这个房子的问题,因为拆迁的问题,她的户口和我们的原本……

硕士法官:【打断】我问婚后有共同购置财产吗?

农民丈夫:没有。

在案件二中,拆迁赔偿款其实是双方的争议焦点,而农民丈夫也多次试图向硕士法官提出这一点。但是由于拆迁房不属于夫妻共同财产(登记在妻子父亲的名下),硕士法官认为拆迁房与本案无关,遂打断了谈话,将话题转回夫妻共同财产("我问婚后有共同购置财产吗?")。

调解式话语同样也大量运用打断等控制庭审节奏的技巧,但与审判式话语不同的是,调解式话语打断的目的在于促成调解。在案件一中,转业法官在一次调解中运用了三次打断技巧,都是为了控制当事人的心态和情绪。第一次出现在原告抱怨法院重复调解的时候。

片段9

务工妻子:我能理解法官的意思,我们必须得走调解这是个过程,但是呢,一次两次三次不能每次都走这过程吧?这对我来说是一种打击,对孩子也是一种打击,对他(指被告王某)来说是不是一种打击?

转业法官:【打断】你孩子对这事怎么看呢?

务工妻子:怎么看呢,开学的时候我们孩子在黑板上给他写了一大堆话:爸爸我开学走了,好好想想我给你说的话,男人一定要有责任。【对被告】你让孩子怎么说?还让孩子怎么着?

在这里,法官运用打断技巧转移了务工妻子的注意力,使其关注焦点由抱怨法庭多次调解转移到孩子身上。通过运用话语,法官引导务工妻子不自觉地进入了调解。另外两次打断发生在调解进程中。

片段10

转业法官:【对被告】刚才你爱人说了你没有收入影响家庭生活是吧?

待业丈夫:嗯

转业法官:现在(问题)提出来了。

务工妻子:【插入】我插一句……

转业法官:【打断】你插什么话呀!这还没说完呢你插话!【转向男方】那么说这个问题确实是个问题,那怎么办呢?得有个方法啊。

待业丈夫:我是有两个多月没上班了……

片段11

转业法官:【对被告】那么导致家庭到现在这个地步你认

为你自身有过错吗?

待业丈夫:我自身也有过错。

……

转业法官:那怎么办?能改正吗?

务工妻子:【插入】改不了!

转业法官:【严肃对务工妻子】没和你说!

务工妻子:【语调降低】改不了。

转业法官:【对待业丈夫】既然你认识到自身不足,能不能够弥补?

待业丈夫:能够弥补。

在上面两段对话中,转业法官均打断了务工妻子的插话或直接不让她发言。这两次打断均发生在转业法官试图引导待业丈夫承认自己错误的时候,而这正是调解关键的一环。如果允许务工妻子说话,无论她说的是否与调解的目标相关,都有很大可能对调解造成负面影响。因此,转业法官的打断有效促进了调解的顺利推进,使待业丈夫最终能够诚恳地承认错误,实现了调解的阶段目标。

(3)争议焦点的识别

争议焦点的识别是庭审话语的核心。在争议焦点的探查方式上,审判式话语通过缩小争议从而确定焦点,而调解式话语则允许甚至鼓励纠纷双方扩大他们的争议范畴以发现隐藏的真相。① 既有的经验研究表明,以法官为代表的法律专业人士在处理纠纷时倾向于以法律规则为框架将繁杂的生活纠纷切割为逻辑简单清晰的法律案件。② 具体来说,初次进入法院的纠纷表现为一系列日常生活中"问题"的集合,其中很多问题在法律上是无关紧要的,而法官则通过边缘化这些无关紧

① See Susan S. Silbey and Sally E. Merry, 1986. "Mediator Settlement Strategies", *Law and Policy* 8 (1): 7-32.

② See Sally Engle Merry, 1990. *Getting Justice and Getting Even*, Chicago: University of Chicago Press; Lynn Mather and Barbara Yngvesson, 1980-1981. "Language, Audience, and the Transformation of Disputes", *Law and Society Review* 15 (3-4): 775-821.

要的问题，把握法律相关问题的脉络，识别争议的焦点。① 在庭审之初双方意图不是特别清晰时，这种方式尤为有效。而调解式话语则能够巨细无遗地介入看似无关紧要的问题，在最广泛的层面探查纠纷当事人的真实意图和底线，从而促成纠纷双方的合意。

上述话语差异在案件三中展现得淋漓尽致。当纠纷双方对于是否应当归还彩礼争执不休时，小法官将该争议缩小为一个问题：给付彩礼是否会使再婚丈夫的家庭陷入经济困难？

片段 12

小法官：【对再婚丈夫】所以，你可以接受的返还彩礼的最低数额是多少？

再婚丈夫：我不知道。但是最少也要 1.3 万元。最少 1.3 万元吧，为了娶她，我们家已经至少花了 2 万块钱了。

小法官：你的家庭情况怎么样？缺钱吗？

再婚丈夫：我家的情况不比她家差。

小法官：你家庭年收入多少？

再婚丈夫：不是的，法官，你没明白我的意思，这不是钱的问题。她不应该这样对我。我们结婚才两个月，她就在外面偷人，我是人财两空啊。你想想，这下别人怎么看我？怎么看我家里人？我在别人眼里成了个笑话。必须要返还彩礼。

小法官：【对再婚妻子】现在被告要求返还 1.3 万元的彩礼。你接受吗？

再婚妻子：我不接受。

在这个片段中，丈夫担心的是他在村里的形象，但是法官认为形象好坏并非法律关心的问题，因而将谈话焦点导向涉及婚姻法相关规定的法律问题（彩礼的给付是否会导致家庭经济困难）上，尝试根据法律标准认定是否返还彩礼。然而这并不是丈夫真正关心的问题，为了面

① See Sally Engle Merry, 1990. *Getting Justice and Getting Even*, 108. Chicago: University of Chicago Press.

子丈夫也不愿意谈及自己的经济困难("我家的情况不比她家差"),因此即使归还部分彩礼,也没有法律基础支持丈夫。与此同时,小法官的法律话语也引起妻子的对立,因为他的法律话语无法得到妻子的理解,妻子只能生硬地拒绝。彩礼不返还,再婚丈夫就不会同意离婚,甚至还威胁要上诉。夫妻陷入僵化对立,一个死结由此产生。

老法官接手这个案件后,改变了话语范式,鼓励双方充分阐述自己的情况。通过交流,他发现再婚妻子找了一份工资不错的新工作,且可能有了新的约会对象。这些发现成为解决问题的关键。

片段13

老法官:我知道,你不在乎那些钱,你在赌气。但是你想一想,钱毕竟是经你手花的,无论花给谁,都是由你决定的。当时你给他买衣服时,也是心甘情愿的。再说,被告现在也没有要求你全部退还彩礼。所以如果在这点小钱的问题上你不退让,就显得是你做得过分了。另外,让这个案件拖上三五个月,那到头来耽误的是你呀!你今年28岁,既然这段婚姻过不下去了,还不尽快了解这段婚姻,好好再找一个?

再婚妻子:我家人也是这么告诉我的。

老法官:你家人也是这样说的?那就证明我说的没错。你看,就剩下这3000元的差距了,看你工作这么忙,单位的效益一定不错,大不了就一个月的工资,我看这事就这么定了。下次你来法院,就来领调解书,再拿1.3万元,这事就结束了。

再婚妻子:那离婚证明怎么办?我急着要。

老法官:调解书就是离婚证明。那你就下周三来法院领取。

再婚妻子:谢谢法官啊。

老法官:不用谢!这是我们的工作。

虽然老法官也谈到了彩礼,但他并没有把这个问题局限在法律层面,而是通过扩大争议范围,找到了解决纠纷的关键:再婚妻子迫切需要尽快重新开始一段新生活,这使得争议可以成功地解决。

两种话语体系通过扩大和缩小争议识别争议焦点的不同做法在其

余两个案件中也有所体现。在案件二中，农民丈夫提出子女未来的居住问题，据此要求分割岳父母的房屋拆迁款。这一要求缺乏法律基础，因为拆迁房不属于夫妻共同财产或农民丈夫个人财产。硕士法官据此直接忽略了农民丈夫的要求。

片段 14

农民丈夫：那个得说清楚，那个拆迁私建房是我盖的。

农民妻子：你盖的，你盖在哪了？

农民丈夫：盖你们院了，你说盖在哪了？

农民妻子：那院是谁的啊？

农民丈夫：是谁的不也是我盖的？

硕士法官：现在打的是（离婚诉讼）……【被打断】

农民妻子：【插入】那在谁的院里啊？

硕士法官：行了，别说了。现在（打的是离婚诉讼）……【被打断】

农民丈夫：你那叫没良心！

硕士法官：别说了！【敲法槌】现在处理的是夫妻的法律关系，这个如果有利益可以以后主张，好吧？

农民丈夫：行。

拆迁款实际上是这个案件的争议焦点，但是硕士法官没有理会此事，这在法律上没有问题，因为它不属于本案诉讼标的的范围。但是从纠纷解决的角度来看，硕士法官没有抓住问题的关键。他试图用审判式话语将繁复的问题梳理成一起典型的离婚案件，其目的不是把握核心问题，而是为作出裁判提供必要的法律意义上的支撑。

相反，调解式话语并不拘泥于法律意义上的争议焦点，而是从消解纠纷的角度出发，允许当事人表达问题的各个方面，更多地通过常识和经验判断识别事实上的争议焦点。在案件一中，夫妻的纠纷涉及很多法律和非法律问题（丈夫无业、妻子强势、子女无人照顾、丈夫没有零用钱、家暴、赌博等），但转业法官并没有机械地缩小争议，而是在所有问题都被暴露出来后，把握住了争议的真正焦点：待业丈夫的懒惰。这从案件一尾声的对话中可以看出来。

片段15

转业法官:她(原告)说的对吗?

待业丈夫:【点头】

转业法官:这毛病不小吧?

待业丈夫:【点头】

转业法官:不能光点头你得说话,是这样吧?

待业丈夫:是。

转业法官:怎么办?

待业丈夫:改呗,改正。

转业法官:光拿嘴改?

待业丈夫:嘴上改,行动上也改。

……

转业法官:你说这个毛病怎么办?怎么解决?

待业丈夫:赶紧找个班呗。

转业法官:找个班挣钱,这是最好的解决办法。

当专业法官把握住争议的真正焦点后,他没有再回到夫妻法定责任、财产权利等法律问题上,而是不厌其烦地反复强调要工作,这种处理方式是非法律的,但却能有效解决争议焦点,而争议焦点一旦解决,其他也就(至少是暂时)随之烟消云散了。在这里,法律虽然被边缘化,但是案件审理的过程和结果都满足了双方的要求。

四、对规则形式主义的反思

检验民事司法程序有效性的主要标准就是能否解决问题,①这在

---

① See Herbert M Kritzer, 2007. "Toward a Theorization of Craft", *Social and Legal Studies* 16 (3): 321 -40.

中国法院尤为突出，因为纠纷解决往往与社会稳定相关联。[①] 如果按照这个标准去评判，将一个应用法律和程序的解纷机制应用在离婚案件的审理中会存在诸多问题。由上述庭审话语片段可见，由于当事人话语往往是非法律的，调解式话语相较于审判式话语更容易得到当事人的共鸣和配合，也更容易让当事人充分表达和发泄其不满，从而帮助法官掌握话语的主导权，法官掌握了话语的主动权，也就掌握了纠纷发展中的控制权。[②] 因此，对于法官来说，最高效的解纷策略是把握双方当事人真正在意的问题，而非仅着眼于法律问题。[③]

但这并不意味着法律在纠纷解决中是无关紧要的。法律对法官和当事人都是一种限制，即便是非法律话语也护卫着法律的底线。在一些情况下，调解式话语存在对弱者利益的践踏。例如有经验研究表明，在离婚案件的法院调解中，有的法官使用实用主义话语去掩盖家庭暴力。[④] 在这个意义上，法律能够保障弱者的基本权利，防止法官将法院调解建立在权利不对等的基础上。此外，调解式话语体系并不排斥法律话语，虽然法律话语不是转业法官和老法官主要运用的解纷话语，但法律知识是促成问题解决的重要因素：两位法官都通过强调其调解的法律基础，以强化自身的话语权威，促使带有抵触情绪的妻子接受法官的调解。转业法官还引用了“夫妻间有相互扶助的义务”这一法律规定，以遏制妻子的强势并激励待业丈夫找一份工作。这些法律话语的策略在话语权威的建立中格外有效，而这恰恰也是成功调

---

① See Xin He（贺欣），2014. “Maintaining Stability by Law”, *Law and Social Inquiry* 39 (4): 849 - 73.

② See Austin Sarat and William L. F. Felstiner, 1988. “Law and Social Relations: Vocabularies of Motive in Lawyer/Client Interaction”, *Law & Society Review* 22(4): 730 - 770.

③ 苏力：《送法下乡》，北京大学出版社2000年版。

④ See Xin He（贺欣）and Kwai Hang Ng, 2013. “Pragmatic Discourse and Gender Inequality in China”, *Law and Society Review* 47 (2): 279 - 310; Xin He（贺欣）and Kwai Hang Ng, 2013b. “In the Name of Harmony: The Erasure of Domestic Violence in China's Judicial Mediation”, *International Journal of Law, Policy and the Family* 27 (1): 97 - 115.

解的首要因素。①

然而这些并不能弥补审判式话语体系的局限性。首先,如上文所展示的,法律话语主导的审判式话语体系常常难以在当事人关心的问题上获得共鸣,这在当事人没有专业律师代理时尤为常见。在一些情况下,诉讼当事人关心的问题虽然在生活层面上与案件相关,但在法律层面上被认定为无关,也就无法进入法律话语主导的话语体系。其次,法律语言在解纷程序上表现为限缩争议,这在一定程度上阻碍了对当事人争议焦点的探知,不利于纠纷的真正解决。最后,对法律的机械适用可能会导致法官与诉讼双方当事人的对立。从这个意义上说,法官要解决纠纷,不能止于在程序和实体上妥善运用法律,还需要磨炼其话语运用的敏感性,否则就可能导致案结事不了的现象,多个经验研究已经指出了这一点。②

审判式话语体系的局限性折射出我国基层老百姓对实质争议的文化期待。虽然在国家层面我国已经转向法治与法律思维,但在基层社会根植于日常社会习俗的传统道德文化依然在生活中占据主导。③ 一个主要的原因便是在中国有法律让位于道德要求的传统。④ 正如上述 3 个案例所展示的,当事人受到儒家思想的潜移默化,更倾向于接受家长式的裁判者基于其理解的善恶对错标准进行纠纷解决。而若是法官仅仅依据法律规则来判断"对"与"错",则很难满足当事人的需要,因为当事人无法理解和接受陌生的法律文本和技术化的法律适用。因

① See Susan S. Silbey and Sally E. Merry, 1986. "Mediator Settlement Strategies", *Law and Policy* 8 (1): 7 - 32.

② See Philip Huang, 2010. *Chinese Civil Justice, Past and Present*, New York: Rowman & Littlefield Publishers Inc. ; 巫若枝:《当代中国家事法实践研究》,中国人民大学 2007 年博士学位论文。

③ See Mary E. Gallagher, 2006. "Mobilizing the Law in China: 'Informed Disenchantment' and the Development of Legal Consciousness", *Law and Society Review* 40 (4): 783 - 816; Xin He (贺欣), Lungang Wang, and Yang Su, 2013. "Above the Roof, Beneath the Law: Perceived Justice among Migrant Wage Claimants in China", *Law and Society Review* 47 (4): 403 - 37.

④ See William Theodore De Bary, 1998. *Asian Values and Human Rights: A Confucian Communitarian Perspective*, Cambridge, MA: Harvard University Press.

此，调解式话语在某种意义上链接了传统信仰和现代中国法治。

五、结　语

本文考察的是我国郊区一个基层法院的审判式话语和调解式话语，得出的结论不能代表其他法院的情况。但就两种话语体系而言，对法律话语与非法律话语的混合运用确实比机械适用法律和程序更有利于解决离婚诉讼。因此，我们有必要反思中国基层司法需要什么样的审理形式和话语体系。诚然，规则形式主义对于统一的司法制度及健全的市场经济至关重要。① 但这一观点更多的是从官方视角出发，而忽视了普通群众对于纠纷解决的期待以及社会稳定的客观需要。② 这也是为什么年轻的法学毕业生在从事审判工作时可能会被机械化的规则和程序结构限制住他们的想象力、灵活性以及敏感性，遭遇各种各样的问题。

本文对于审判式话语和调解式话语的研究说明，司法技术的培育并不局限于科班法学教育。③ 除了法律规则和原则这些传统法学知识，法官需要通过积累审判经验及生活经验来掌握非正式的知识，这不仅是微妙的话语技巧和交流策略，也是所谓的"思维的习惯"，有助于从整体上提升法官的审判表现。④ 虽然这些长期被专业人士忽略的技

---

① See Ibrahim Shihata, 1991. "The World Bank and 'Governance' Issues in its Borrowing Members", In *The World Bank in a Changing World: Selected Essays and Lectures*, edited by Franziska Tschofen and Antonio R. Parra, 85 – 105. Boston: Martinus Nijhoff Publishers.

② See James C. Scott, 1999. *Seeing like a State: How Certain Schemes to Improve the Human Condition Have Failed*, New Haven: Yale University Press.

③ 学者关于诉讼律师和辩护人技巧的研究中有类似观点。See Herbert M. Kritzer, 1990. *The Justice Broker: Lawyers and Ordinary Litigation*, New York: Oxford University Press.

④ See Joseph Bensman and Robert Lilienfeld, 1991. *Craft Consciousness: Occupational Technique and the Development of World Images*, New York: Aldine de Gruyter.

巧很难被系统化地提炼和阐述,但对庭审话语进行研究无疑是一个好的开端。由此也提出了新的问题:科班法律教育在司法技术的培育中应扮演什么的角色?在不同层级和不同类别的案件中,司法技术的培育是否应有所区别?在不同地区,何种培育方式更加契合当地的文化期待?司法技术的发展是否会挤压文化特性和传统的生存空间?司法技术如何与更高层面的政治制度、社会经济条件及文化背景产生关联?这些问题都有待进一步探索。

《法律和社会科学》
第18卷第1辑，第47～68页

“调审合一”下法官调解离婚案件的语言策略

任继强*

摘要：一直以来，调解都是人民法院处理民事案件，特别是离婚案件的主要手段，理论上需要调解人保持中立。然而，通过分析离婚案件法庭调解中的微观话语，发现在当前的“调审合一”模式下，为了实现调解目标，法官会使用打断话语、运用反问、援引法律、回避特定问题等各种语言策略去影响、暗示、控制，甚至逼迫当事人。与判决相比，法庭调解既未能提供公平的，也未能提供更为人性化的程序选择，因此改革当前“调审合一”的调解模式势在必行。

关键词：离婚案件　法庭调解　调解中立性　调审合一　语言策略

调解是与诉讼相对应的一种纠纷解决方式。从本质上来说，调解涉及一个受过良好训练的中立的第三方的介入，并由该第三方帮助双方当事人达

---

* 吉林省白山市中级人民法院常务副院长，香港城市大学法学博士。

成解决方案。[1] 在美国,无论是来自社区设立的调解中心还是来自法院附设的调解程序,调解人对案件都没有裁决权。[2] 他们的任务不言自明,那就是“作为一个毫无偏见的、持支持态度的倾听者展开工作”。[3] 除了认真倾听当事人的陈述之外,他们还要想方设法去组织谈话的实质内容,促使双方当事人达成一项他们都能承诺遵守的协议,以实现调解的目标。从理论上来说,调解人应该是中立的,他们会平等对待双方当事人,这也就意味着,在调解的过程中,他们不能表现出任何的偏袒,更不能去支持或帮助任何一方。但是,康利和欧巴尔通过研究发现,实际上,美国“调解人的中立性有时更是一种理想。调解人能够而且也确实运用了各种语言策略来塑造调解过程和结果”。[4] 反观中国,承办案件的法官既是法庭调解的调解人,也是有权作出裁决的裁判官,因此在调解过程中,中立性问题只会更加突出:有权判决的他们能真正保持中立吗?他们又会用什么样的语言策略去影响或塑造调解的过程和结果呢?下面将以离婚案件中的法庭调解为例进行分析。

一、案例说明

据以展开研究的主要案例是笔者于2012年6月参与观察的一起在某区人民法院审理的离婚纠纷。该案的原告是一名25岁的无业女性。被告比原告大5岁,是某煤业公司的职员。双方当事人育有一未满周岁的男孩。原告提起诉讼的主要理由是因婆媳关系不和致夫妻没有感情要求离婚,要求男方抚养婚生子。男方对离婚基本同意,但对于

① 参见[澳]肯尼娅·韶丁:《澳大利亚调解制度:对诉讼的影响》,载[澳]娜嘉·亚历山大主编:《全球调解趋势》(第2版),王福华等译,中国法制出版社2011年版,第37页。

② 参见[美]萨利·安格尔·梅丽:《诉讼的话语——生活在美国社会底层人的法律意识》,郭星华等译,北京大学出版社2007年版,第154页。

③ [美]约翰·M.康利、威廉·M.欧巴尔:《法律、语言与权力》(第2版),程朝阳译,法律出版社2007年版,第54页。

④ 同上书,第74页。

婚生子由谁抚养以及如何承担抚养费的问题，与原告争议较大。本案的主审法官系一名已在法院工作20余年的女法官，当时是该院民事审判庭的庭长。对于孩子的抚养问题，她倾向于由女方抚养，由男方负担抚养费。在该案的审理过程中，法官并没有将调解过程与审理过程严格区分，除了在法庭调解阶段进行调解外，在刚开始进行法庭调查时，法官就针对当事人是否同意离婚的问题展开了调解，并且在整个法庭调查阶段，法官都在不失时机地进行调解。本文中的语料1～3转写于该案庭审实录。

语料4和语料5分别来自另一起离婚案件的一、二审庭审调查和调解阶段。该案的原告（女方）和被告均出生于20世纪70年代末，均是自由职业者。双方于2000年12月1日结婚，次年生育一子，当时已10岁。原告起诉时主张因双方“婚后经常因一些琐事争吵，尤其从去年（2010年）开始，被告经常殴打原告，导致双方感情确已破裂”，故要求“与被告离婚，婚生子由原告抚养，被告每月支付600元抚养费，并依法分割家庭共同财产”。被告答辩内容非常简单：“被告同意离婚，婚生子由原告抚养，被告同意支付合理的抚养费，债务共同偿还，家产平分，并且照顾无过错方。”

单从起诉和答辩内容来看，双方好像争议不大，实则不然。双方对离婚和子女抚养基本无争议，但由于双方是做生意的，家境比较殷实，双方的主要争议在财产的分割和各自所主张的外债的分配上。一审判决双方离婚，婚生子由女方抚养，男方每月支付400元抚养费，并对法院认定的双方的财产和债务进行了分割和分配。双方当事人均因对原审法院就共同财产和债务的认定和分配不服而提起上诉。另外，被告在上诉状中还提到：“（原审）判决对原告婚姻有过错一事不提，没有对我方进行赔偿，对过错方进行偏袒。”一、二审中双方均委托了律师参与诉讼，当事人的起诉状和答辩状呈现明显的规则导向型叙述的特点，而且被告在答辩状和上诉状中只提到过错而不点明，应该与律师代写有关。

关于被告所说的原告的“过错”，一审庭审笔录中没有任何记载，二审庭审中法官也没有给被告机会让他把具体过错阐明。但是在被告寄给二审法庭及院领导的信函中写明了女方的具体过错是婚外情："原告是有重大过错的一方，过错就是他与王某某有不正当男女关系，这是导致夫妻感情破裂的关键所在。对于这个事实，有原告本人写的保证书、录音资料及录音带为证。"结合保证书①和被告提供的三份录音资料，原告婚外情的事实是可以认定的，但是我们在下文中会看到，无论一审法官还是二审法官，对这一问题在庭审中都采取了主动回避的策略，而且在判决书②中对此也只字不提。

语料6中的原告也是一女性，1983年3月出生，无职业，被告1960年出生，在某煤业公司任职。双方系1999年建立恋爱关系并同居，后于2001年11月生育一女孩。双方于2010年1月26日办理了结婚登记。原告系初婚，被告则是二婚。原告以"被告经常酗酒，酒后经常殴打原告"为由提出离婚，③主张婚生女由自己抚养，对方承担抚养费，家庭财产依法分割。被告同意离婚，亦同意婚生女由原告抚养，但主张所居住的房屋归自己所有，共同债务20万元由自己偿还。法院最后判决：双方离婚，婚生女由原告抚养，被告每月承担子女抚养费900元；房屋归被告所有，被告给付原告房款12.5万元；债务双方各负担一半。

二、法庭调解中的语言策略

(一)话语打断

"话语打断是指在口头互动中，在当前说话者话轮结束前另一方没等按会话规则分配给他(她)话轮时，为取得发言权而试图与当前说话人争抢话轮而发话的现象。"④话语打断在庭审过程中经常出现，一般

---

① 保证书内容为：为了家人和孩子，和王某某断绝一切往来。赵某某(原告)2010年10月7日。

② 二审的最终裁判结果是：驳回上诉，维持原判。

③ 原告曾于2012年7月6日提起过离婚诉讼，法院认为原告未提供证据证明与女方感情破裂而驳回了原告的诉讼请求。

④ 吕万英：《法庭话语权力研究》，中国社会科学出版社2011年版，第105页。

来说，“法官对他人的打断主要是为了提高庭审效率，使庭审顺利进行”。[①] 但是我们看到，在法庭调解过程中，法官也频繁使用话语打断，其目的已不简单是为了维持调解过程中的谈话秩序，而是有意无意地把它当作一种语言策略，为其想要实现的目标服务。

语料[②]1：

法官：下面由被告针对原告的陈述发表你的意见

被告：我每天上班没有时间照顾孩子，我母亲的身体不是很好，我同意支付抚育费由原告抚养婚生子——

原告：法官，我问——

法官：**稍等一会儿，让谁说话的时候谁说话啊，其他人不准插话**，同意拿多少抚育费，每个月？你一个月工资收入多少？

被告：我每个月平均2600元左右工资。

法官：你每个月拿出多少？

被告：（听不清楚）

法官：她不同意抚育孩子，让你抚育，啊——

被告：我养也行，我想看原告什么态度——

法官：**你看，一个一个说，按顺序说**。她发表意见了，她不同意抚育孩子，由你抚育，你说你不抚育孩子，同意拿抚育费，你先说你拿多少抚育费，然后我再问她，如果你抚育她拿多少抚育费，你先说？

被告：1000块钱。

法官：1000块钱，原告，如果被告抚育婚生子，你每月拿多少抚育费？

原告：因为我现在没有工作，我没法拿抚育费。我现在还是父母供养，孩子也是我父母帮忙带着，吃喝拉撒都是我父母管。

---

① 吕万英：《法庭话语权力研究》，中国社会科学出版社2011年版，第189页。

② 语料中，——，表示话语被打断或者重新开始（开启新的话题）；黑体，表示大声说话；斜体，表示说话者用强调的语气；（　），表示其中的话语听不太清楚；{　}，表示行为人的行为。

法官:原告说到这,我要说你,你说这句话对你自己也好,对你婚生子也好,是**极其不负责任的态度**——

原告:不是不负责任——

法官:**为什么这么讲呢**,你现在带孩子没法出去工作,在情理之中,但是如果是被告抚育孩子,你清手立脚的,你再不出去工作,还在父母家里靠你父母抚养,啃老,我觉得是不应该的。你就出去打工,说不好听的一个月也能挣1000块钱,不挣1000块钱也挣800块,你就每个月给孩子拿100块,那也是你的心意,也是对你的孩子尽了一份责任。你不可能说一分钱不拿,所以我希望就是说话要负责任一些,**就是要饭吃说不好听的话,也得给孩子拿抚育费**,有你吃的就得有孩子吃的,**甚至说没有你吃的也得有孩子吃的。**

原告:法官,我现在也是没有工作——

法官:我刚才不说了吗,就是没有工作,**就是要饭**每个月也得给孩子拿抚育费。

原告:法官我现在没有钱——

法官:没有钱你得有个态度吧,我没有钱,我抓紧时间找工作,找了工作以后每月给孩子拿多少抚育费,那也是你的一种态度呀。

原告:可以,等我有了工作我可以给他拿。

法官:就是——(旁听人员发言,听不清),你不要说,不要说啊,允许你旁听,你要再发言我就请你出去了。(原告)你刚才说的话我还要说你,这个你什么时候能有工作,1年还是2年?1个月还是2个月?你得有个时间,你不可能说我什么时候有工作,什么时候给孩子拿抚育费,那不对呀,就拿50块拿100块那也是你的心意,你也是尽你所能。

……①

① 省略部分内容见语料2。

法官：被告，对原告每个月拿50元你什么意见？表一下态。

被告：就原告这种态度，走到今天这步，我不知道原告是怎么想的，也没有什么财产，我之前都跟她说了，她跟我提出来的，（我没有什么毛病）——

法官：**现在就是说双方都同意离婚了，离婚的原因就不要说了，现在谈子女抚育的问题。**

被告：作为孩子的父母，说以后不再支付抚育费，你说每月拿50块钱，法律规定交到18岁，你算算这是多少钱，原告说每月拿50块钱，（我对她没有什么信心了），她这种态度——

法官：被告我发现你——**你就是明确表态，同意还是不同意，多了还是少了？直接说就完事了呗。**

被告：太少了。

法官：太少了，**那你就直截了当说就完事了呗，你就说呗，你真是。**

在该语料中，法官共10次单方打断①当事人的话语，此时正是法官与当事人讨论孩子由谁抚养和如何承担抚养费的时候。法官在该调解中的目标是明确的，那就是在原告抚养孩子被告负担抚养费和被告抚养孩子原告负担抚养费两个方案中努力去促成一个，因为当事人对于离婚和财产分割已基本上形成一致，孩子的抚养问题一经解决，该案便可作结了。

法官的第一次打断发生在被告发言时原告的插话，法官立即打断原告：“稍等一会儿”并再次强调法庭的规矩：“让谁说话的时候谁说话啊，其他人不准插话！”第二次打断发生在法官让被告发表意见时，被告中途提出“想看原告是什么态度”时，法官打断了被告，并要求他继

① 在这里，虽然也有当事人打断法官而插话的时候，但是，我们发现，这里的打断只是就势打断，而且丝毫没有影响法官的继续表达。

续围绕自己针对原告的陈述所发表的意见——不抚养孩子,同意拿抚养费——进行表态。通过这两次打断,法官顺利地实现了他想要被告完成的如果原告抚养孩子,①他能出多少抚养费的表态。

接下来的打断都是发生在法官与原告的互动中。在被告已经按照法官的意图进行了表态,而且法官对被告的表态也是比较满意的情况下,法官接下来的任务就是看能否促成原告改变初衷②接受被告的意见,或者退而求其次,由被告抚养孩子,③原告负担合理的被告能够接受的抚养费。在这里我们看到,为了能尽快促使原告作出负担部分抚养费承诺的目的,除了对原告话语的第一次打断是为了保持自己的话轮,行使完自己的话语权外,法官在原告 7 次试图以"现在也是没有工作""现在没有钱""有生活来源我会给他的""找工作也需要时间""得上班之后才能拿""短期内(拿不出)""这阵子我身体也不太好,整孩子也比较虚弱"及"他有父亲呢,他父亲(可以养他)"为由,试图对其不能负担抚养费进行解释和说明时,都毫不留情地打断她,最终原告被迫做出了与此前④相比总算是有进步的表示:"那我暂时有困难,我拿 50,一个月拿 50。"法官见此情景,赶快告诉书记员:"给她记下来",以对好不容易得来的原告的表态进行了证据上的固定。

由此不难看出,在法官的实用主义语境下,什么原因、什么理由都不重要,重要的是什么结果。这也就决定了,虽然每次法官打断当事人的出发点可能会有所不同,有时是为了维护谈话秩序,有时是为了保持话语权,维护权威地位,⑤有时是为了阻止当事人做法官所认为的"无用"的解释或叙事,但是他们最终的落脚点却是共同的,那就是为法官所要促成的调解目标服务。

---

① 法官一直倾向于原告抚养孩子被告负担抚养费的孩子抚养方案。

② 原告一直坚持由被告抚养孩子。

③ 谈话中,被告有过同意抚养孩子的表态:"我养也行",显然法官认为这不是最佳方案,而没有直接就这一表态进行调解。

④ 此前原告一直坚持没有能力负担孩子的抚养费。

⑤ 廖美珍的研究也认为,法官的"有些打断行为纯粹为维护法官的权威"。参见廖美珍:《法庭语言技巧》(第 3 版),法律出版社 2009 年版,第 144 页。

调解的谈话过程之所以与日常人们的聊天和争吵不同,是因为有了第三方——调解人——的出现,"调解人被公开赋予权力去执行谈话礼节,裁判互动争端"。① 作为既是案件裁判官,又是案件调解人的法官,当然被赋予了主导调解过程以及规范谈话秩序的权力。"打断是体现话语权力的一种标志。"②"一般情况下,权力高的参与人打断权力低的参与人多,而且前者打断后者很少受到限制",③"在民事审判中,打断行为基本上属于法官,打断是地位、权力的象征和表示"。④ 因此,在实用主义话语语境下,法官利用其优势地位,把话语打断作为法庭调解中的一种语言策略而不断使用,以起到用实用主义话语来统领离婚案件整个调解过程的作用,为其务实的调解目标服务,这是必然的。

(二)使用反问

反问句是一种形式与意义相反的疑问句:肯定的形式表达否定的意义,否定的形式表达肯定的意义。⑤ 作为一种特殊的问句类型,反问句"主要用于表达间接的陈述,在此基础上用来实施各种断言类和指令类行为,其目的是引发受话人接受反问句中的隐含意义或者引发听话人的合意行为"。⑥ 反问句的语用功能主要体现在三个方面,即显示说话者的"不满"情绪;表现说话人主观的"独到"见解;传递说话人对对方的一种"约束"力量。⑦ 一般来说,它主要出现在人们在对对方进行教育甚至训斥或者反驳对方观点的日常话语中,在法庭的机构性话语中,并不多见。但是在本案调解过程中,法官在与当事人的互动中,却多次使用反问句,来强化自己话语的权威性和有效性,打压相关当事

---

① [美]约翰·M.康利、威廉·M.欧巴尔:《法律、语言与权力》(第2版),程朝阳译,法律出版社2007年版,第56页。

② 吕万英:《司法调解话语中的冲突性打断》,载《解放军外国语学院学报》2005年第6期。

③ 吕万英:《法庭话语权力研究》,中国社会科学出版社2011年版,第189页。

④ 廖美珍:《法庭问答及其互动研究》,法律出版社2003年版,第174页。

⑤ 参见李富林:《关于反问句》,载《中学语文教学》1997年第9期。

⑥ 胡德明:《九十年代中期以来现代汉语反问句研究综述》,载《汉语学习》2009年第4期。

⑦ 同上。

人,以求自己想要得到的目标尽快实现。

第一次是在法官了解到双方当事人主要矛盾的来源是婆媳关系不和时,法官就此做当事人工作时使用。① 法官首先批评当事人“始终没弄清楚婚姻是你俩的,日子是你俩过,婆媳关系不好并不能导致你俩夫妻感情彻底破裂”,接着教育当事人“主要考虑你俩的因素,婆媳关系抛开在外”,并要求原告重点考虑“如果被告能改正他自身的缺点,以后按时上下班,帮着你抚育孩子,工资也交给你,妥善处理你俩之间的关系以及跟老人的关系,你觉得你跟他还有没有继续在一起生活的可能性”。然后,在要求被告正视自己的缺点的同时向双方进行了反问:“你也应该正视你自己的缺点……如果你们不正视这些矛盾,即使以后再组建家庭,这些矛盾也还是会出现的,你们还能离一次、离二次、离三次四次吗?”很明显,这时的问话,不是要当事人来作答,表面上肯定的形式实际上已经确定无疑地表达着否定的含义:不能。这种断言类的反问句显然要比普通的肯定句或否定句更容易引起互动对象的注意和重视,也更容易引发当事人的共鸣。

第二次使用,发生在以下的语料 2 中。

语料 2:

原告:现在确实是没有生活来源,但是等着我有生活来源我会给他的——

① 具体语料内容为:“法官:你看你俩始终没弄清楚婚姻是你俩的,日子是你俩过,婆媳关系不好并不能导致你俩夫妻感情彻底破裂,而且法律规定感情破裂就只有那几种情形,跟婆媳关系不好没有关系,就单单纯纯就这一个理由你们要离婚法院也不准许。你们考虑一下你们俩自己,*如果你们还在一起生活,能不能有幸福,能不能合得来*,主要考虑你俩的因素,婆媳关系抛开在外,原告你觉得,如果被告能改正他自身的缺点,以后按时上下班,帮着你抚育孩子,工资也交给你,妥善处理你俩之间的关系以及跟老人的关系,你觉得你跟他还有没有继续在一起生活的可能性。被告你也应该正视你自己的缺点,如果你就像原告所说的,好玩,下班以后出去玩游戏也好,交朋友也好,喝酒也好,工资不往家里交,如果你媳妇跟老人发生矛盾了,你又不会擅于从中做调解、沟通的工作,如果这样一起生活也没有什么幸福可言,你们就考虑解除这个婚姻关系,如果,我就提个建议,如果你们不正视这些矛盾,即使以后再组建家庭,这些矛盾也还是会出现的,你们还能离一次、离二次、离三次四次吗?……”

法官：你看我刚才说的你还没听明白，**肯定不能等着你有生活来源，再给孩子拿抚育费，那孩子不吃不喝呀？**

原告：那我也不能管父母要钱再给孩子，法官。

法官：**你看看你，你先假如孩子在被告那，你不可以先去工作吗？你短期内还找不到工作呀？**

原告：我短期内不可能一下子就拿出来啊，我找工作也需要时间啊——

法官：**那你的意思是你什么时候能有工作，什么时候能给孩子拿抚育费？**

原告：那我得上班之后才能拿——

法官：**什么时候能上班？**

原告：再怎么也得，短期内——

法官：**短期内是多长时间？3天还是1个月2个月？**

原告：半年吧，怎么也得半年，因为这阵我身体也不太好，整孩子也比较虚弱——

法官：**我跟你说是不可能的事情，半年孩子不吃不喝啊？**

原告：不是他有父亲呢，他父亲——

法官：他也有母亲啊，这权利义务都是对等的，你不能只享有权利不承担义务，也不能光履行义务不享有权利，都是对等的，那人家被告也上班，人家给的，如果你抚育孩子人家拿抚育费，同样他抚育你也得拿生活费，就是多少的问题——

原告：那我暂时有困难，我拿50，一个月拿50。

法官对书记员说：行，给她记下来。

在该语料中，法官在与原告的互动中共3次使用了4个反问句。第一次是在原告表示目前没有生活来源，等有了生活来源就会承担抚养费时，法官打断她，大声地明确告诉她：“肯定不能等着你有生活来源，再给孩子拿抚养费”，又使用反问句：“那孩子不吃不喝呀？”很显然，不用说孩子，就是任何人不吃不喝都是不可能的，需要吃喝则是肯定的。这一反问句用否定的形式表达的却是确凿无疑的肯定的意思。

法官在这里使用该反问句,实际上是对原告进行质问,既表达了其对原告所作表示的"不满"情绪,同时也是在通过该反问句来传递其对原告的道德上的"约束"力量,打压了当事人。

在原告表示"那我也不能管父母要钱再给孩子",继续试图陈述自己不能承担抚养费的理由时,法官再次大声地连续使用"你不可以先去工作吗?"和"你短期内还找不到工作吗?"两个反问句,在对原告进行责备的同时,指令原告应该尽快出去找工作挣钱给孩子拿抚养费,而不是以未工作为由不同意给孩子拿抚养费。

接下来,法官逼问原告何时能找到工作、何时能给孩子拿抚养费,在原告表示"半年吧,怎么也得半年"并试图就原因进行解释时,法官又一次打断她,大声地再次提醒原告,这只能是她一厢情愿的幻想:"我跟你说是不可能的事情",并第三次使用反问句,再次反问:"半年孩子不吃不喝啊?"

最后,我们看到,在这一轮法官与当事人的互动交锋中,法官综合运用话语打断和使用反问句两种语言策略,来对当事人施加影响和控制,最终迫使当事人分别做出妥协,①终于基本完成了法官心目中两种调解方案的综合设计和布局。

(三)以法律的名义

在法庭调解过程中,除了使用上述两种语言策略外,法官还经常代表法律来说话,"以法律的名义"对当事人施以暗示、影响甚至是控制。②

语料3:

法官:大度点啊。分割现金3500,还有一个数码相机属不属实?

被告:属实。还有个事法官我想问一下,财产什么的不太

① 被告不但做出了同意抚养孩子的表示,而且按照法官的要求首先提出了在法官看来是可行的抚养费承担数额;原告也从一点抚养费不能承担,妥协到承担每月50元,这让法官也看到了进一步做工作的希望。

② 具体见语料3中下划线部分。

懂这个事——

法官:你想问什么事?

被告:结婚时候买的首饰什么的怎么分割?

法官:我给你解释一下,结婚时候男方给女方买的金银首饰属于赠予,老百姓讲话就是送给她了,女方陪嫁给你买的衣物比如鞋、手表什么的,那也属于赠予,买给谁的就是给谁的。除了她说的这些财产,你们还有没有别的财产?

……

法官:原告是否同意用调解的方式解决你们之间的纠纷?

原告:同意。

法官:按照法律规定,调解必须符合两个充分的条件,一个是双方自愿,另一个是调解的内容必须符合法律规定。我们民事案件主要是注重调解,极少用判决的方式解决纠纷,但是呢一方不同意调解呢,法院也不能强制双方当事人调解,调解达不成协议,法院依法判决,*但是鉴于你们的案件是婚姻家庭案件,我个人认为用调解的方式解决社会效果能好一些,毕竟你们曾经有过一段婚姻,现在还有一个不满周岁的婚生子,需要你们双方共同抚育*,按照法律规定,你们离婚的调解书(我们已经做了),双方已经没有和好的可能了,同意你们离婚,婚生子呢就差一个抚育费的问题,原告不同意抚育,被告同意抚育了,现在就是按照法律规定,两周岁以下的婚生子原则上由母亲抚育,有利于孩子的健康成长……

法官:现在这个焦点是什么呢?焦点是子女的抚养费负担问题,数额问题,按照法律规定,子女抚育费主要是基于三个问题来考虑,第一个是孩子的实际需要,第二个是双方的负担能力,第三个是当地的实际生活水平……所以我觉得被告抚养孩子,原告你拿200元抚育费这个标准真不高,就我判你也不能低于这个标准。

原告:我确实没有这个能力。

法官:{对书记员说}整个判决吧。一方不同意调解,本庭不再调解,现在依法进行判决。

{法官组织当庭宣判内容,书记员进行记录。内容略}

法官:为什么判决你承担200元抚养费呢,按照咱们当地今年最低工资标准是730元,工资总额的20%~30%,我给你取了个平均数25%,是182.5元,那就凑个整200元,也不超过30%的限额。既然法院判决也是这样,那就同意调解好不好?判也是200块钱,还不如同意调解得了,好不好原告?行不行?

{原告看一下旁听人员,点头表示同意}

法官:那就给改过来调解吧。判也是这个结果,你再少了也说不过去,我相信当妈的她也不能不心疼孩子,以后条件好了,兴许能多给点。

作为一种语言策略,法官第一次"以法律的名义",代表法律来讲话,是在被告向法官提出一个现实的问题时。被告提出的这一问题,即"结婚时候买的买金银首饰什么的怎么分割",实际上细究起来比较复杂,要确定其真正属于对个人的赠予,还是应属夫妻共同财产的范围,还需要看许多细节的事实,比如是由谁出资购买的,何时(结婚登记前还是登记后)购买的,双方当事人对所有权是否有特殊约定等等。如果按此逻辑作答,必然会引发当事人新的争端,给自己的审理和调解工作徒增变数,无疑是自找麻烦。在实用主义的大语境下,法官很自然地将复杂问题简单化了:"我给你解释一下,结婚时候男方给女方买的金银首饰属于赠予,老百姓讲话就是送给她了,女方陪嫁给你买的衣物比如鞋、手表什么的,那也属于赠予。"显然,此时的解释,在当事人看来,绝不只是代表法官个人,法官特殊的裁判者地位决定他还代表着国家的法律。因此,对当事人而言,这是权威的不容置疑的解释,所以接下来,当事人不但对金银首饰等财产不再持有任何异议,而且在法官依惯例询问当事人对案件事实是否还有证据提供时,双方都干脆地回答:"没有了。"

在法庭转入正式的调解程序时，法官再次使用该语言策略，首先是使用该策略来强调法官接下来所说的话及所做工作的合法性，即调解要符合自愿合法原则，民事案件主要注重调解，其次则是暗示当事人法庭有判决为调解作后盾：调解不成，依法判决。接下来，法官继续以法律的名义，宣布：（鉴于）“双方已经没有和好的可能了，同意你们离婚”，以此引出双方的争议只有一个，那就是原告承担婚生子的抚养费问题。接着，法官话锋一转，继续使用该策略来给原告施压：“按照法律规定，两周岁以下的婚生子原则上由母亲抚育。”由于原告一直主张婚生子交由被告抚养，不同意自己抚养，因此，法官在此“以法律的名义”代表法律所讲的话必然成为动摇原告原有决心的重磅炸弹。在此，法官使用该策略，看似所说的都是客观现实，但略加分析并不难看出，法官显然是话有所指，并将其作为自己的语言策略来为要实现的目标服务。

在法庭调解的最后阶段，法官又一次运用该语言策略，直接为当事人确定了“就我判你也不能低于这个标准的”200 元抚养费。在原告仍然不接受时，法官再次运用该策略，“现在依法进行判决”，在组织当庭宣判内容的过程中，法官再一次故技重施，以法院判决也是如此为由迫使当事人最后接受了负担每月 200 元抚养费的调解方案。

“在多数民事案件中当事人都不熟悉法律，这些诉讼当事人可能比那些在职务中经常与法律打交道的人更容易受压力的影响。”①这种代表法律说话，“以法律的名义”，不管是直接代表，比如“按照法律规定……”等，还是间接代表，比如“我给你解释一下……”、“判你也不低于这个标准”或“判决也是这样”等，对当事人所起的暗示、影响和控制作用都是一样的。之所以这种语言策略能够对当事人起作用，并不是法官多么会说话，而是他们作为案件裁判者的身份决定了他们有机会代表法律说话并且能够让当事人信任，因为无论是案件当事人，还是其他的诉讼参与人，乃至社会大众，没有人去质疑法官是代表法律、代

① 彭文浩：《中国调解制度的复兴：法院调解》，载强世功编：《调解、法制与现代性：中国调解制度研究》（第 2 版），中国法制出版社 2005 年版，第 361 页。

表国家在审理和调解案件。也正因为这样,法官才有可能和机会把"以法律的名义"当作一种语言策略,在审理特别是调解案件时经常使用,去暗示、影响甚至是控制当事人,促使当事人做出妥协,尽最大可能将纠纷解决方案达成。

(四)回避特定话题

为了减少争执和尽快实现调解目标,法官还经常刻意回避当事人间特定的话题,尤其是对家庭暴力和婚外情这两个话题。

笔者在研究①过程中看到的一起经历了两审终审的离婚案件②就清晰地展现了这一现象。本案中,原告(女方)起诉离婚,并主张被告最近一年来经常殴打原告。③ 被告在一审答辩时同意离婚,但提出原告有过错(婚外情)并在法庭交换证据时向法庭提交了原告给被告书写的保证书以及原告请求被告原谅的录音资料。在法庭正式开庭审理时,法官通过归纳当事人争议焦点而将被告打原告以及被告有婚外情这些主张非常策略地统统直接予以回避。庭审笔录中记载的内容如下。

语料4:

法官:法庭准备阶段结束,现在进入法庭调查阶段,首先由原告宣读起诉状。

原告代理人:(宣读起诉状)……(略)。

法官:原告对诉讼请求有无补充?

原告代理人:没有。

法官:下面由被告方答辩。

被告代理人:被告同意离婚,婚生子由原告抚养,被告同

① 笔者参与观察了二审的庭审和调解过程。对一审相关语料的研究是通过调阅一审案件档案完成的。

② 有关一审的内容,系查阅一审卷宗而得。

③ 原告的起诉状内容如下:原、被告于2000年12月1日结婚,婚后于2001年12月21日生育一子,现已10岁。原、被告结婚后经常因琐事争吵,尤其从去年开始,被告经常殴打原告,导致双方感情确已破裂,现原告要求与被告离婚,婚生子由原告抚养,实行每月支付600.00元抚养费并依法分割家庭共同财产。

意每月付合理的抚养费，债务共同偿还，家产平分，并且照顾无过错方。

法官：被告对答辩内容有无补充？

被告：没有。

法官：根据双方诉辩，法庭认为本案没有争议的焦点是原、被告离婚及子女抚养归属，双方无异议，本庭予以确认，法庭认为本案有争议的焦点是：原、被告夫妻共同财产及原被告双方夫妻关系存续期间债权债务情况，鉴于原被告双方对离婚均同意，以及子女抚养归属无异议，在本次庭审调查中对原被告夫妻感情是否已破裂以及子女归属抚养问题不再重复调查。各方当事人有无异议或补充？

均答：没有。

在随后法院的判决书中，也是对此问题一字未提。判决书的事实认定部分写道：“经审理查明，原、被告于2000年12月1日在抚松县抚松镇人民政府登记结婚，于2001年12月21日生育一子徐某泽。婚后原、被告夫妻感情尚可，近年来原、被告经常因家庭琐事发生争吵，导致夫妻感情破裂。”判决书的理由部分写道：“本院认为，原、被告经常因家庭琐事发生争吵，导致夫妻感情破裂，原告起诉要求与被告离婚，被告亦同意离婚，故本院对原告要求离婚的诉求予以支持……”

双方当事人对一审判决均不服而提起上诉。原告的上诉理由主要针对财产分割；被告的上诉理由除针对财产分割外，又再次提道：“赵某某①婚姻存续期间存在过错，应对徐某某②进行赔偿。”在二审的庭审中，当被告再次提到原告的过错，即发生婚外情的问题时，法官用转换庭审阶段的方式直接予以回避（见语料4），最后法院的判决书中更是顺理成章地将当事人有关婚外情的主张忽略。③

---

① 指原审原告。

② 指原审被告。

③ 见语料中下划线部分。下同。

语料5:

法官:下面本案进入调解阶段——

上诉人(原告):法官我还要说。

法官:不能跟上诉状和答辩重复。

上诉人(原告):绝对不重复。这个吧,刚才,徐某某的代理人说了,他刚才说打到徐某利的账户上,是还徐某利的钱,这个说法不对,就是说刚才——

法官:这个理由我们也没记,对本案没有什么价值。

上诉人(被告):另外,法官,我们这面还有。从赵某某的上诉状上可以看出,赵某某让徐某利偿还的是借款20万元。说明该款项,就是说明这个林权承包是徐某利,你不是让他还借款,说明是他承包的。另外还有一点,针对赵某某的答辩,我们还有几点。

法官:你那个阶段都过去了,怎么还答辩了。

上诉人(被告):我们有几点还要说一下。

法官:你陈述举证,不能重复。

上诉人(被告):第一点,我们说她是转让财产——

法官:你这个前面都重复了。

上诉人(被告):现在我方愿意出9万块钱,将此单间赎回。她不是5万元转让了吗,她这个转让无效,我方愿意出9万元,将该单间赎回,市场价最低也得在9万元,凭什么以5万元转让。

法官:你还有什么要说的?

上诉人(被告):第二点,他们当时是还款,是还徐某利的欠款,返还林权的20万元是欠款。第三点,有过错,我们已经提供了,由赵某某书写的证明,赵某某婚姻有过错。

法官:有证明吗?

上诉人(被告):已经提供给一审法院。她自己承认有过错。

法官：双方没有补充，进入调解阶段。

上诉人（被告）：法官，我还有第四点。对方说，孩子的抚养费不低于2000元，我方希望能够抚养孩子，因为我方也无经济收入没法拿出更多的抚养费。就是你们说的抚养费不低于2000元——

上诉人（原告）：法官我同意将孩子的抚养权转让给男方，我出500元。每月500元。

上诉人（被告）：行，我们同意。转给我们，你每月出500元。

笔者观察①的另一起离婚案件的情况也是如此（见语料6）。在法庭调查阶段即将结束时，法官依惯例询问当事人对事实部分是否还有补充："在事实调查（中）有没有什么事没查到的？"但当原告提出被告曾对其实施家庭暴力的主张时，法官却极为不耐烦地阻止了她："行了，这个不用说了"，并转而询问被告"有没有补充？"。

语料6：

法官：问一下原告，本案争议房屋，系胜利煤矿在你们双方结婚登记之前赠与给被告，并在结婚登记后办理产权证照，是否属实？

原告：是。

法官：属不属实？

原告：那怎么属于赠与，不光是给他的。

……

法官：问双方是否是初婚？

原告：我是。

法官：被告？

被告：不是。

法官：第几次婚姻？

① 观看庭审录像。

被告:第二次。

……

法官:事实调查有没有什么可说的?

原告:可以说话了?

法官:在事实调查有没有什么事没查到的?

原告:他还揍我。

法官:行了,这个不用说了。问被告,有没有补充?

被告:就是那个房子,她说是侍候我妈的,同居的时候没侍候,就是结婚之后才侍候我妈的。后来胜利煤业老板,就是我表弟——

法官:谁是你表弟?

被告:就是胜利煤业老板。

法官:好了,不用说了。

近期的离婚案件档案记载的情况也是如此。笔者随机抽取并调阅了某县人民法院2012年度结案的36件离婚案件①档案,发现其中有原告在起诉状中主张被告对其实施家庭暴力行为的有13件,主张被告"有外遇""搞婚外恋"的2件,既主张被告实施家庭暴力②又主张被告"搞婚外恋"的1件,总计16件,占36件案件的44%。这其中只有2件③是男方提起诉讼。上述16件案件,法院判决准予离婚的1件,判决不准离婚的4件,调解离婚的6件,调解和好撤诉的5件。除了2件调解和好而没有出具法律文书的案件外,其他14件案件中,不但3份裁定书和6份调解书对当事人所主张的家庭暴力或(和)婚外情问题只字不提,而且5份判决书中"法院查明事实"部分及"本院认为"部分也都选择将此问题回避,就连其中两件被告在答辩时已承认有过家暴行

① 每个月抽取3件。

② 该案的原告在诉状中主张被告"酒后滋事打人,性虐待,搞婚外恋,经常折磨原告……被告的行为对原告造成极大的伤害,导致原告经常心慌、胸闷、气短、心绞痛、头痛、头晕等"。

③ 一件主张女方"当孩子面打原告",另一件主张女方有外遇。

为①的案件的判决书也毫不例外。

大量对当前法庭审理特别是调解过程中诉讼话语和离婚案件档案研究都表明,从实用主义目的出发,一切以当事人达成妥协为出发点和落脚点,为避免“谈论争端导致产生更多争端,给说者和听者带来不幸”,②法官普遍有将当事人提出的有关对方当事人“家庭暴力”和“婚外情”的主张有意予以忽略或回避的倾向。而且,看起来这种忽略或回避并非随意和无目的的,从法官对此运用的驾轻就熟和自然程度,不难看出对“家庭暴力”和“婚外情”的回避和忽略已经成为法官在审理尤其是调解离婚案件时的一种语言策略。对于这一点,尤其应当引起我们的注意。自中华人民共和国成立以来,官方就一直在主张和推行“男女平等”政策,但大家谁也不否认现实中的男女不平等还是在一定范围和一定程度上存在着。由于家庭暴力和婚外情的受害者主要是女性,因此,法庭对此话题的有意忽略和回避必然会加剧现实社会中,尤其是婚姻家庭关系中男女的不平等。

三、结　语

“调审合一”的司法调解制度起源于中国尚处于小农经济时代的革命根据地,并在中华人民共和国成立后的计划经济时代得到了不断的巩固和强化。改革开放后,虽然我国的政治、经济、社会都发生了很大的变化,但是国家一直未对“调审合一”的司法调解制度及其相关司法政策进行实质性的与时俱进的改革。通过对当前离婚案件司法调解的微观话语分析,我们发现,在当前的“调审合一”模式下的法庭调解中,为了实现调解目标,法官在不断地有意无意地使用相关语言策略去影响、暗示、控制甚至逼迫当事人,“调解人的中立性有时更是一种理

① 分别为“有打原告这个事”和“动手打过她”。

② [美]约翰·M.康利、威廉·M.欧巴尔:《法律、语言与权力》(第2版),程朝阳译,法律出版社2007年版,第208页。

想而非现实。调解人能够而且也确实运用了各种语言策略去塑造调解过程和结果”。① 这说明,调解并不是价值中立的、由当事人主宰的过程,对调解话语细节的分析证明调解人在法律制度至少是默示的纵容之下能够运用权力,追求实现自己的目标。② 而实际上,调解和判决的追求目标是不同的:调解的目标应该是消弭纷争、修补关系;判决的目标则是为了定分止争、维护正义。调和性与非强制性是调解的根本属性,而自愿与合意则既是对调解的基本要求,也是其价值追求。在我国当前“调审合一”的司法调解程序中,由于调解只是庭审程序中的一个环节,主持当事人进行调解的调解人,同时也是当事人之间纠纷调解不成后的裁判官,为了实现调解目标,法官难免会“以判促调”“以判压调”,从而加大强制和变相强制调解的风险,降低当事人自愿和合意的程度。因而,与判决相比,当前的离婚司法调解,既未能提供公平的也未能提供更为人性化的程序选择。③ 改革现有的“调审合一”的离婚案件调解模式,建立更能适应离婚案件自身特点④的调解制度已刻不容缓。

---

① [美]约翰·M. 康利、威廉·M. 欧巴尔:《法律、语言与权力》(第 2 版),程朝阳译,法律出版社 2007 年版,第 74 页。

② 参见程朝阳:《法律权力运动的语言面相——〈法律、语言与权力〉导读》,载[美]约翰·M. 康利、威廉·M. 欧巴尔:《法律语言学导论》,程朝阳译,法律出版社 2007 年版。

③ See Jian Wang,“To Divorce or Not Divorce:A Critical Discourse Analysis of Court-ordered Divorce Mediation in China”, *International Journal of Law, Policy and the Family* 27 (1),(2013).

④ 由于婚姻以感情为纽带,即结婚以感情为基础,离婚亦以感情为评判标准,因此,与普通民事纠纷不同的是,离婚是围绕感情问题来展开的。

《法律和社会科学》
第18卷第1辑，第69～93页

中华人民共和国成立初期的Y县离婚诉讼研究

穆红琴　王　娟*

摘要：本文以1950年《婚姻法》的施行为考察基础，以中国中部一个县级法院的离婚诉讼档案为考察对象，试图分析基层不同工作人员如何应对第一部国家法的施行与风俗习惯的传承之间的矛盾冲突，以此折射出新中国地方政权建设的不彻底性。基层政权建设的过程是国家权力被分配到了对法律法规、风俗习惯、政策的接受程度都不相同的各个基层国家机关中的过程。在中国早期的婚姻纠纷案件中，这些不同的基层工作人员（县级法院和公社、大队的工作人员）都以不同程度和不同形式阻挠了《婚姻法》的施行。基层的大队、公社干部将政策融入习俗，而非用政策来代替习俗。司法工作人员虽然政策上与党中央的社会主义意识形态更加一致，但同时又维护个别父权制传统而违背1950年《婚姻法》的基本精神（比如在有些案件中姑息纵容对妇女实施的家暴）。当基层政府与司法人员意见出现分歧时，政策性言论而非法规成为双

* 穆红琴，汕头大学法学院讲师；王娟，麦吉尔大学政治学系副教授。

方交流的基础。以上情况都表明,在社会主义建设初期,国家意志无论是在法律的施行方面,还是在地方干部的培养方面都未被彻底贯彻。

关键词:基层政权建设　新婚姻法　父权制度

1949年中华人民共和国的成立,标志着中国进入了破旧立新的新时代。在这百废待兴的年代,法律制度同样面临着废旧重建的局面。1949年2月,中国共产党中央委员会即发布了《关于废除国民党的六法全书与确定解放区的司法原则的指示》。在这一指示里,明确说明国民党的六法全书不再是人民司法工作的依据,而应该以人民的法律为依据。1950年的《婚姻法》即是中华人民共和国建立后制定的第一个人民的法律。该法仿效1918年的《俄罗斯联邦婚姻家庭和监护法典》制定。[①] 然而法律的颁布,仅是万里长征的第一步,其具体施行,仍有赖于基层工作人员对该法律的理解及其在民众中的普及及适用。

1950年《婚姻法》的颁布,为全国婚姻纠纷案件的审理提供了统一的法律依据。这部法律的基本精神是男女平等,婚姻自由,其目的旨在消除父权制度。然而,通过对Y县的婚姻诉讼档案进行考察,我们发现,第一,某些父权制的规范依然存在。这不仅体现在传统婚姻仪式的点滴延续,而且体现在对妇女实施家暴行为的姑息纵容。第二,基层乡村干部和法院司法人员对父权制传统所带来的影响,反应不同。基层乡村干部擅长通过政策性语言来粉饰风俗习惯,而法院司法人员对父权制影响的反应,则隐含于一种理所当然的态度中。第三,法律条文的引用和实施常常停留于正式书面文件中,在口头交流中却罕有出现,从而造成中央政策与地方实施的实际分裂。

本文以法院的案例为切入点,来审视法律、习俗和政策之间的相互作用。我们的材料来自我国中部Y县的法院档案。受限于可提取的档案量,同时为了保证案例的代表性,我们按照卷宗保存顺序进行等距

---

① 参见何勤华:《法律移植论》,北京大学出版社2008年版,第193页。

抽样,共收集了1949~1978年发生在该县约20%的案件,然后从该数据库中收集了所有的离婚诉讼案件,共91宗(见附录中的表1)。下文中使用的案卷的代码是"年代—卷宗码—页码"。毫无疑问,这些案件并不能代表整个中国当时的现实,并且不同地区之间还可能存在差异。① 然而,这些样本仍然有可能阐明普通民众、社会精英以及基层司法人员对于婚姻家庭纠纷的态度和反应。②

本文应用了话语分析和统计分析的方法。话语分析包括对于法院人员问询当事人的笔录、法院人员与基层政府的商讨会议记录以及基层政权(乡村政府)向法院开具的介绍信的分析。在20世纪80年代之前的中国,任何案件在向法院起诉之前,往往都需要经过基层干部的调解。在调解失败之后,再由这些机构开出介绍信,让案件当事人拿着介绍信到法院立案。这些信件总结了案件起诉之前的调解过程,且往往会提出一些相应的建议,让法院在最终判决时考虑。这些信件作为正式的书面文件是基层干部面对民间纠纷行使正当调解权的明证。对基层干部提出的建议和法院作出的判决进行比较,将有助于区分二者在实际行动上的异同。对介绍信以及庭审和会议记录中的语境化话语分析,能够阐明地方司法人员的"官方"语言与其背后法律、习俗和政策的内在联系。而统计分析则揭示了一些解决婚姻纠纷的司法实践模式,反映了在解决这类纠纷的司法实践中,政策可能在哪些方面主导着习俗与法律。

本文第一节首先回顾国家建设过程中1950年《婚姻法》的有关文献。婚姻法学术界对新型社会主义国家建设时期的新婚姻法施行过程中遇到的阻力与障碍进行了很多描述和解释,而对于不同类型司法人员的行为逻辑的区别阐释不足。第二节会对新中国的婚姻法和基层工作人员的法律实施过程进行介绍。第三节阐述基层干部如何在习俗中

---

① See Woo, Margaret, Wang, Yaxin., "Civil Justice in China: An Empirical Study of Courts in Three Provinces", *American Journal of Comparative Law*, 2005, pp. 911 – 940.

② See Ocko, Jonathan K., "Women, Property, and Law in the People's Republic of China," *In Marriage and Inequality in Chinese Society*, edited by Rubie S. Watson and Patricia Buckley Ebrey, University of California Press, 1991, pp. 186 – 312.

融入政策,又如何以政策的名义粉饰习俗;而基层司法人员又如何在实施国家法时姑息了家庭暴力的行为,基层干部和司法干部的互动如何体现出了政策高于法规的行为逻辑。本文最后一节对全文进行总结,提出相应结论。

一、国家建设时期的新婚姻法(1950年《婚姻法》)的施行情况

(一)现有研究

新婚姻法的制定和实施展现了习俗、法律和政策三者之间的相互作用。社会主义国家对于旧的父权制度的改革与努力经常因为各种阻力而妥协或者不能彻底进行。学界对中国新婚姻法实施的研究很大程度上反映出中国在新婚姻法实施中,会面临与其他社会主义国家相类似的问题。

第一个影响婚姻法改革和实施的因素是社会稳定。如苏联于1918年颁布了新的婚姻法以废除旧父权制度下的婚姻,并且承认了婚姻是个体之间出于自由的意愿而缔结的私人契约,无需经过公证。然而为了维护家庭的稳定,巩固政权,后续的许多修正案开始保护从一而终的伴侣关系,从而使1944年之后的离婚变得极为困难。① 同样,中国的新婚姻法也影响了社会稳定。首先,新婚姻法虽然宣告了包办、买卖等不自由婚姻的非法性,但也容易造成普通人在心理上产生过高的期望,导致现实与理想的差距过大。② 根据周由强博士对河南16个县和开封、郑州两市的研究,从1949年8月到1950年3月,就有77个妇女因要求离婚而遭受开会斗争、扣押、吊打,结果被迫自杀。还有45个妇女因不满旧式婚姻而被丈夫或婆母杀害。③ 美国著名的中国近代史

---

① See Berman, Harold J., "Soviet Family Law in the Light of Russian History and Marxist Theory", *The Yale Law Journal*, 1946. 56 (1), pp. 26 - 57.

② 参见雷明贵:《〈婚姻法〉中的社会变迁》,载《行政与法》2010年第10期。

③ 参见周由强:《当代中国婚姻法治的变迁(1949~2003)》,中央党校2004年博士学位论文。

专家、中国妇女性别史开创者贺萧（Gail Hershatter）教授在其《记忆的性别：农村妇女和中国集体化历史》一书中也谈到1950年《婚姻法》实施后，陕西农村实施婚姻改革所遇到的阻力和暴力事件。①

其次，婚姻法中对于军婚的规定更突出地体现出对稳定的考虑。新婚姻法制定之前，最高法院对地方法院问题的解答，充分说明维护军人婚姻稳定的意义。如1950年1月10日《最高人民法院办公厅对人民日报转来航空警备营营部、读者虫珍等询问有关婚姻问题的解答》指出："幼年由父母包办代订婚约，现在一方不愿意继续婚约或结婚，可以请求解除婚约。但对现役革命军人必须慎重考虑。来信所说当革命军人的未婚妻向县司法科请求解除婚约时，司法科提出了男方的来信（且有部队的证明），要求等待战争结束后，再来处理和女方的婚姻问题。司法科根据这个事实所作裁定，我们认为是允当的。"②1950年2月的另一份最高法院对于河北省处理索某与曹某婚姻纠纷涉及童年包办婚姻的指示如下：

"原审判决如系根据曹某自由意志而为，则判决并未错误；如相反地不是女的自觉自愿而系硬性判归索某，则该判决是失当的。在此需予注意者：童年包办的婚约，按照我们婚姻政策，应视作无效，唯在解放前的农村中的婚姻，率多买卖包办，绝少自由自主，这是整个农村社会的问题；因之在执行政策中，必须采取慎重的态度，善于区别一般的和个别的问题。至本案关系人索某系现役革命军人，如经检查发现原审判决不当，发回重审废弃原判，势必引起索某不安于工作，且很有可能重复返乡，甚或引起其他事故；因之，在照顾到当前革命利益的前提下，如当事人未提起上诉或申请再审，则可不必指示再审翻案，以免求正益斋；但法院应责成原审法院对此案的

① 参见周由强：《当代中国婚姻法治的变迁（1949～2003）》，中央党校2004年博士学位论文，第156页。

② 张希坡：《中国婚姻立法史》，人民出版社2004年版，第202页。

错误判决进行自我检讨,具报省院。”①

即使在新婚姻法颁布后,地方法院在处理军人的婚姻问题上也颇感为难。1950年10月一份山西法院发布于全省法院系统的通令显示,新婚姻法颁布后,关于军人未婚妻申请解除婚约的问题出现了几例棘手的具体问题:

> 一则称该妇女时某(军人未婚妻)每天到司法科大哭大闹爬地大滚、拉亦不起,声称年已二十三岁不能等待,不达解约目的即要寻死、实有寻死自杀的危险……鉴于上述问题较为特殊,本院根据情况向中央人民司法部反映并请示处理办法、兹已得司法部函称……对现役革命军人或荣军的婚约应予以适当照顾、分别情况向女方尽量说服教育,如女方坚决要取消婚约者,即可比照婚姻法第十九条办理……②

1950年《婚姻法》第19条规定:“现役革命军人与家庭有通讯关系的,其配偶提出离婚,须得革命军人同意。自本法公布之日起,如革命军人与家庭两年无通讯关系,其配偶要求离婚,得准予离婚。在本法公布前,如革命军人与家庭已有两年以上无通讯关系,而在本法公布后,又与家庭有一年无通讯关系,其配偶要求离婚,也得准予离婚。”这一规定中所附设的前提条件,与战争年代革命政权颁布的婚姻法规条文中的表述基本一致。③ 事实证明,1950年《婚姻法》普法运动的进行,已经引起了与军人有关的婚约解除等婚姻纠纷,而保持军人的忠诚和军事上的稳定无疑是新政府最优先考虑的事项。

第二个影响婚姻法改革和实施的因素是结构性的限制。例如,在保加利亚的社会主义政权(1944~1989)开端时期,粮食短缺迫使城市

---

① 《最高人民法院关于军人婚约问题的指示》,1950年2月,参见人民日报网页版法律法规库,载 http://www.people.com.cn/item/flfgk/gwyfg/1950/113202195006.html,2018年6月3日最后访问。

② 山西省人民法院通令《关于军属解除婚约问题按照司法部指示应一律依据婚姻法第十九条之立法精神处理》,法行字第997号,1950年11月9日。

③ 参见周江陵:《对军婚保护特殊法条的思考》,载《法学杂志》2007年第1期。

居民与农村老家保持着密切联系以获取家乡的粮食。住房紧张则导致几代人同居，从而使传统家规得以相传。在这样的情况下，即使那些被认为最容易接受新婚姻法的城市内的工薪阶层与年青一代，也都不热衷于改革。① 同样地，在中国，新婚姻法预示着家庭是社会主义社会里的细胞单位，而不仅仅只是血统的传承体。然而，随后的土地所有制改革和家庭集体生产责任制很快就使"婚姻是私人事务"的局面难以维持。② 贺萧对陕西农村妇女的访谈资料显示，因省党政机关和新成立的县妇联支部都全力专注于土改，没有剩余的精力去贯彻实行新婚姻法。③ 接下来的几年中，一系列中央和省级政府下发的指令都要求下级地方政府积极落实贯彻新婚姻法。

第三个影响新婚姻法改革和实施的因素是群众的适应能力。现有研究已经说明阻碍新婚姻法施行的一个重要因素是来自婆婆的反对。在传统的大家庭里，儿媳妇是要听从于婆婆的。但是新的婚姻法杜绝包办婚姻，强调核心家庭中的夫妻关系而不是母子关系，从而削弱了婆婆在家庭事务中的影响力。④ 社会阻力在我们的案例中也有体现，而且这些阻力不仅来自婆婆。Y 县 S 村工作组 1953 年的婚姻法运动总结报告显示：

> 各阶层群众对婚姻法和婚姻法运动存在着好多错误思想和认识。主要有三怕，两不满意。三怕是：一怕受处分。这种人主要是买卖包办婚姻的……二怕退财礼，有人说要没收，有人说退一半。三怕叫离婚，这种人主要是妇女，如屈某（女）

---

① See Brunnbauer, Ulf, and Karin Taylor. , "Creating a 'Socialist Way of Life.' Family and Reproduction Policies in Bulgaria, 1944 – 1989", *Continuity and Change*, 2004 19 (2), pp. 283 – 31.

② See Ocko, Jonathan K. , "Women, Property, and Law in the People's Republic of China." *In Marriage and Inequality in Chinese Society*, edited by Rubie S. Watson and Patricia Buckley Ebrey, University of California Press, 1991, pp. 186 – 312.

③ 参见[美]贺萧(Gail Hershatter)：《记忆的性别：农村妇女和中国集体化历史》，张赟译，人民出版社 2017 年版，第 155 页。

④ See Johnson, Kay Anne, *Women, the Family, and the Peasant Revolution in China*. Chicago University Press, 1983, pp. 124 – 125.

说:"我不懂得,和我家中人商议商议再说。"卫某在讨论会上说"我娃的事,还不敢决定。"两不满意是:一是穷光棍不满意,如刘某(四十多岁没老婆)说:"婚姻是给青年谋利益,不管壮年。"马某(四十多岁没老婆)说:"婚姻法公布两年了,我还没老婆,今后有粮食都不能卖。"二是已结婚的农民不满意,如张某说:"几十石粮食娶上一个媳妇,一离婚人财两空。"①

这一报告显示来自社会方面的阻力是多方面的,同时包括男人和妇女、已婚和未婚的。Y县的这一现状要比现有研究强调的来自传统家庭结构的婆婆的阻力更加严重。

(二)我们关注的焦点

在上面的社会稳定、结构限制和社会阻力的分析之外,本文对于婚姻法施行的不彻底性提出补充观点。这种补充观点的出发点是不同类别的基层工作人员在司法过程中的行为和语言。在中华人民共和国成立初期,这些新的基层工作人员进行司法工作的过程,也是他们逐步理解和适应自己代表政府的身份的过程。本文将重点关注中华人民共和国成立后两类基层精英分子——司法工作人员和基层干部——对新婚姻法与习俗的解释与认识的不同之处。

对于基层干部而言,现有一些研究注意到了他们对于婚姻法的抵触态度。安·约翰逊的研究显示,村、乡,甚至县、区的干部对于婚姻法持保留态度。他们不主动宣传婚姻法,甚至一直坚持认为女人是男人的私有财产。② 我们的案例同样显示出基层干部对婚姻法的排斥态度。Y县1952年婚姻法贯彻情况报告中指出:"干部对婚姻法缺乏全面和正确的认识,片面地认为婚姻法是专门为妇女服务的,或错误地认为是离婚法,没有认识到婚姻法关系着提高生产,强盛民族,它是关系着全国5亿人民利益的重大问题,而只简单地片面地认为是男女个人

① Y县S村1953年婚姻法运动总结报告。

② See Johnson, Kay Anne, *Women, the Family, and the Peasant Revolution in China*. Chicago University Press, 1983, pp. 130 – 131.

生活中的小问题。"①由此可见在婚姻法实施的前两年，Y 县的地方基层干部对婚姻法的实施也并不积极。同现有研究中发现的绥远地区和丹凤县一样，②Y 县的一些大队干部仍然为封建买卖婚姻开绿灯。Y 县 1952 年婚姻法贯彻情况报告中指出："我县婚姻法贯彻很不彻底，封建婚姻制度还没有从根本摧毁。包办、买卖婚姻，早婚，打骂虐待妇女等现象还严重存在。如从三个典型村调查，五零年至五二年包办买卖婚姻的就有 49 件。"③另一份总结书认为："我们的干部中思想上还存在浓厚的封建思想，在政策上不明确，认为婚姻是笑话或者婚姻法是离婚法，偏袒女方，所以干涉婚姻自由，特别是村干部这一关很难过去。村干部是最大的一关，阻碍了婚姻法的贯彻……"④

另外一些研究注意到了不同基层干部之间的不同态度。比如贺萧的研究显示："农村的男干部经常与妇联工作者在婚姻法问题上持有不同观点，并表现出或隐或显的敌意。"⑤事实上新政府也意识到了新婚姻法提出的男女平等、无责主义等原则与当时乡村的婚姻礼俗差距太大，而且根深蒂固的婚姻礼教习俗又不可能在短期内根除，因此其宣传婚姻法运动的方针与政策，在之后也有所变化。"自 1953 年以来，即将 1950 年开始的婚姻法运动彻底破坏父权制，宣传婚姻自由，男女平等的目标调整为限制和改造父权，以宣传家庭和睦，建立家庭爱国生产公约为宗旨。"⑥

---

① Y 县 1952 年婚姻法贯彻情况报告，第 33 页。

② 参见庆格勒图：《建国初期绥远地区贯彻婚姻法运动》，载《内蒙古社会科学》(汉文版)2000 年第 2 期。丹凤县妇联 1950 年的报告里还列出了其他有问题的干部行为，包括："为子女包办婚姻，使未成年的子女结婚，或干涉子女的婚姻自由；阻止离婚；对要离婚的妇女进行殴打、辱骂、扭打和囚禁；用婚姻问题去攫取财产；掩盖其亲戚违反《婚姻法》的事实；自己从婚姻中牟利或早婚，或虐待妻子等。"转引自[美]贺萧(Gail Hershatter)：《记忆的性别：农村妇女和中国集体化历史》，张赟译，人民出版社 2017 年版，第 157 页。

③ Y 县 1952 年婚姻法贯彻情况报告，第 33 页。

④ Y 县 1951 年 1 月至 11 月底婚姻法检查总结。

⑤ [美]贺萧(Gail Hershatter)：《记忆的性别：农村妇女和中国集体化历史》，张赟译，人民出版社 2017 年版，第 157 页。

⑥ 王冬梅：《建国初贯彻婚姻法运动中中共对父权制策略转变的探究》，载《前沿》2013 年第 22 期。

本文将关注基层干部与法院司法人员的交流。具体来说,即如果他们有根深蒂固的婚姻习俗观念,但同时又是新政府的工作人员且了解中央政府的政策,他们是如何与其他司法同事交流的,以及他们是如何化解或者掩盖习俗与政策的冲突的。

对于基层法院司法人员来说,部分研究提出在新婚姻法施行过程中,法院由于与乡村的人际关系存在一定距离,因此比乡村干部更加公正。同时,因为基层干部经常不愿意搅和在婚姻纠纷的“麻烦”当中,而倾向于将纠纷转交给法院,所以基层乡村干部在家庭婚姻纠纷中的作用远不及法院。①

此外,本文还试图说明法院的司法工作人员与基层干部对于新婚姻法的施行所造成的不同阻碍,以及双方对于偏离法律行为的不同掩盖方式。本文的这一研究角度不同于已有的对1950年《婚姻法》普法运动的实证研究成果。以往的实证研究成果的关注点更多的在于这场运动自身,如李胜渝《建国初期西南地区贯彻婚姻法运动考》一文,②主要从宏观上研究西南地区宣传贯彻婚姻法运动的情况,并以时间为脉络考察这一运动的动态过程;类似的研究还有《建国初期华北地区贯彻婚姻法运动探讨》③《建国初期河北省贯彻婚姻法运动述评》④等。此外还有本文多次提及的,以访谈形式全面展现1950年《婚姻法》运动在农村的贯彻实施过程的专著,即美国著名的中国近代史专家、中国妇女性别史开创者贺萧(Gail Hershatter)教授所著的《记忆的性别:农村妇女和中国集体化历史》第四章中的“婚姻法”和“考虑离婚”等章节。贺萧教授对于《婚姻法》运动的展示重在从妇女口述史的角度,真

---

① See Diamant, Neil, “Re-Examining the Impact of the 1950 Marriage Law: State Improvisation, Local Initiative and Rural Family Change”, *The China Quarterly*, 2000, 161, pp. 181 - 182.

② 参见李胜渝:《建国初期西南地区贯彻婚姻法运动考》,载《兰州学刊》2011年第7期。

③ 参见郭俊:《建国初期华北地区贯彻婚姻法运动探讨》,载《科教导刊》2011年第7期(上)。

④ 参见张志永:《建国初期河北省贯彻婚姻法运动述评》,载《河北省社会主义学院学报》2008年第1期。

实地再现当时的运动场景。

通过比较司法工作人员和基层干部作为法律、政策普及者与习俗的传承者之间的不同,本文对国家建设中的地方性障碍提出了新的见解,同时也为新中国初期婚姻法实施的不彻底性提出补充性的解释。

二、地方政权建设、新婚姻法与执法人员

1949 年,中国共产党接手了一个百废待兴的国家。大量的重建工作摆在了面前。作为新中国的第一部法律,新婚姻法在不到一年的时间就被制定出来,可见其对党的领导具有的重要意义。1950 年新《婚姻法》的基本原则是根据中国共产党早在 1931 年红色政权时期颁布的婚姻条例的精神,在总结解放区 20 年来改革婚姻家庭经验的基础上确立的,[①]一方面其旨在废除"封建婚姻制度体系",比如包办婚姻、买卖婚姻、重婚、纳妾、干涉寡妇再婚、买卖子女等等;另一方面则强调新式婚姻应该是自由婚姻,应实行"一夫一妻"制度,男女平等,保护妇孺等。

基层政权建设包括组织结构的建设和国家意志的实施和传达。司法机关和基层乡村政权是国家政权的重要组成部分。除了对旧的社会结构进行改造外,新法律的实施同时也是两个国家机关建设的过程:司法机关和地方基层政府。中华人民共和国成立初期,基层政府也是法律执行不可分割的一部分,因为提起离婚之前首先应该经当地的基层干部和司法工作人员进行调解。这两种基层工作人员的不同社会背景和对政策的认识影响了他们对于婚姻法不同的诠释和应用。

地方基层工作人员主要指的是新上任的公社、大队干部。他们往往是贫农出身,文化程度低。[②] 基层干部有双重身份和权力来源。第

---

① 参见马起:《中国革命与婚姻家庭》,辽宁人民出版社 1959 年版,第 81 页。

② See Wang, Juan, *The Sinews of State Power: The Rise and Demise of The Coherent Local State in Rural China*, Oxford University Press., 2017, pp. 37 – 45.

一,这些基层干部是肩负着实施国家政策的政府代言人;第二,他们也是受到当地习俗影响的农村普通老百姓。当基层干部们以公事公办的身份介入到家庭纠纷之中时,他们身上双重身份间的矛盾便加深了。特别是在与法院司法人员交流时,他们需要在双重身份中找到协调或妥协。我们要在下文说明这一协调的结果往往是,基层干部会以"公家"身份并通过政策性的语言,来包装他们的传统思想。

现有研究表明1978年之前,中国地方司法工作人员多为转业军人,他们经常定期接受法律业务培训。① 我们的案例情况也相同。1950年《婚姻法》颁布后,Y县司法人员也对新《婚姻法》进行学习总结。1950年6月,Y县司法干部认真学习了《婚姻法》,提出了关于买卖婚姻的认定问题,以及群众对《婚姻法》问题的反馈。② 关于司法工作人员对法律认识的重要性,主管政法工作的彭真在1952年政法干部训练会上强调:"国家工作人员,特别是政法部门的工作人员,从思想上彻底批判与肃清旧法观点,是非常必要的。如果不批判不丢掉旧法观点,那就很危险,是不利于革命,不利于人民大众的。"③在体制结构方面,我们所选的法院进行了多次改革。根据Y县的县志记载,县政府在1948年成立了政府司法部门,1951年分立成为独立法院。1958年,法院被组合到政法部门,1961年又独立成为独立法院。1966年至1972年,法院被重建为"无产阶级专政委员会","中国人民解放军公安,检察院和法院委员会","革命委员会"。1973年,法院恢复独立地位。

在下面的案例分析中,我们将阐明,由于习俗和政策的不同,司法工作人员和基层政府工作人员在新婚姻法施行过程中,是如何用政策

---

① See Liu, Sida, "Beyond Global Convergence: Conflicts of Legitimacy in a Chinese Lower Court", *Law & Social Inquiry*, 2006, 31(1), pp. 75 – 106;张健:《国家治理的嬗变:基层法院的制度变迁与演进逻辑——以浙江龙泉法院建设历程为中心》,载《江汉学术》2016年第5期。

② 参见Y县《学习婚姻法总结》,1950年6月16日。

③ 彭真:《关于司法部门的改造与整顿》,载《论新中国的政法工作》,中央文献出版社1992年版,第72页。

和法规来粉饰有悖新婚姻法的司法实践的。此外,新婚姻法的施行过程,也影射出中华人民共和国成立初期地方基层政权建设和党的意志传达中的障碍。

三、基层政权建设中习俗、法规和政策的互动

新婚姻法在Y县的实施过程中的阻碍,包括上述提及的社会稳定与社会阻力。在这一部分我们将简单介绍社会阻力,重点分析乡村基层政权与县法院司法人员在新婚姻法司法实践过程中的官方话语和这种话语背后隐含的习俗、法规与政策的互动。

在以下的部分,我们通过具体案例以及文本话语分析再现基层干部如何以实施政策的名义粉饰习俗,司法干部的执法过程如何纵容了家庭暴力的行为,以及在他们的互动中体现出的政策高于法规的行为逻辑。

(一)基层干部:以政策的名义粉饰习俗

中华人民共和国成立初期的国家基层建设,特别是乡村政权建设,存在很多困难。第一个困难表现为干部关注度不够,董必武在1951年给华东局饶漱石的信中讲到华北乡村建政工作的问题:“大区代表在一些乡村建立人民代表会议和选举了政府委员之后,不但仿效这些经验的乡村很少,而且这些乡村的新政府也很快垮掉了。这种现象的一个主要原因是上级领导机关注意不够。”①这种地方工作不深入的现象在婚姻法实施过程中也很突出。Y县S村工作组1953年的婚姻法运动总结报告显示:“两年多来,党团员,各种组织对贯彻婚姻法都做了一定的工作,宣传员和村干部去年曾向村民宣传过一礼拜,民校的课上也讲过婚姻法。因为党团支部未能好好组织领导,效果不大。妇联干部绝大多数不起作用,只有荆某一人,还能支持妇女斗争。其他干部采

① 《董必武选集》,人民出版社1985年版,第313~314页。

取了不关心态度。”①

基层政权建设的另一个困难是乡村干部传统观念的保留。当婚姻家庭纠纷需要基层干部调解的时候,在没有档案记录的情况下,我们无法知道在初步调解过程中基层干部的态度。但是当婚姻家庭纠纷在乡村无法调解,必须递交法院时,基层干部在介绍信里对纠纷的书面表达凸显出即使在官方语境下,他们仍然是习俗的传承者。只是他们往往会用政策性言论来掩盖传统观点。

基层乡村干部所采用的政策性言论用来证明离婚或和解的理由是否正当,而这种政策性言论往往体现出某个特定时期的国家政策。如在 50 年代末 60 年代初期,搞生产是政策性任务,对于“生产”的影响随之出现于公社、大队对离婚案件的建议当中。举个 1964 年的例子,某公社委员会向民政事务局提交的离婚诉讼案的介绍信被移交至法院后,公社委员会是如此描述这对夫妇的状况的:“终日争吵不休,直至打架斗殴,虽经公社几次调解,但未改变打闹现象,致使女人丢弃生产,成天到公社告状。为此,公社已决定让其夫妇双方到民政局办理离婚手续。男方如果推托,由你大队督促,不要让他们再三番五次找公社,以免影响生产。”(1964 - 21 - 0877)

对“生产”的影响不只是基层政府建议离婚的依据,在其他情况下也是建议和好的依据。再举个例子,1963 年时,一对夫妻闹离婚,民政局写给法院的介绍信上介绍了基本案情,女方提出与男方坚决离婚,但男方不同意。接下来,生产队向县法院提交了这对夫妻纠纷的详细说明。在信件中,生产队强调了这个婚姻家庭纠纷中的三个人的特点。丈夫“劳动工作都好,一贯听党的话,积极生产,积极工作。劳动表上日日不缺勤。和社员们还能达成一片。干部也满意。大家都喜爱这个社员”。妻子“也不错……没有远见。不能正确处理自己的婚姻之事。她现在的离婚不是她本人的真情,而是被她母亲的封建势力压迫提出的”。女方的母亲“是个女光棍。经常好吃好的,懒劳动,玩赌,挑是非

① Y 县 S 村 1953 年婚姻法运动总结报告。

头，不务正业，好风流，等等坏作风”。基于以上个人介绍，大队管委会建议：“离婚之事决不能判决，他们二人没有离婚条件；如果离了婚能给向（像）这样的情况的幼芽更加提倡，所以要针对处理……应给女方提出政策性教育，严格批评……（对于女方母亲要）批评，我们在群众会上结合四清工作，以她教育广大群众……这样才能确保劳动积极性。”（1963－103－0533－534）在这封介绍信中，两个对立的人物形象（丈夫和丈母娘）围绕着对于劳动的态度树立起来。正面人物是丈夫，一个劳动能手，干部、社员都喜欢；反面人物是丈母娘，好吃懒做，挑唆离婚。介绍信中提出的建议落脚点是“劳动积极性”，因此，为了保证丈夫和大众的劳动积极性，应该以丈夫意愿为主，应当维持婚姻。同时严惩丈母娘这个反面典型。

除了使用政策性言论来支持他们的建议之外，基层干部在阐明某些传统的重要性的同时，也会用政策性言论为离婚或和解作辩护。举个例子，一名妇女起诉请求离婚，公社委员会建议和解，并批评了这名妇女的离婚起诉。在介绍信中，公社委员会是如此描述的：“我们意见是有两个小孩，已是快十年的夫妻，因家庭纠纷而闹离婚是不对的。但女方还是不听，坚持要离。”（1974－32－0643）这起案件暗含了公社委员会在调解本案时的观点：如果夫妻双方有了孩子且结婚时间比较长，因家庭纠纷而提出离婚的行为是不应该的。县法院的判决显示同意离婚而且将女儿的抚养权判给母亲。但是公社继续为男方的权利努力。公社委员会反映说，当母亲试图接走女儿时，6岁的小女孩哭着不愿意跟母亲离开。因此，公社委员会认为：“按照宪法规定，每个人都有自己的人身自由。愿跟谁就跟谁。何去何从，由己选择。这也完全合乎革命的人道主义。”（1974－32－0643）我们注意到公社委员会在介绍信中不仅引用了宪法条文，还使用了“革命的人道主义”这样的表述。革命人道主义是毛泽东同志提倡的，是在革命中产生的。它主张广大劳动人民享有真正的民主和人身、财产等权利，重视人民的利益。[①] 公社委员会对这一革命思想的运用说明毛泽东同志提倡的革命人道主义思想深入人心,也代表着中国共产党所遵循的革命人道主义原则这一政策在实践中得以应用。因此,这一情况表明这些基层干部虽然引用了宪法的法条规定,具有一定的法律意识,但最后在解释时仍然希望以“政策性言论”来证明他们建议的正当性。

在这一部分,我们希望强调两点内容。第一,在地方政权建设初期,基层干部对于他们新身份的认同停留于表面。这一点体现于他们跟进、了解中央号召的政策性任务和口号,但是这些被用于粉饰他们的传统观念。第二,这种地方政权建设的不彻底性的一个具体表现是在新婚姻法实施方面。基层干部对于家庭婚姻纠纷的调解受很强的传统观念的影响,但是在介绍信这样的官方文书当中会添加一些政策性话语,来掩盖并且支持他们的传统观念。

(二)司法工作人员:习俗与隐藏于背后的政策

与中华人民共和国成立初期的基层政权建设一样,司法机关工作同样问题严重。因为法院存在严重“组织不纯和思想不纯”问题,《人民日报》1952 年发表社论,要求开展大规模司法改革运动,以“彻底改造和整顿各级人民司法机关”。[②] 经过这次运动司法工作人员的意识形态与中央的革命意志更加接近。同时,司法工作人员也是习俗的传承者。例如,他们可能会引用法律规范和遵循政策性教育,但对父权制度[③]的重视使得他们对家庭暴力保持沉默。对南京国民政府治下法院的离婚判决的研究显示,当时的法官也并不怎么看重男方对女方的虐待行为。[④] 但经过了革命战争洗礼后中华人民共和国成立初期的法官仍然保持对家暴的容忍态度,传统父权制度的影响之强大可见一斑。

---

① 参见显中:《毛泽东的革命人道主义》,载《毛泽东研究》2012 年卷,第 234 页。

② 参见《必须彻底改革司法工作》,载《人民日报》1952 年 8 月 17 日,第 1 版。

③ 父权制度是指男子在家庭、社会中的支配性特权制度。本文从广义上使用父权制度这一概念,其具体表现形式既包括宏观意义上的封建婚姻制度,也包括微观意义上的家庭暴力等现象。

④ 参见柳岳武:《南京国民政府治下法院离婚案件审理研究》,载《宁夏社会科学》2010 年第 6 期。

我们的研究表明,司法工作人员们虽然比基层干部接受了更多的政策性教育和法律培训,但他们仍然扮演着维护个别父权制传统的角色。这种角色与乡村干部有两点不同之处。第一,一些乡村干部仍然容忍包办婚姻、买卖婚姻等封建婚姻做法,但是司法工作人员对这种实践不姑息。第二,虽然法院司法工作人员同乡村干部一样,认为有了孩子的夫妻不应该离婚或者家庭暴力也有正当理由,这些传统思想不是体现在他们的正式文书上,而是体现在与当事人交流的话语当中,从而更具有隐蔽性。

相对于乡村干部来说,法院司法人员对于封建婚姻做法容忍度很低。之后表2列举了所有14个介绍信的建议纠纷处理方式与法院最后决定不同的案例。在这14个案例中,有3件(1949年1件,1951年1件,1954年1件)可以明显看出乡村干部在介绍信里的态度是隐瞒或者容忍买卖婚姻、包办婚姻和童养媳这样的封建婚姻做法,而法院则更为坚决地反对这些做法。

法院司法工作人员对于家庭暴力的态度,我们用以下两个例子来说明。1962年,一个公社委员会因对一对夫妇调解失败,向法院转交了离婚纠纷,该案中的妻子因为丈夫对其施暴而请求离婚。两个月之内,法院开庭进行了两次问询。一审证实了丈夫用刀等利器以及皮带殴打妻子。夫妻双方解释暴力的原因各异。丈夫声称妻子涉嫌外遇,但他不肯离婚是因为他还需要妻子来帮他传宗接代。从这名妻子与法官的对话记录中得知,她大约向公社上访了10次寻求解决办法,期间她的丈夫仅露过2次面。妻子因为害怕丈夫的殴打,在两次问询之间的一段时间都躲在一个朋友家里。第二次问询时,法官很明显地向着这位丈夫。当妻子坚持就算她的离婚诉讼失败了,她也要同丈夫分居。法官对此是这样回应的:"你不和人乱搞,他就不会打你。那你为什么要分开过呢?……你俩好好商量一下,现在你大队支书也在,回去再说一下?"(1962-146-0256)

从法官身上折射出来的不仅有司法工作人员对于家庭暴力的容忍,也表明了他自己认可在婚外情的情况下,家暴便具有正当性的观点。此外,这份会议记录表明,生产队的党委书记在场,他被间接地指示继续调解纠纷,而不是站在受虐的妻子一边。

在法院出示的正式调解文书中,以上对家暴的容忍完全看不出来。“调处结果”中写明丈夫过去“经常殴打”妻子。现在,除了当面向妻子承认错误外,“愿意结合后再不动手打”妻子。妻子“也当面承认了自己作风上的错误。今后双方都愿意改正。故愿重归于好,继续维持其夫妻关系”。(1962 – 146 – 0257)如果只看这份调处书,法院的调解是公正而且有效的。夫妻双方都承认错误,愿意重归于好。然而会议记录的内容则更真实地反映了法官对于家庭暴力的态度,尽管我们也可以把法官劝解妻子的话语解释为“一种调解手段”,其中隐含了一定的社会道德评判,但是不能否认的事实是,会议记录中调解过程的记录和最终调处书的内容并不一致,一定程度上也说明了法院对传统父权制的支持更不易被发现,从而更有隐蔽性。

在有些有家暴的案件中,离婚被准许了。然而,存在虐待关系并不是构成离婚的理由。例如,1954 年的一件离婚诉讼案中,法院判决双方当事人离婚并不是因为丈夫对妻子的持续虐待行为,而是因为这场婚姻是“包办婚姻”。裁决中提到丈夫表现出“大男子主义”(男性沙文主义),经常殴打妻子,但错配的原因都归咎于“包办婚姻”。(1954 – 22)这也与新《婚姻法》中没有规定离婚的具体事由有关,法官只能适用第一章中废除封建主义婚姻制度的原则性规定来解决婚姻纠纷。

这一部分,我们希望说明的是司法工作人员与基层干部的不同之处。由于定期培训和中央的重视,司法工作人员对于新婚姻法更加了解,对于封建婚姻实践非常排斥。尽管封建婚姻也是父权制的体现,但相对于针对女性的家庭暴力等具有父权制性质的行为,司法工作人员因受到法律和政策的培训更能主动地对前者加以反对。而后者,则缺乏主动排斥意识,对家暴的容忍更加具有隐蔽性,通常出现在与当事人的谈话中,但在正式的文件中一般很难发现。基层干部却对两者都采取包容态度。

另外,同样是父权制的体现,司法工作人员却对封建婚姻和家庭暴力采取截然不同的态度，这与新婚姻法的宣传贯彻方向有很大的关系。尽管新婚姻法也提到了保护妇女权益，但其主要宗旨仍是反对封建婚姻，提倡新式婚姻。因此，对司法人员的宣传重点也在于反对包办婚姻等封建婚姻。反观针对妇女的家庭暴力这一具有父权制性质的行为，迟至 2001 年《婚姻法》修订，反对家庭暴力才被写入法律。可见在当时的社会背景及法律宣传之下，司法工作人员还无法主动意识到反对家庭暴力的重要性。这才出现了本文案例中发现的司法人员区分对待具有父权制性质行为的现象。

（三）法规、政策与执法者之间的冲突

上述分析说明，进行离婚调解的基层工作人员内部存在不一致的情形。这种不一致反映了政策上更加忠于党中央，社会主义改造的司法工作人员与更加守旧的基层干部之间的差异。基层干部们扎根于群众生活之中，与群众同在一个生活环境和交际网之中。相较而言，司法工作人员则远离群众，更能保持法律的理性和当时政策性的刚性。在这种情况之下，当双方观点不一致的时候，他们交流和妥协的基础是什么呢？下文说明：政策性语言是双方交流的平台，并帮助双方达成一致的"官方"协议。谁占了政策性言论的上风，谁的建议就更加具有说服力。

下面的例子展示了基层干部是如何尝试着用政策性语言说服司法工作人员的过程。

1970 年，一个生产队委员会向县公安检察院行政队提交了一封介绍信，上面阐述了丈夫安某经常性地殴打其妻杨某，甚至打伤了其岳父。其妻请求离婚，但安某不同意。信中建议维持这对夫妇的婚姻关系但对丈夫实行纪律检查。1971 年 4 月 12 日，法官孙某会见了革命生产队委员会队长尚某。（1970 - 57 - c0107 - c110）

> 孙：关于杨某和安某的问题，你谈谈吧。
>
> 尚：我谈谈他们的事。
>
> 不光是离婚问题，而且安某还有政策性问题。
>
> 抓捕理由：

偷一辆自行车。他弟还穿着某大队失主的袄,已查实。

家是富农成分。

他喊过反革命的口号:蒋介石万岁。一些人还见他烧毛主席的像。

破坏生产,偷电线。

有一次安某怀有刀去行凶,去了两次。

从上面的谈话中可以看出,尚队长并没有直接表明支持离婚的态度。相反,他首先将离婚的问题和男方的个人问题进行区分,并将男方的违法和政策性问题列举出来,意图通过强调男方的个人问题来作为支持离婚的依据。

关于杨某和安某的关系,杨某一家三个人很老实,但安某多次打她家三口人,不在外边打,而是在家里打人。有一次打了架,杨某半夜跑到大队找我们,没穿鞋子,光着脚。把老父亲打得睡在地下,爬不起来。这个女人怕安某,不敢再跑出去,怕碰见了打她。杨某有时坚决有时又不坚决,一个是怕安某再打她,另一个是怕安某卖地,卖小孩,贷钱。

在说明男方的个人问题之后,尚队长开始说明两人的家庭婚姻问题。根据尚队长的描述,存在家庭暴力是显而易见的。但是尚队长首先强调的是女方一家三口都“很老实”,这样女方家庭成员的个性就与男方的个人问题形成了对比。

孙:杨某来过几次。也见过我,到我家找过我。看来很老实,她来就是要离婚,可没谈你现在谈的事情。但你谈的事我们有些也察觉了。前些时候还叫两个人去调查了解,你可能知道……他们了解回来可情况却不大一样,原来我计划把安某好好查一下,如实就要弄他进行处理。可查回来的情况不是你们谈的安某打父亲,而是被打的是安某,电线没偷走,安某说过要镰刀,但没镰刀,有想法杀人,但没镰刀。所以没处理。如果偷电线破坏生产,镰刀杀人行为确实,他是富农也要弄他的。

通过孙法官的回应我们可以看出双方互动的两个层面的内容。第一个互动点是,孙法官在“群众路线”方面的工作不甘落后。首先,如果女方会在半夜挨打去找队里的尚队长,那么说明尚队长与群众关系密切,充分了解案件事实,群众对他很信任,他的“群众路线”工作做得好。孙法官立刻回应道女方也来找了自己,并且到了自己家里。说明自己也充分了解了女方的情况,与群众关系并不疏远,群众也很信任他,他的“群众路线”工作做得也不错。其次,尚队长提到了男方的法律以及政策性问题,那么作为对此更加敏感的法官,孙法官应该了解情况和有个回应。所以他指出,虽然女方没有讲男方的法律问题,但法院已经调查了,所以法院的工作是很积极的。同时,孙法官使用法律上对于动机和行为的区分在言语上占据上风。第二个互动点是,在表示不同意见的同时,孙法官落脚点是政策性上的一致性:生产很重要,富农的成分虽然不是阶级敌人,但是如果真的破坏生产,也应该惩处。

尚:前次调查了解我们有意见。他们没很好地跟我们确定联系……安某与他们队中的几个人有联系。和安某一样是落后层,这些人是安某的保护层,他们害怕弄住安某联到自己身上。

尚队长的回复进一步说明政策性问题成为双方谈话的互动核心点。通过称呼法院的调查对象是“落后层”,尚队长成功地用政策性语言来质疑法院的调查。

孙:你们了解情况……这不光是离婚。咱们把安某的事情搞清楚。如果情况属实,我们就弄他;如不实,再办理离婚。

尚:咱们共同了解吧,总之,我们感觉到前次了解后有差距,可能是我们的看法不对吧。

孙:是贫下中农,咱们要关心。你们的意见是什么?怎样处理?

尚:先落实一下安某的情况。现在还有些问题,过去的现在的情况一起落实。虽然他们一伙在胡来,但保护安某也是保护他们自己。尽管这样还是有人可以证实的,可以搞清楚。

很明显,对于尚队长的回应,孙法官退让了。他同意男方的个人政策性问题、法律问题为主,而家庭婚姻问题为辅,并且孙法官向尚队长咨询了下一步行动计划的意见。从这段对话的描述可见基层干部与司法人员通过政策性语言达成了一致的协议。基层干部力图利用政策性手段来"帮助"妻子,并且,他们认为这份"帮助"并非为了离婚来终结这段虐待关系,而是为了让丈夫受到纪律检查。生产大队的队长从强调丈夫的个人特点和反革命行为开始两人的对话,以此将离婚诉讼与对丈夫的处罚联系起来。当基层干部与司法工作人员的意见出现分歧时,基层干部声称受到调查的都是在实施国家政策方面落后的人,由此来暗示这场调查是带有偏见的。最后,法规在这个谈话当中只出现了一次,也就是法官孙某谈到作案意图和行为的区别时。对于这个离婚案件的处理,谈话当中没有涉及任何新婚姻法的内容。这既与新婚姻法未对离婚事由进行具体规定有关,也与司法工作人员的法律意识不强有关。在当时特殊的年代,政治运动主导着整个社会,法律被逐渐边缘化,此案即为明证。

到了1972年,这件案子正式结案。结案声明显示这位妻子自从1971年1月开始就不再到法庭要求离婚了,因此本案就此终结。

四、结　论

基层干部和司法工作人员都是习俗的传承者、政策的实施者与法律的施行者。但是他们对于新的政策与法律的接受程度不同,在习俗、政策与法律冲突时的反应也不同。本文通过研究这种不同来补充现有关于1950新《婚姻法》的施行以及国家建设的研究。

首先,除了现有研究中的政权巩固、结构性限制和社会阻力的原因之外，新婚姻法的施行障碍也是基层执法者造成的。对于封建婚姻实践和传统父权制度的容忍与姑息，基层乡村干部与法院执法者有所不同。对于基层乡村干部而言，他们在贯彻婚姻法的过程中学会了使用中央号召的政策性语言，而传统观点并没有转变。究其原因，如前所述，基层乡村干部自身具有双重角色，既是国家意志在基层的贯彻实施者，又是传统习俗的承继者。就旧式的婚姻习俗而言，虽然中央认为是封建的思想和传统观念，但当这一延续千年的行为日复一日成为习惯时，要在人们的行为模式上进行彻底的改造，其难度是非常大的。

对于法院司法人员而言，由于接受了更多的政策性教育和法律培训，他们在贯彻婚姻法的过程中，杜绝明显的封建婚姻实践。但是他们同样默认并姑息对女性的家暴的父权制度。由于他们的态度不像基层政府那样反映在书面上，而是更加隐秘，反而不容易纠正。

其次，新婚姻法的施行过程也映射出基层政权建设的不彻底性和结构性矛盾。基层政权建设彻底与否的一个表现就是对于中央文件、政策、法律的熟悉和实施程度。从实施法律的层面来说，基层政权建设是不彻底的，其表现为基层地方政权（包括乡村政府和法院执法人员）对传统父权制度的容忍与姑息。从话语口号的层面而言，基层政权建设比较成功。乡村政府对于中央的政策性语言很熟悉，并且应用于他们的书面文件当中。而当乡村政府与法院执法人员的意见不一致时，官方和政策性的言论则成为他们沟通、交流达成一致协议的手段。

我们的案例分析同时反映出基层政权建设的结构性矛盾，这一点在中央意志的传达中比较突出。例如，基层干部既是政策的实施者，又是障碍的设置者，他们既是基层政权建设的主体，又是代表国家意志法律的宣传者和实施者。基层干部用表面上的政策性语言来粉饰习俗的真正适用，并非真正领会了新婚姻法对于社会主义改造的作用。再比如，中央政府的政策性考虑与法律实施存在矛盾，所以当乡村政府与法院执法人员的意见不一致时，政策性语言而不是法律条文是他们交流的平台。

附录：

表 1　案件年份分布（1949～1978 年）

单位：件

年份	案件数	年份	案件数
1949	2	1965	2
1950	4	1966	2
1951	8	1967	1
1952	1	1968	2
1953	8	1969	2
1954	4	1972	2
1955	5	1973	4
1956	1	1974	4
1961	4	1975	4
1962	5	1976	6
1963	7	1977	3
1964	6	1978	4

表 2　基层司法人员与基层干部有明显分歧的 12 个案件

单位：件

年份	案件数	介绍信建议	法院的审判结果	不同的理由
1949	1	维持婚姻状态	无结果	介绍信建议双方应对包办婚姻予以忍耐
1951	3	第一份：维持婚姻状态 第二件：建议离婚 第三件：建议原告撤回起诉	第一件：调解离婚 第二件：调解和解 第三件：调解离婚	1. 基层干部对买卖婚姻持包容态度 2. 法院就被告是军人的案件与军人所在部队负责人进行了商议 3. 基层干部认为夫妻之间打架属于家庭内部矛盾
1954	1	和解	判决：离婚	介绍信中没有考虑该案件是涉及童养媳的案件，而是强调男女有别是家庭和睦的基础

续表

年份	案件数	介绍信建议	法院的审判结果	不同的理由
1963	2	维持	调解:离婚	介绍信提出女方的母亲在夫妻间进行挑唆,建议为确保劳动生产力应当维持双方的婚姻
1964	1	可以离婚	调解:和解	介绍信强调不愉快的婚姻关系降低了劳动生产力
1970	1	维持	调解:离婚	介绍信说是其他家庭成员引起了双方的离婚纠纷。保持家庭和睦很重要
1974	1	维持	调解:离婚	介绍信讲到婚姻对于革命和孩子的重要性
1976	1	离婚	调解:和解	因原被告都是军人,法院和部队进行了商议
1977	1	离婚	调解:和解	不清楚

《法律和社会科学》
第18卷第1辑,第94~112页

家事案件处理的近代经验
——以民国时期的亲权实践为中心

景风华*

摘要:亲权作为父母使子女服从的一种权力,虽然属于民法调整的范畴,但在理念与实践中涵盖了更多普通民事权利所不具备的法律关系结构。中国近代从西方引入亲权制度,在实践历史中呈现出特殊的公权力介入方式和程序。在护养权方面,对于失去行亲权之父母,且无其他亲属可以充任监护人的儿童,国家作为另一种特殊的监护人而存在。而且国家行使这种权力的方式并非如民法所设计的那样被动,而是采取积极出击的方式,以至于在实践中,警察在亲权案件中扮演着至关重要的角色。在惩戒权方面,对于父母呈送不服管教的子女,国家作为父母意志的延伸而存在;但公权力亦可主动介入父母的教育权,对性行不良的儿童予以惩戒,从而涉及子女、父母、国家三方在亲权问题上的互动。亲权的这种国家维度在当今亲属法体系的建构中不可或缺,其运行模式亦值得深入探讨。

* 法学博士,四川大学法学院副研究员、专职博士后。

关键词：亲权　国家亲权　民国时期　护养权　惩戒权　感化教育　收容教养

一、导　论

除婚姻关系之外，亲子关系是亲属法中最为重要的内容。在我国的传统时代，律令以规定子女孝亲义务的形式对亲子关系予以规范，诸如不得别籍异财、不得违犯教令、不得供养有缺等等。到了清末变法时期，法律改革家们从西方引入了"亲权"一词，转而从父母的角度对亲子关系重新予以规定。

亲权，据《大清民律草案》的按语所言，是指"以子当服从父母之权力也"。[①] 完成于1911年的《大清民律草案》亲属编亲子章的第一节专节对亲权予以规定和阐释，认为亲权的内容大致可以分为两类，一类是父母之于子女身体上的权利，如护养权、教育权、惩戒权、居所指定权、职业许可权等；另一类是父母之于子女财产上的权利，主要为财产管理权。[②] 1925年完成的《民国民律草案》在《大清民律草案》的基础上修订而成，其关于亲权的相关规定与之类似。中国第一部正式颁布实施的亲属法是南京国民政府于1930年12月颁布、1931年5月施行的《中华民国民法》亲属编。《中华民国民法·亲属》第三章题为"父母子女"，行文中并未出现"亲权"一词，只在第1084条作了总括性规定："父母对于未成年之子女，有保护及教养之权利义务。"[③]对于其原因，《民法亲属实用》一书讲道："父母子女之权利义务云者，父或母本于为父或母之身分，依法律之规定，对于子女而有之权利义务，子女对于父母亦如是之谓也。向例，侧重父母方面，故称此权利义务之集合曰亲

---

① 《大清民律草案》(附理由书)，载怀效锋主编：《清末法制变革史料》(下卷)，中国政法大学出版社2010年版，第755页。

② 同上书，第755~757页。

③ 上海法学编译社编，吴经熊校勘：《袖珍六法全书》，会文堂新记书局民国二十四年(1935年)版，第115页。

权,此虽与现代之观念不甚适合……"[①]可见,"亲权"的概念可能容易使人联想到"父权"或者帝制时代隶属于父母、不具备独立身份的子女,与民国时期对于现代化的追求不甚相合,因此在法律文本中未予适用。但在学术著作或其他法律文件中,这一概念仍然得到肯定。例如,1932年司法院颁布的司法解释称:"养亲对于未满二十岁之被养子女,在法律上当然为其行亲权之人。"[②]民国学者陈顾远的《民法亲属实用》、徐朝阳的《中国亲属法溯源》、邵义的《民律释义》以及现代学者许莉的《〈中华民国民法·亲属〉研究》等著作都对中国近代民法中的亲权制度予以介绍和说明。

亲权虽为父母握有的可使子女服从的权力,但在现代化国家,子女不再被视作父母的私属,而是积极主动的权利主体,是国家保护之下的孩子。尤其在中国近代救亡图存的背景和"少年中国说"的影响下,儿童更被视为民族复兴的希望而赋予了神圣的国家使命。因此,如果父母滥用其亲权(包括逾越权利的正常行使范围和不尽应尽之义务),则"其对子女既为有亏亲职,其对社会亦为不负责任"。[③] 这个时候国家就要出手干预。而当未成年子女不服从父母的正当教令、父母却对其无计可施时,国家亦不能坐视不理。亲权法律关系中所蕴含的这种国家维度超越了普通民事权利的行使与救济,表现出特殊的风貌。

亲权关系中的国家维度,当今学术著作一般以"国家亲权"的概念称之。国家亲权(Parens patriae)理论发源于罗马法,并为英美普通法继承和发扬。其原初含义是指国家为无行为能力人(如未成年人和精神病人)的最终监护人。经过英美法院的判例阐发,国家被视作一个"大家长",对未成年人享有最高亲权,倘若拥有普通亲权的父母缺位或不能很好地行使这一权利,国家便可出于对未成年人保护的考虑解

---

① 陈顾远编著:《民法亲属实用》,大东书局1946年版,第170页。

② (民国)二十一年六月十日院字第七十三号,转引自陈顾远编著:《民法亲属实用》,大东书局1946年版,第170页。

③ 陈顾远编著:《民法亲属实用》,大东书局1946年版,第177页。

除父母亲权，直接对这些孤苦无依的少年儿童加以抚养和教育。[①] 姚建龙的《国家亲权理论与少年司法——以美国少年司法为中心的研究》一文对此有较为详细的阐述。但该文更侧重于理论研究，本文则试图展现中国近代构建起来的亲权制度在实践中的运行状况，揭示子女、父母、国家三方在亲权问题上的互动模式以及公权力介入亲权关系的方式和程序，对亲权在国家维度上的特殊性及在当今存在的必要性予以分析和反思。

二、护养权的法律实践

养育子女并保护其健康成长是亲权最基本也最重要的内容。《大清民律草案》第 56 条规定："行亲权之父母，须护养并教育其子。"按语则指出："护养指一切保护与养育而言。保护其子之利益固为保护，即免除其子之不利益亦为保护。"[②]然而，即使《大清民律草案》的起草者们已经隐隐认识到了亲权具有权利与义务的双重属性，但草案中对于父母不得再行亲权的情况只列举了母亲改嫁与女儿出嫁两类，父母不能妥善履行护养义务而丧失亲权的情形则未在考量之内。这大抵是因为这种亲权剥夺方式意味着父母对子女的失职可导致其丧失为人父母的资格，与"天下无不是之父母"的传统观念大相径庭。

《民国民律草案》则在《大清民律草案》的基础上增加一条，规定："父母滥用亲权，或品行不检，确有滥用亲权之虞者，法院因子之亲属或检察官之请求，得宣示丧失亲权。"[③]《中华民国民法》亲属编亦规定："父母滥用其对于子女之权利时，其最近尊亲属或亲属会议得纠正之。

---

① 参见姚建龙：《国家亲权理论与少年司法——以美国少年司法为中心的研究》，载《法学杂志》2008 年第 3 期。

② 《大清民律草案》(附理由书)，载怀效锋主编：《清末法制变革史料》(下卷)，中国政法大学出版社 2010 年版，第 755 ~756 页。

③ 《民国民律草案》，载杨立新主编：《中国百年民法典汇编》，中国法制出版社 2011 年版，第 348 页。

纠正无效时,得请求法院宣告停止其权利之全部或一部。"①

对于那些无行亲权之父母,或父母不能/不得行使亲权的未成年人,法律为其置监护人予以弥补。②《大清民律草案》与《民国民律草案》所规定的监护人的序列为:祖父、祖母、家长、最后行亲权之父或母以遗嘱指定之人、亲属会选定之人。③《中华民国民法》则稍有不同,其次序为:同居祖父母、家长、不同居祖父母、伯父或叔父、亲属会选定之人。④

亲属会是清末的法律改革家们引入当时世界上各大强国通行制度的成果。《大清民律草案》的起草者主要考察了德国和日本的制度,发现德国设有监护审判厅,在遇到无法定监护人以及遗嘱指定监护人时,即由监护审判厅选定监护人。而日本则以审判厅干涉亲族事务不合于习惯为由,不设监护审判厅,而予以亲属会选任监护之权。⑤ 清末的法律改革家们显然更倾向于后者。不唯如此,他们还认为"各国民法,凡亲属会之组织、招集、决议等事,均认审判官之干涉为多。唯揆诸中国情形,则殊多未便"。故此,除了亲属会成员的选定、亲属会议的招集、亲属会有不能决议之事等情状外,审判官对亲属会其他方面的运作和决定并不加以干涉。⑥《民国民律草案》与《中华民国民法》的规定皆与此相类。

---

① 上海法学编译社编,吴经熊校勘:《袖珍六法全书》,会文堂新记书局民国二十四年(1935年)版,第116页。

② 中国近代的民律草案和民法均实行亲权与监护权分立的制度,正如《大清民律草案》所指出的:"盖未成年人,若上有父母,则关于身体、财产之保护,父或母当先担任其职务,即亲权是也。故必上无父母而监护之事实始生。又或父母之一先亡,其存者或不知其所在,或已受禁治产之宣告,或不能行其亲权者,监护亦即开始。"(第768页)这与今日婚姻家庭法将监护权作为父母权责之一的规定不同。

③ 参见《大清民律草案》(附理由书),载怀效锋主编:《清末法制变革史料》(下卷),中国政法大学出版社2010年版,第769页;《民国民律草案》,载杨立新主编:《中国百年民法典汇编》,中国法制出版社2011年版,第353页。

④ 参见上海法学编译社编,吴经熊校勘:《袖珍六法全书》,会文堂新记书局民国二十四年(1935年)版,第115~116页。

⑤ 参见《大清民律草案》(附理由书),载怀效锋主编:《清末法制变革史料》(下卷),中国政法大学出版社2010年版,第769页。

⑥ 同上书,第775、777页。

这种法律设计显然还保持着家族内部事务由同族、亲戚商议解决的传统。法学家们所设想的亲属法，基本还是建构在稳定而庞大的亲族系统之上。在理想状态下，任何"家庭细故"都可以在这一层面得到解决。因此，由不受国家公权力过多干涉的亲属会选定监护人就成为失去父母亲权庇护的未成年儿童能够在法律文本中得到的最后救济手段。然而，随着中国近代持续不断的战乱和灾祸，人民流离失所，传统社会结构下紧密有序的宗族组织逐步瓦解，大量儿童完全失去依靠，这就需要国家以"大家长"的身份为这些儿童承担"兜底"责任。

社会实践在这方面走得更远一些。1910 年 10 月，清政府官员徐谦、许世英等人参加了在美国华盛顿召开的第八届万国监狱会议，了解到世界各国关于刑罚改革、监狱改良、预防未成年人犯罪以及儿童不良行为矫治等问题的最新资讯并对欧美等国的司法制度予以实地考察。此后，他们将考察成果上报清廷，其中提到欧洲国家设立专门机构，对失去父母亲属教养保护、可能成为犯罪后备军的儿童予以"感化教育"。考察者们希望清廷能对这一制度予以借鉴，并罗列出应受感化教育的三类儿童。除了有不良行为的儿童和未达刑事责任年龄但有违法行为的儿童外，还有一类就是弃儿及近于被遗弃者，即"不知父母之姓氏，或知姓氏而不能引交，或父母俱亡，贫困不能自存，或因父母疾病，或失业，或犯罪入监不能教养，或父母虐待，阻害其发展，或父母不能管教，流为游荡乞丐者之类"。① 这一类别与《大清民律草案》所提到的无行亲权之父母，或父母不能/不得行使亲权，应为其置监护的未成年人的范围完全一致。由此可见，在无行亲权人，亦无监护人的情况下，国家被视作另一类特殊监护人而存在。

民国时期，这类感化教育机构在中国各大城市如雨后春笋般蓬勃发展。以北京地区为例，北洋政府时期设有贫儿院、南京国民政府时期设有救济院收容老幼病残、孤苦无依之人。其性质为社会福利单位，隶属于社会局管辖。根据档案，进入救济院的幼童主要有以下几种情形。

---

① 《法部奏派万国监狱会会员徐谦等考查司法制度报告书》，载《申报》1911 年 7 月 25 日，第 3 版。

1. 流浪儿童

对于被父母遗弃,或无行亲权人以及监护人管照而流落在外的儿童,警察一经发现,通常会主动上前询问并将其带回警察局做进一步处理。按照一般程序,警察局会向社会局发送公函一封,说明该名儿童的状况并表达希望社会局能将其安置于救济院的建议。如果不出意外,社会局都会对警察局的请求予以采纳。例如,民国二十九年(1940年),北京特别市公署警察局东郊分局的警察在朝外大街巡查时发现露宿街头的幼童宋小并将其带回警局。经查问,宋小年方13,原籍宝坻县,父亲外出不知所踪,母亲已亡故,无处归依,沿途乞讨来到北京。因此北京特别市公署警察局向社会局发出公函,请求社会局准其入救济院容身。①

在更早的时候,以收容浮浪贫乏或性行不良的少年儿童为主要职能的游民习艺所也带有部分社会救济功能。民国七年(1918年)10月,原籍奉天的11岁幼童王小小,在无票搭乘由天津驶往北京的火车时被列车长发现,并被送到京奉铁路第一分段警察署。王小小自述家中已无亲属,此次前来北京是为了寻找在奉军任职的叔叔。铁路警察认为,"该幼童孤身一人,未便令其自去",因此致函京师警察厅,请警察厅一面将其转送习艺所安置,一面帮其寻访叔叔的下落,以使其"俾免流落而便成才"。② 当时北京游民习艺所是京师警察厅的下属机构,因此将孤苦无依的流浪儿童收容于习艺所的决定需由京师警察厅做出。

2. 犯罪人子女

父母因犯罪而入监服刑,其未成年子女在一段时间内失去行亲权人而无人护养,亦可由国家救济机构出面照管。民国四年(1915年),刘汉东及其妻子李凤仙因侵占镯子,被京师地方审判厅分别处以5个

① 北京市档案馆J002-006-00205,北平市警察局关于送家贫被遗弃的幼童入救济院的公函及社会局的复函,1940年12月。

② 北京市档案馆J181-019-21435,京奉铁路第一分段警察署关于幼童王小小一名请转送习艺所安置一案的呈,1918年10月。

月和2个月的有期徒刑。但李凤仙的幼子长生年仅5岁,京师监察厅认为其“未便久在囹圄”,而他又无其他亲属收养,孤苦无依,因此写函件一封,送至京师警察厅总监,建议京师警察厅将长生送交贫儿院暂为收养,待李凤仙徒刑期满再将其领回。[①] 从此案可以看出,在无其他亲属照看的情况下,犯罪嫌疑人的年幼子女在法院未做出判决前似与其母一同关押在京师警察厅,判决生效后,检察厅对未成年儿童的去处出具意见,建议警察厅遵照执行。

3. 受侵害儿童

行亲权人或监护人对未成年儿童进行不法侵害,在民法上显然属于亲权或监护权被剥夺的情状,而虐待是侵害中最常见的一种类型。例如民国三十三年(1944年),10岁的幼女李小娣从小被母亲送养,由于养祖母对她不好,李小娣不堪虐待而出逃,孤身一人来到北京寻找舅舅未果,北平市警察局因此致函社会局,希望救济院能对其予以收养。[②]

更严重的情形是行亲权人或监护人直接针对子女或被监护人的犯罪。民国二十八年(1939年),乔张氏意图谋害所抱养的幼子连陛,北京地方法院以杀人未遂判处乔张氏有期徒刑5年。连陛作为此案的被害人在养母被捕期间暂居北平特别市公署警察局看守所,待案件判决后,警察局认为“按情与乔张氏已属恩断义绝,势难再依该氏为生,其父现又所在不明,无法查找,未便就在看守所收容”,因此警察局将连陛函送社会局,希望社会局能将其送入救济院安置。[③] 根据当时已经生效实施的《中华民国民法》,养子女的地位与婚生子女相同,因此养父母当然为养子女的行亲权人。在养父母和养子女之一方对另一方有虐待、重大侮辱或恶意遗弃行为时,法院可因另一方的请求宣告终止收

---

① 北京市档案馆J181-019-09991,京师地方检察厅关于将幼童送入贫民院收养详,1915年6月。

② 北京市档案馆J002-006-00263,北平市警察局关于18岁以下幼童因家贫、被弃、被卖,进出救济院的公函及社会局的复函,1944年12月。

③ 北京市档案馆J002-006-00185,北平市警察局关于送孤苦无依或受虐待的幼童入救济院的公函及社会局的复函,1939年11月。

养关系。亲权关系自然也因此终止。① 而在此案中,连陞只有5岁,自然不可能亲自提出告诉,法院也只关注了乔张氏故意杀人未遂的罪行,最后是由警察机构以"恩断义绝"这一非常传统的语言表述方式断定乔张氏与连陞收养关系的结束,并在无法找到连陞其他亲属的情况下,由国家机构对其予以收容。

此外,还有警察解救的被拐卖儿童。民国四年(1915年),原籍保定府的10岁幼童姚金福父母早亡,乞讨来到北京,先被文刘氏领养,后又转交孙郑氏帮忙找人安置,不料却被孙郑氏略卖。孙郑氏后被京师地方审判厅判处徒刑2个月。京师地方检察厅将孤苦无依的姚金福函送京师警察厅总监,希望能将其送到贫儿院抚养。而警察厅认为,姚金福言语精神尚属聪明,如使其读书习艺更佳,因此决定令行政处查询京内管理较为完善的传济工厂是否能收留姚金福习艺。②

在以上案例中,失去行亲权之父母,且无其他亲属可以充任监护人时,国家作为另一种特殊的监护人而存在。但国家行使这种权力的方式并非如民法所设计的那样被动,而是采取积极出击的态势,警察对于任何一个露宿街头、流浪乞讨的儿童都可能主动询问,对所经手的、可能涉及儿童护养问题的案件亦会加以关注,以至于在实践中,以警察为核心的行政机构甚至替代检察机关和司法机关,成为亲权案件的发现机关和处理机关。

三、惩戒权的法律实践

除了护养之外,教育是亲权最为重要的另一项内容。《大清民律草案》已经认识到教育作为行亲权人的权利和义务的双重属性,称:

① 参见上海法学编译社编,吴经熊校勘:《袖珍六法全书》,会文堂新记书局民国二十四年(1935年)版,第115页。

② 北京市档案馆J181-019-09992,京师地方检察厅关于将幼童姚福金交入贫民院收养详,1915年6月。

“教育其子为亲权者之权利，亦为亲权者之义务。唯为其权利故，对于不愿受教育之子可施惩戒。唯为其义务故，应以财力教育其子”；“概认惩戒权者，以父母既有护养与教育其子之责，若使子不率教驯至感化之力俱穷，自非惩戒不足神其用，此亦不得已之一端也。”①《民法亲属实用》也指出：“家庭教育为一切教育之基础，故父母得于必要范围内，对于子女之不良习惯，或叱责、或扑责，以矫正之。”②可见在民国时人的眼中，教育与惩戒是一对相伴相生的范畴。教育作为社会化的重要手段，本身就暗含着一定的改造与强制，当这种强制性不为子女所遵从时，父母便可以动用惩戒迫使其服从。在这里，惩戒权可以被当作教育权行使无效后的“私力救济”。同样，与“私力救济”相对的还有“公力救济”，也就是送惩权，即父母将不服管教之子女送到国家公权力机关，由国家出面对其予以惩戒。《大清民律草案》第 58 条规定：“行亲权之父母于必要之范围内，可亲自惩戒其子，或呈请审判衙门送入惩戒所惩戒之。审判衙门定惩戒时期不得逾六个月。但定时期后，其父或母仍得请求缩短。”③《民国民律草案》的相关内容与之类似。④

根据《大清民律草案》，惩戒权的行使有两个要件，一是惩戒权的行使者必须是法律规定的行亲权人。《大清民律草案》授予监护人与行亲权人同等的权利和义务，而《民国民律草案》则对监护人的送惩权予以一定程度的保留，在监护人决定将被监护人送入惩戒所的情况下，须经亲属会同意才能实行。二是惩戒权的行使必须控制在必要范围内。所谓必要范围，是指惩戒需在教诲和训诫无效的情况下方得实施；以防止子女再犯错误为宗旨；不得过于痛苦其身体，更不能超出子女身

① 《大清民律草案》（附理由书），载怀效锋主编：《清末法制变革史料》（下卷），中国政法大学出版社 2010 年版，第 756 页。

② 陈顾远编著：《民法亲属实用》，大东书局 1946 年版，第 171 页。

③ 《大清民律草案》（附理由书），载怀效锋主编：《清末法制变革史料》（下卷），中国政法大学出版社 2010 年版，第 756 页。

④ 参见《民国民律草案》，载杨立新主编：《中国百年民法典汇编》，中国法制出版社 2011 年版，第 346～347 页。

体所能承受的限度。如果出于恶意,或者逞一时之性横加敲扑,甚至危及生命,则构成虐待和其他犯罪。① 如果父母决定将子女送入惩戒所,那么审判衙门(民国时期为法院)对子女所行之惩戒是根据父母的请求进行,与惩戒普通违法行为人应加以区别。因此惩戒的期限应当加以限制,而且允许其父母请求缩短。② 也就是说在法理上,送惩权被视作行亲权之父母的惩戒权的延续,国家公权力机关是作为父母意志的执行人而存在。

此外,清末的法律改革家们还对数个国家关于惩戒权和送惩权的立法例予以考察,在《大清民律草案》和《民国民律草案》中采纳了德、日的做法,对行亲权之父母既赋予惩戒权,又赋予送惩权。但《中华民国民法》第1085条只规定"父母得于必要范围内惩戒其子女",③并未涉及送惩权的问题。不过在实践层面,父母以子女不服管教为由将其送入国家机构予以惩戒的案例屡见不鲜,而且有的时候,国家公权力机关并不只是被动执行父母的意志,而是积极介入到惩戒权的行使过程中来。

1. 父母送惩

民国政府并未设立专门的惩戒所,对于那些父母认为无法管教的孩子,皆是由习艺所、教养局、感化学校、感化所等感化教育机构来承担强制教育或曰惩戒的职能。1915年12月,北洋政府公布了《游民习艺所章程》,其中第1条规定:"本所直隶于内务部,专司幼年游民之教养及不良少年之感化等事项,以使得有普通知识谋生技能为主旨。凡有下列情形之一者得收入之:(一)贫苦无依者;(二)性行不良者。"④所

① 参见《大清民律草案》(附理由书),载怀效锋主编:《清末法制变革史料》(下卷),中国政法大学出版社2010年版,第756、771页;《民国民律草案》,载杨立新主编:《中国百年民法典汇编》,中国法制出版社2011年版,第354页。

② 《大清民律草案》(附理由书),载怀效锋主编:《清末法制变革史料》(下卷),中国政法大学出版社2010年版,第756页。

③ 参见上海法学编译社编、吴经熊校勘:《袖珍六法全书》,会文堂新记书局民国二十四年(1935年)版,第115页。

④ 彭秀良、郝文忠编:《民国时期社会法规汇编》,河北教育出版社2014年版,第28~33页。

谓“幼年”的年龄阶段在8岁以上16岁以下。1922年,淞沪警察厅发布的训令中也将“讯无家属收领之幼童,流为窃盗,而屡戒不悛者”和“不良少年,经家长禀请安插习艺而不违背补充刑律第一条及第十一条之规定者”作为警察厅送交习艺工厂习艺的主要人员。①

对于北京游民习艺所来说,“贫苦无依”的标准侧重于“无依”,即徐谦、许世英等人所言的“弃儿及近于被遗弃者”,只有在未成年儿童没有行亲权人及可能的监护人的情况下方能由国家以大家长的身份行使上文所述的护养权,故入所门槛较高。但当父母以其子女品行不端、无法管教为由请求将孩子送入习艺所,则较容易得到批准。比如民国五年(1916年)12月,14岁的陈春栋因不务正业、典卖家中衣服、与人争吵、在外惹是生非等情由被母亲陈范氏送进了习艺所。②

与习艺所关系密切、性质相似但收容人员性行不良的程度稍重一些的是发端于清末新政时期的教养局。1920年12月,18岁的史家福因做饭之事与母亲发生口角,进而詈骂并欲殴打其母,被闻讯赶来的父亲扭送到警察署。其父史文元本欲将史家福送往习艺所管束,但警察署认为,史家福年幼时就敢向其母詈骂并欲动手殴打,实属胆大妄为,亟应惩戒,以儆将来。于是拟定将史家福发交教养局管束并勒令习工,俟3个月后根据教养局报告的情况再由警察厅决定是否予以释放。③

成立于1923年的北京感化学校则专以不良儿童为感化教育对象。根据司法部于民国十一年(公元1922年)2月20日颁布的《感化学校暂行章程》,入校的学生中就包括父母送惩的情形:“未满十二岁,不守

① 参见《淞沪警察厅取缔游民送入工厂习艺单行章程》,载《申报》1922年6月29日,第15版。此章程的题目有一定歧义,综合章程内容来看,其意当为:为了取缔游民,故将其送入习艺工厂习艺。不过上海地区习艺工厂的收容对象不仅包括流浪儿童和不良少年,还有“素无恒业,游荡无依,在三个月内犯违警罪三次以上者”和“游兵革警,失业逗遛,经资遣潜回或骚扰地方者”。

② 北京市档案馆J181-019-13729,陈范氏请求将其不服教育之子送入习艺所的呈,1916年12月。

③ 北京市档案馆J181-019-29248,京师警察厅内左四区警察署关于史文元控儿子忤逆请送习艺所的呈,1920年12月。

家规,经其父母请求入校者。此项学生,应由其父母缴纳补助费。"[①]根据1926年7月北京感化学校校长递送给京师警察厅的一封函件可知,该校的学生徐敬年此前就是因为习惯不良、品行恶劣,由其父徐超候拘送到感化学校的。[②]

而对于1935年《中华民国新刑法》颁布以后主要作为保安处分执行场所的感化所,父母依然有权力请求警察局核准,将自己认为无法管束的孩子送进去。只不过与习艺所比起来,被送进感化所的孩子的顽劣程度要更甚一些。而且同感化学校一样,如果父母请求国家代自己管教子女,就需要承担一定的费用。例如1938年6月,何子明因其子何连生不务正业,给家里惹事,煽动工人逃跑,甚至威胁杀人,于是以其盗窃家中财物为由,将何连生告上法庭。但法院查无实据,不能定罪。何连生又要求将其子送进感化所,地方法院检察处只得将何连生函送至北京市警察局处理。北京市警察局的决定是将何连生送交感化所管束3个月,口粮由家长负担。[③] 事实上,感化所早在成立之初的1931年11月就发布了兼收北平市内贫寒子弟入所习工的呈。凡是游荡无业,年届16岁以上24岁以下,身体健康并无残疾,且不服尊亲属管教,经尊亲属提出请求者,皆应送入感化所习艺。[④] 与此同时,北平市公安局还将送交感化所的权力收归到自己手中,命令此后市民呈请管束不肖子弟,需由各区署警察局将其解送至市公安局讯明情由并核办入所事宜,不得像以往那样径自送入感化所。[⑤]

---

① 《感化学校暂行章程》,载金兆銮、黄庆澜编著:《感化录》,商务印书馆1923年版,第1页。

② 北京市档案馆J181-018-21912,北京感化学校关于学生徐敬年私自由校潜逃待找回时请求发教养局严惩的函,1926年7月。

③ 北京市档案馆J181-026-07666,地方法院检察处关于何子明呈请将何连生转送感化所核办的呈,1938年6月。

④ 北京市档案馆J181-020-05988,北平市公安局感化所关于兼收市间贫寒子弟进感化所的呈,1931年11月。

⑤ 北京市档案馆J181-020-07744,北平市公安局关于今后市民请求送感化所习艺者先解局核办的通令,1932年5月。

2. 公权力机关介入

除行亲权之父母将性行不良的子女主动呈送至感化教育机构予以惩戒之外，警察亦可主动对行为失当的儿童进行盘问，在综合考虑其错误的严重程度和家长管教能力的基础上决定是否要将其送往感化教育机构接受感化教育。一般来说，儿童在外面闯了祸，警察在调查清楚事情的来龙去脉后会传讯家长到案，就孩子平时的表现以及是否有不听管教的情况听取家长的陈述。如果家长表示愿意将孩子领回管教，那么在与儿童一并写下具结后便可带孩子回家。例如 1922 年，14 岁的张锡铎跟随叔叔来到北京并在叔叔的布铺里当学徒。因为想家，张锡铎偷了铺子里的 2 块布私逃，之后来到打磨厂，谎称叔叔令其买布，借到大洋 1 元，又在天津火车站被宪兵抢走一块布，最后因露宿街头而被巡警带到天津警察厅。天津警察厅致函京师警察厅道："若不设法安置，诚恐被不肖之徒诱为下流。"张锡铎的叔叔张起敬随后被传到案，写下具结称："我情愿将张锡铎领回铺中，俟有便人将张锡铎送回原籍家中念书。"张锡铎也具结道："我情愿跟我叔父张起敬仍回铺里学徒，以后不敢再有私逃。"①于是这件事便告一段落。

但如果此时家长表示无法管教或不愿管教，国家就会以一个"大家长"的身份主动接过管教儿童的权力。例如 1915 年，14 岁的儿童陈福春在街上游荡，看到一辆汽车就跑过去扒蹬，对汽车的主人——一名外国人侮闹，致使该名外国人的帽子被碰落。于是外国人不依不饶，经过警察排解方才离去，而陈福春则被带到了区署警察局。警察查知陈福春的父亲早逝，本人亦无恒业，只是游荡度日，认为"该幼童年幼无知，只身游荡，若不设法安置，难免不为匪滋事"，于是饬传其母陈胡氏到案，其母亦称陈福春平日淘气，无法管教，情愿将其子交送习艺所并开具切结。因此，内左三区警察署长决定将陈福春送交习艺所习艺，②并将办理情

① 北京市档案馆 J181－018－14868，天津警察厅关于送幼童张锡铎一名请讯办的函，1922 年 8 月。

② 这则案例发生于 1915 年 4 月，其时北洋政府的《游民习艺所章程》尚未颁布，距离京师警察厅总监将送儿童入习艺所的权力收归警察厅（1916 年 12 月）尚有一年多，因此将陈福春送交习艺所的决定是由区署警察局做出的。

形报告给京师警察厅总监。①

但在某些时候,当孩子所犯的错误已不再是“闯祸”那么简单,而是已经游走在犯罪的边缘,警察也可不询问父母的意见而直接做出感化教育的决定。例如1919年,16岁的乌林布本是贫儿学校的学生,却因为偷盗被警察当场抓获。可能是情节轻微的原因,警察并没有将乌林布送往检察厅提起公诉,而是直接决定将其送入习艺所习工,以资感化。在这一过程中,并没有出现乌林布父母的身影。反倒是一个月后,乌林布的母亲崇李氏百般恳求警察厅将乌林布释放。京师警察厅并没有立即答应,而是先令习艺所查看乌林布的感化情况。习艺所察其表现良好、确知悔悟,认为应当交由其母崇李氏领回管束,并且电知乌林布所属的区署警察局,仍然令其入学,以免荒废。这一提议得到了京师警察厅的批准,乌林布方才得以保释回家。②

民国后期感化所的运行情况同样如此。当警察在外执勤时遇到惹是生非的“熊孩子”(包括未达刑事责任年龄而行为触犯刑法的儿童),若该名儿童确系初犯,且案件情节轻微,在其父母保证此后会对孩子严加管教并写下甘结后便可将孩子带回家。如果父母表示不愿管束、不能管束或没有行亲权人管束的,则将儿童移送感化所。在案件情节较为严重的情况下,警察局亦有权直接将儿童移送感化所。

通过以上论述可以得知,无论是父母呈送还是公权力介入的惩戒权,基本都涉及三方的互动——国家、行亲权之父母和儿童。父母的态度在儿童是否会被送入感化教育机构的决定中起着至关重要的作用。如果家长承认了自己在管教子女方面的失败,并且对此后履行好家长的职责也没有信心,就等于默认放弃了对于子女的教育权,从而使这一权力转移给国家变得顺理成章。此外,父母教育的失败也可以用推定的方式得出,当子女用“实际行动”证明了行亲权人的

① 北京市档案馆J181-018-04494,京师警察厅内左三区区署关于幼童陈福春蹬扒汽车向外国人侮闹办理情形的详报,1915年4月。

② 北京市档案馆J181-019-56937,京师警察厅内左一区分区表送幼童乌林布偷窃行为请发习艺所一案卷,1919年1月。

管教并未取得应有的成效时，国家亦可不顾父母的意愿而主动行使教育权。

四、国家亲权的当代意义

在中国当今的民事法律体系中，父母亲权被容纳在监护权的范畴中，而对于未成年子女的监护则处于婚姻关系的附属地位。法律实践中有关监护权的法律纠纷，基本都是夫妻离婚后对于子女监护权的争夺，这类案件的双方当事人自然是夫妻双方，法院只是根据一方的告诉消极、中立地予以裁判，因此其所解决的问题实际上是夫妻作为平等主体之间的纠纷，亲子关系本身的价值则在一定程度上被弱化了。而且，当父母双方或一方拒不履行对于未成年子女的护养教育义务，或父母行为及品性证明其为人父母的不适格，在当今的民事法律体系下都缺乏切实有效的程序来剥夺父母亲权另立监护人，包括由国家接手对于儿童的教养之责。在刑法领域中虽然规定有遗弃罪和虐待罪，但即使刑事法庭判定罪名成立，依然不影响亲权/监护权的存续与否，因为这本身就是性质完全不同的两个法律范畴。

与教育权相伴随的惩戒权也面临着这个问题。虽然当今奉行“快乐教育”，对于“惩戒”“体罚”等字眼深恶痛绝，但是不可否认，在谆谆教诲无效的情况下，广义上的惩戒（有一定压力的强制教育）仍有实施的必要。中华人民共和国成立以来的工读学校和收容教养都曾允许父母呈送无法管教的子女，尤其是收容教养制度，它还承担着对虽然实行了不法行为，但因未达刑事责任年龄而不予刑事处罚者的管教责任。由于剥离了历史语境，很多当代法律学者对收容教养的性质争论不休，有说收容教养是一种特殊的刑事处罚者；[①]有认为是一种行政治安处

① 参见阮京人、方新文、邓俊彬：《收容教养犯罪少年的若干问题》，载《政法学刊》1994 年第 1 期。

罚措施者;[1]有认为是行政处罚者;[2]有认为是行政强制措施者。[3] 还有折中的观点,认为收容教养是保安处分措施的一种;[4]或说收容教养具有社会防卫和权利救济的双重特点,应当属于非刑罚的人身强制措施。[5] 基本上除了民事处罚外,所有的法律类型都被数了一遍。但事实上,如果对民国时期的感化教育制度有所了解,就会发现收容教养与之一脉相承,是针对不良儿童的带有一定强制性的特殊管理教育措施。[6] 然而,由于缺乏恰当的法律程序,工读学校和收容教养制度以及惩戒权本身都因备受质疑而日渐沉寂,许多"熊孩子"成为家庭、学校、社会与法律都无计可施的一群人。

而对于无人抚养儿童、受虐儿童和不良儿童,日本以家事法院处遇之,美国则以少年法院处遇之,从而形成了独立的司法程序和独特的法律实践。仅以针对不良儿童的惩戒为例,日本旧少年法设定的保护处分类型有训诫、校长训诫、征集具结悔过书、附加条件交付保护人、移送或者委托保护团体、移送或者委托医院、交付少年保护司的观察、移送感化院、移送或委托矫正院共9种,现行少年法只规定了保护观察、移送儿童自立支援设施或养护设施、移送少年院3种保护处分,其余类型则在试验观察阶段以及不予以审判、不处分决定等处遇形式中作为事实上的保护性措施而发挥作用。[7] 在日本当前的3种保护处分当中,最为严厉的处遇措施当属移送少年院。少年院的前身即矫正院,是对不良少年儿童实施矫正教育的非开放性收容处所。虽然其具有一定的强制性及封闭性,但目的在于使被收容少年在有规律的生活下适应社

---

① 参见胡学相:《论收容教养制度》,载《中南政法学院学报》1992年第4期。

② 参见薛晓蔚:《论收容教养的立法完善》,载《山西大学学报》1998年第4期。

③ 参见张敏、皮宗泰:《浅谈收容教养犯罪少年行为性质的认定和审理》,载《人民司法》1994年第4期。

④ 参见陈花梅:《收容教养制度立法研究——以当代中国内地为视角》,湘潭大学2005年硕士学位论文。

⑤ 参见沈黎红:《我国收容教养制度研究》,西南政法大学2009年硕士学位论文。

⑥ 王顺安于1992年发表的《少年收容教养的性质之我见》对此做出了准确的界定。参见王顺安:《少年收容教养的性质之我见》,载《政法论坛》1992年第3期。

⑦ 参见尹琳:《日本少年法研究》,中国人民公安大学出版社2005年版,第165页。

会生活。[①]

美国的少年法院亦与日本家事法院类似。曾有学者统计过1996年的美国少年法院中,法官对于罪错少年可能做出的处分类型有以下几种:

(1)警告,然后交由父母监管;

(2)罚款或对受害人做出赔偿;

(3)交付给社会机构;

(4)由法院指定的正式缓刑监管;

(5)监管教育中心;

(6)由收养家庭进行监管;

(7)法庭监管,对青少年进行药物和心理治疗;

(8)收容于公共监禁机构或者私人矫正机构,或交由国家青少年机构。[②]

家事法院或少年法院做出的这种不同于刑事、民事、行政的保护处分裁定的独特性才是少年法院应当与普通法院分离的根本缘由。少年法院并不处理犯罪与刑罚的问题,它所面对的,只是一群需要保护与教育的孩子,对他们的裁判和管束,既不是对罪与非罪的判断,也不是非刑罚处罚方式,而是一种强制教育措施。但我国许多学者对少年法院的认识仅停留在儿童作为特殊群体应与成人相分离上,并将少年法院定位为处理少年刑事案件或少年犯罪的机构,这是根本性错误。

因此,以亲权为中心的家事审判或儿童处遇的特殊性就在于其理念和诉讼结构已经超越了简单的刑事与民事二元对立的框架,在法律关系上也突破了双方当事人的博弈。民国时期围绕着儿童的抚育护养与教育惩戒而展开的法律实践涉及国家、父母和儿童三个主体之间的互动。当父母亲权出现缺失或是以明示和暗示的方式表达出亲权行使失败时,国家就会以"大家长"的身份接手儿童的护养和教育之责。这

---

① 参见尹琳:《日本少年法研究》,中国人民公安大学出版社2005年版,第172页。

② See Peter C. Kratcoski and Lucille Dunn Kratcoski, *Juvenile Delinquency*, 4th ed, NewJersey, Prentice Hall, 1995, p. 285.

对于父母意味着亲权的剥夺,对于儿童来说可能是带有部分强制色彩的保护与教育,对于社会则可起到防卫之效。

国家权力在亲权关系中所扮演的角色在一定程度上是积极的,超越了普通民事关系的固有定式。这固然是因为未成年儿童并没有提出法律请求的能力,在父母缺位或不适格的情况下,也难以找寻处于平等法律关系的告诉人。但更重要的是,国家作为儿童的最终也是最高监护人,在此时的法律关系中就处于相对方的角色,而不仅仅是中立的裁判者。这种国家公权力机关身担数职且积极主动行使权力的情形与行政裁决颇为类似。现阶段备受中国学者推崇的少年司法,其实并不一定是解决问题的唯一途径。事实上,少年法院在成立之初就颇有争议,即使英美等国以少年法院管辖无人抚养儿童、被忽视儿童,以及不良儿童的相关事务,少年司法权也体现出鲜明的行政化特征。[①] 国际家事法前沿领域亦在讨论“去司法化”(Dejudiciarization)议题。回顾中国近代,围绕亲权所展开的法律实践更是体现出以行政权力(警察局)为主导的鲜明特征。在中国当代亲属法体系建构与家事案件的处理过程中,亲权的上述多面性与特殊性都值得重视与深入探讨。

---

① 参见姚建龙:《长大成人:少年司法制度的建构》,中国人民公安大学出版社2003年版,第32~34页。

《法律和社会科学》
第18卷第1辑,第113~158页

同性恋与法律法规的同心圆结构

罗　彧*

摘要: 在我国的法律法规中直接规制同性恋的条文屈指可数,但其间却存在相当程度的不一致。如果说每个条文适用或不适用于同性恋都有其各自的理由,而它们整体的不一致却显示了背后基于异性恋正统制的同心圆结构。处于圆心的是性交,处于内圈的是性交以外的其他性行为,处于外圈的是与性行为相关的行为。如果只考虑异性恋,相关法条与同心圆的每一层都可以对应起来,而一旦考虑同性恋,法条与同心圆之间的对应关系就被打乱了。与圆心对应的法条完全排除同性恋,与内圈对应的法条部分考虑、部分排除同性恋,而与外圈对应的法条则完全不排除同性恋。这样一种同心圆结构源于对性的刻板理解并导致了法律法规的相对凌乱,然而,无论同性恋权益机构还是法学家都因为各自的理由对修法难以达成一致。

关键词: 法律法规　同性恋　异性恋正统制　同心圆结构　性的刻板印象

---

* 哈佛大学法学院法律科学博士候选人。感谢 Jeannie Suk Gersen 教授、Jane Bestor 博士在本文写作的不同阶段提出的有益建议。

一、导　论

《中华人民共和国刑法修正案(九)》(以下简称《刑法修正案(九)》)的一处重要修订是将强制猥亵的受害对象从妇女扩大至他人。由于该项修正回应了学界多年以来的呼吁,从《刑法修正案(九)》草案公布到现在,学界的讨论基本集中于论证该项修正的必要性、解析具体案例中的法律适用,以及建议将强奸罪的受害对象也扩大至他人。① 然而,有一个非常重要的问题被忽略了:为什么仅有强制猥亵扩大了受害对象?学者提及这个问题时通常以"实际情况"一笔带过,②但"实际情况"已经被问题化了很多年,③这样的说法与其说是解释,不如说是遮蔽了问题。

本文无意对这个问题进行全面解读——这样的尝试不仅需要梳理相关罪名的历史,需要综合运用跨学科的方法,可能还需要进行相当程度的深度访谈。本文的目的仅在于论证,由于刑法以及其他法律法规对同性恋者/同性性行为的存在未予以系统考虑,对性(sexuality)的理解和想象也比较保守,这些法律法规在应对实际生活时有些捉襟见肘;深入分析这些相互不一致的法律法规,可以看到背后是一种基于异性

① 参见赵俊甫:《猥亵犯罪审判实践中若干争议问题探究——兼论〈刑法修正案(九)〉对猥亵犯罪的修改》,载《法律适用》2016年第7期;单吟:《从强制猥亵妇女罪的修改论强奸罪犯罪对象范围的扩大》,载《法制与社会》2015年第3期。

② 在全国人大常委会法制工作委员刑法室编著的法条释义的著作中提及的原因是"妇女、儿童虽然是猥亵行为的主要受害群体,但实践中猥亵男性的情况也屡有发生,猥亵14周岁以上男性的行为如何适用刑法并不明确,对此,社会有关方面多次建议和呼吁,要求扩大猥亵罪的适用范围,包括猥亵14周岁以上男性的行为,以同等保护男性的人身权利"。臧铁伟、李寿伟主编,全国人大常委会法制工作委员刑法室编:《中华人民共和国刑法修正案(九)条文说明、立法理由及相关规定》,北京大学出版社2016年版,第97页。

③ 例如,早在1999年《羊城晚报》就报道过男性之间同性强奸的案例,并对其无法入刑提出了质疑。参见阳林、陈科:《男上司"强奸"男下属　无法定罪仅拘留10天》,1999年10月18日,载 http://news.sina.com.cn/society/1999-10-18/23140.html,2019年7月14日最后访问。

恋正统制(heteronormativity)的“同心圆结构”;具体到强制猥亵,无论其修法之前与其他罪名的龃龉还是修法进度与其他罪名的差异均可以从这个角度进行解读。

(一)本文的核心论点

在我国的法律法规中直接提及同性恋者/同性性行为的条文屈指可数,直接规制同性恋者/同性性行为的条文也寥寥无几,但令人惊讶的是,这些为数不多的条文却存在相当程度的不一致。在细细考察每一个条文之后,我们可以看到,每个条文适用于同性恋者/同性性行为的方式都有其背后的理由。那么,这些个别的理由如何导致了整体的不一致?这些不一致是否有可能在一个更大的框架中得到理解?

作者力图表明,我国法律法规对同性恋者/同性性行为的规定存在同心圆结构:处于圆心的是作为性行为的一种性交,处于内圈的是性交以外的其他性行为,处于外圈的是与性行为相关的行为。每一层都对应一些法条(例如圆心对应强奸、婚外同居等相关规定,内圈对应强制猥亵等相关规定,外圈对聚众淫乱、媒体、疾控等相关规定)。如果只考虑异性恋者/异性性行为,法条与每一层都可以对应起来,而一旦考虑同性恋者/同性性行为,法条与同心圆之间的对应关系就被打乱了。大致来说,与圆心对应的法条完全不考虑同性恋者/同性性行为,与内圈对应的法条考虑了一部分,而与外圈对应的法条则几乎全部考虑了。同心圆结构清楚地表明我国法律法规对于性的理解非常刻板,政府无论对同性恋身份还是同性性行为都没有系统而清晰的理解。

这样一种同心圆结构导致法律法规的相对凌乱,一方面使得危害社会的同性性行为(例如同性强奸)不能得到正确处理,另一方面也阻碍了对同性恋者的法律保护。然而吊诡的是,无论同性恋权益机构还是法学家都因为各自不同的理由极难对修法达成一致意见,哪怕是方向性意见。

(二)术语使用和批评立场

首先澄清以下几个术语的使用问题:性(sexuality)、性别(gender)、异性恋正统制(heteronormativity)、同性恋者/同性性行为,以及同性恋。

第一,性(sexuality)、性别(gender)。性与性别研究中的性是指sexuality,但在讨论sexuality之前需要区分sex和gender两个词。Sex通常也翻译成性。按世界卫生组织的定义(这也是性与性别研究的主流用法),sex指男女的生理差异,gender指社会认为男女各自适合的角色、举止等等。①

对于sexuality,我国迄今没有固定的译法,本文简单地翻译成"性"。Sexuality是历史的建构(historical construction),它将性别认同、生理区别、生育能力、性需求、性欲望、性幻想等联系在一起。② 这种联系并非自然而然的,因此说是历史的建构。Sexuality是最为广泛的概念,包括sex和gender的内容,应将其作为心理的、社会的、政治的并且充满冲突现象来理解。③ 早期女权主义或女性主义的研究对象主要是gender,认为对sexuality的研究是对gender的研究的一部分。密歇根大学Gayle Rubin教授在1984年的经典文献*Thinking Sex: Notes for a Radical Theory of the Politics of Sexuality*中提出,要将对sexuality的研究从对gender的研究中分离出来。④ 其后,1993年出版、影响巨大的*Lesbian and Gay Studies Reader*一书在序言中重复了这一观点。⑤ 出于本文的目的,作者不再更深入地考察sexuality,只需明确,对于这个词语的内涵和历史来说,同性恋/异性恋的分野有特别重要的意义。本文

① "Sex" refers to the biological and physiological characteristics that define men and women. "Gender" refers to the socially constructed roles, behaviours, activities, and attributes that a given society considers appropriate for men and women. "What do we mean by 'sex' and 'gender'?" http://apps.who.int/gender/whatisgender/en/,2019年7月14日最后访问。需要注意的是,很多非常重要的学者,例如福柯、巴特勒(Judith Butler)、麦金农(Catharine MacKinnon)等,并不是在主流意义上使用sex这个词语。

② See Jeffrey Weeks, *Sexuality*, Second Edition (New York: Routledge 2003), p. 7.

③ See Janet Halley, *Split Decisions: How and Why to Take a Break from Feminism* (Princeton: Princeton University Press, 2006), p. 25.

④ See Gayle S. Rubin, "Thinking Sex: Notes for a Radical Theory of the Politics of Sexuality," in *Pleasure and Danger: Exploring Female Sexuality*, ed. Carole S. Vance (Boston: Routledge and Kegan Paul, 1984), p. 308.

⑤ See Henry Abelove, Michèle Aina Barale, and David M. Halperin, ed., *Lesbian and Gay Studies Reader* (New York: Routledge, 1993), pp. xv – xvi.

使用的“性”这个词均指 sexuality 而非 sex。

第二，异性恋正统制(heteronormativity)。仅从字面含义就可以看出，这个词指的是将异性恋作为正统规范的一系列实践。① 在后文中我们将会看到，很多法律条文以及学者的讨论都基于未曾言明的该等假设。

第三，同性恋者/同性性行为。作者有意识地并置这两个词语，主要目的是避免卷入什么是同性恋的争论——对于本文意图解决的问题，仔细界定什么是同性恋者、什么是同性性行为并无太大必要。同性恋者/同性性行为的提法基于性与性别研究上关于身份/行为(identity/behavior)的著名二分——同性性行为是跨文化、跨时代的，而同性恋身份是近代才出现的。② 此二分涉及另一项旷日持久的争论：什么是同性恋？

关于什么是同性恋者，有另一对相关的二分：本质主义(essentialism)和建构主义(constructionism)，关于同性恋的研究基本都逃不开对该二分的讨论。简单地说，前者认为历史上一直存在同性恋者，只是没有使用这个词语来称呼他们，同性恋者的概念只是命名一个既存类别的过程；后者认为按照性倾向把人们进行分类是近代社会的发明，提出这个概念是创造一个新类别的过程。③ 著名历史学家 John Boswell 提出过一个界定同性恋的影响很大的概念，即简单地将同性恋者定义为性欲望主要投向相同性别的人群。④ 但即使是这么一个宽松的概念也不是

① See Karen E. Lovaas and Mercilee M. Jenkins, "Introduction: Setting the Stage", in *Sexualities & Communications in Everyday Life: A Reader*, ed., Karen E. Lovaas and Mercilee M. Jenkins (Thousand Oaks: Sage Publications, 2007), p. 8.

② See Robert Padgug, "Sexual Matters: On Conceptualizing Sexuality in History", in *Forms of Desire: Sexual Orientation and the Social Constructionist Controversy*, ed. Edward Stein (New York: Garland, 1990), p. 43.

③ 一般认为，前者的代表人物是 John Boswell，后者的代表人物是福柯。

④ "I would now define 'gay persons' more simply as those whose erotic interest is predominantly directed toward their own gender (i. e., regardless of how conscious they are of this as a distinguishing characteristic)." John Boswell, "Revolutions, Universals, and Sexual Categories", in *Hidden from History: Reclaiming the Gay & Lesbian Past*, ed. Martin Duberman, Martha Vicinus, and George Chauncey, jr. (New York: Meridian, 1989), p. 35.

没有问题的,例如,Laud Humphreys 在其里程碑著作 *Tearoom Trade: Impersonal Sex in Public Places*[①] 中研究的随意发生同性性行为的人属于同性恋者吗? 一般认为本质主义的代表人物是 John Boswell,而建构主义最有名的代表人物是福柯。福柯在《性史》中有一个非常著名的说法:通过一系列权力的运作,同性恋者直到 19 世纪才成为一个种类(species),而在这之前,只有同性性行为。[②]

由以上介绍可以看出,对于什么是同性恋者,关键点在于同性恋者和同性性行为之间的关系:有同性性行为的人就是同性恋者吗? 或者说更倾向于同性性行为的人是同性恋者吗? 同性恋者是否一定需要有同性性行为? 只是性欲望可以吗? 在多大程度上对同性有性欲望可以被称为同性恋者? 同性性行为和对同性的性欲望是择一的关系吗?

本文不打算深入讨论这些问题,而是采用并置同性恋者/同性性行为的方法来避开这些问题。当作者使用"同性恋者/同性性行为"的时候,意指该处可能涉及的是同性恋者,也可能是同性性行为。在极少数的地方,如果语境非常明确,作者会单独使用"同性恋者"或"同性性行为"。

例如,《刑法修正案(九)》将男性之间的强制猥亵首次纳入了刑法的规制范围,可能很多人想当然地认为《刑法修正案(九)》指的是同性性行为,然而,在下文的讨论中我们将看到,虽然刑法条文指的是同性性行为,学者在对该罪名进行讨论时却不断地指向同性恋者。再如,最高人民法院《关于适用〈中华人民共和国婚姻法〉若干问题的解释(一)》[以下简称《婚姻法司法解释(一)》]规定,有配偶者与他人同居是指"有配偶者与婚外异性,不以夫妻名义,持续、稳定地共同居住。"这里字面上完全没有提及同性恋,但缺席的不仅是同性恋者,还包括同性性行为。在下文的讨论中我们也会看得很清楚。如果说在前一个例子中,同性性行为是固定的存在、同性恋者是不固定的存在,在后一个

① See Laud Humphreys, *Tearoom Trade: Impersonal Sex in Public Places* (London: Duckworth, 1970).

② See Michel Foucault, *The History of Sexuality*, *Volume* 1: *An Introduction*, trans. Robert Hurley (New York: Vintage, 1990), p. 43.

例子中，两者可能同时存在也可能择一存在。正是因为这些情况的复杂性，作者在绝大部分语境中使用了同性恋者/同性性行为。

第四，同性恋。作者在这里并非要界定什么是同性恋，而是要澄清这样一个问题：为什么本文使用同性恋这个词而不是其他词，例如同志、LGB（lesbian、gay 和 bisexual 的合称）、[①]MSM（men who have sex with men）、WSW（women who have sex with women）[②]等等？显然，这样一个问题更可能由性与性别研究的学者而不是法学的学者提出。这个问题的潜台词是：同性恋这个词语在中国与病理化的历史脱不了干系，具有很强的负面含义，[③]使用这个词语来讨论法律法规的规定是否会导致对同性恋社群的进一步污名化（stigmatization）？[④]

浅层的、技术性的回答有两个：其一，因为作者的讨论不断地指向身份/行为的二分（同性恋者/同性性行为），其他词语在表达上没有这么顺畅；其二，法学研究中使用同性恋而非同志是通行做法。

深层次的回答也有两个，同时也涉及本文批评的立场。其一，每个词都有自己的历史，使用时都会碰到和“同性恋”同样的问题。没有什么术语的选择是不需要解释的。“同志”一词具有强烈的政治意味，[⑤]“LGB”一词在中国语境下有中产阶级的含义，[⑥]MSM/WSW 看似专指同性性行为，一些重要的学者却不断批评这两个词语也具有了身份的含义[⑦]等

---

① 更常见的表达是 LGBT（T 指 transgender），由于本文不讨论跨性别，这里只使用 LGB。LGB 也是通行的缩写，虽然使用没有 LGBT 广泛。

② MSM 和 WSW 是通行的缩写。

③ See Chou Wah-shan, *Tongzhi*: *Politics of Same-sex Eroticism in Chinese Societies* (New York: Haworth Press, 2000), pp. 49 – 50; Wenqing Kang, *Obsession*: *Male Same-Sex Relations in China*, 1900 – 1950 (Hong Kong: Hong Kong University Press 2009), pp. 41 – 59.

④ 对污名的经典讨论，参见 Erving Goffman, *Stigma*: *Notes on the Management of Spoiled Identity* (New York: Simon & Schuster, 1963)。

⑤ Chou Wah-shan, *Tongzhi*: *Politics of Same-sex Eroticism in Chinese Societies* (New York: Haworth Press, 2000), pp. 1 – 4.

⑥ See Sun Zhongxin, James Farrer, and Kyung-hee Choi, "Sexual Identity and Men Who Have Sex with Men in Shanghai", *China Perspectives* 64 (2006), p. 5.

⑦ See Aziza Ahmed, "'Rugged Vaginas' and 'Vulnerable Rectums': The Sexual Identity, Epidemiology, and Law of the Global HIV Epidemic", *Columbia Journal of Gender and Law* 26, No. 1 (2012), p. 37.

等。有一些同性恋社群的通用词,如"基""拉拉"等由于各自的原因,也不适合使用在本文中。例如"基"出自"搞基",仅指男同性恋者,由于"基友"一词的出现模糊了性倾向的含义;[①]"拉拉"仅指女同性恋者,是由"lesbian"一词在台湾的翻译(拉子)变形过来的。[②] 更为重要的是它们都是口语化的表达,并不适合作为本文的术语。

其二,作者有意识地使用同性恋一词有重置(reclaim)该词语的意图。[③] 下文将会提到,本文属于"进步主义"的批评(progressive critique),在性与性别的研究传统中属于左派批评(left critique),有意识地使用"同性恋"一词是符合该批评传统的。顺便提及,出于同样的原因,本文不会使用男同、女同等委婉表达。男同、女同是男同性恋者、女同性恋者的缩写,虽然表达上比较委婉,但是,从本文的批评立场来看(需要强调的是,从其他立场来看男同、女同的表达可能是积极的[④]),这样的使用方法背后有异性恋正统制的影子,实质是要求同性恋者掩饰(covering)。"掩饰"区别于"冒充"(passing),这二者的区别最先由社会学家 Erving Goffman 详细讨论,[⑤]后因耶鲁大学法学院教授 Kenji Yoshino 的畅销书 *Covering: The Hidden Assault on Our Civil Rights*[⑥] 而广为人知。对于同性恋者来说,冒充是要求其不要暴露性倾

---

① 参见魏伟:《酷读中国社会:城市空间,流行文化和社会政策》,广西师范大学出版社2015年版,第141~166页。

② See Lucetta Yip Lo Kam, *Shanghai Lalas: Female Tongzhi Communities and Politics in Urban China* (Hong Kong: Hong Kong University Press, 2013), p. 117.

③ 近年来我国同性恋群体在媒体上的能见度大幅增加,媒体通常在中性意义上使用"同性恋"一词。某些报道通篇都使用了积极正面的口吻,但这并不妨碍他们持续使用"同性恋"一词。例如陈轶男:《同性恋情侣为领证状告民政局　婚礼如期举行》,2016年5月18日,载 http://news.sina.com.cn/o/2016-05-18/doc-ifxsehvu9135047.shtml,2019年7月14日最后访问。从这个角度,重置"同性恋"一词并非不可能的任务。

④ 例如,在不是专门讨论同性恋的著作或文章中,如果提到同性恋的例子,并且在中立或积极意义上讨论,使用男同、女同可能比使用同性恋者更好。

⑤ See Erving Goffman, *Stigma: Notes on the Management of Spoiled Identity* (New York: Simon & Schuster, 1963), pp. 73 – 104.

⑥ See Kenji Yoshino, *Covering: The Hidden Assault on Our Civil Rights* (New York: Random House, 2006), pp. 50 – 110. 该书已有中文版:[美]吉野贤治:《掩饰:同性恋的双重生活及其他》,朱静姝译,清华大学出版社2016年版。

向,而掩饰则是在大家对其性倾向心知肚明的情况下要求其不要表现得太明显。由于男同、女同的表达尚未获得独立于缩写之外的含义,作为委婉表达,使用者需要自觉明确其背后的权力结构。基于本文立场作者不会使用委婉表达。

那么什么是本文的立场?上面已经提到,本文的立场是进步主义(progressivism),与保守主义(conservativism)相对应,属于性与性别研究传统中的左派批评。该立场强调性别平等、性倾向平等,并认为国家应当通过法律和政策推进平等,其中比较温和地强调形式平等,而激进的则强调实质平等。[①] 这里举两个例子来说明本文的立场。

众所周知,我国刑法上的强奸罪仅有男性强奸女性一种形式,然而,本文在使用"强奸"一词时,均在性与性别中立的基础上使用(除非根据上下文指刑法条文所说的强奸)。这里的问题是:如果法律人都知道我国强奸罪的强奸只限于男性对女性,那么,在性与性别中立的意义上使用"强奸"有什么意义?一个比较弱的回答是:即便刑法上的"强奸"一词已有很长历史,新闻报道中仍然在不断地使用同性强奸、男男强奸等字样,[②]学术研究也不例外,[③]这说明刑法的规定至少不符合一部分人的认知,因此,在不同的意义上使用"强奸"一词具有反思的意义。一个比较强的回答是:刑法上定义的强奸基于过时的、保守的性与性别的观念,当代性与性别的研究(无论国外还是国内)已远远超越了这种观念。性与性别的现代观念已经影响到很多国家和地区的立法,在美国、法国、挪威、西班牙、我国台湾地区等很多国家和地区,强奸

---

① See Duncan Kennedy, "Three Globalizations of Law and Legal Thought: 1850 - 2000," in *The New Law and Economic Development: A Critical Appraisal*, ed. David Trubek and Alvaro Santos (New York: Cambridge University Press, 2006), p. 64.

② 参见邹浩:《男性被同性强奸无法治罪　呼吁扩大强奸罪内涵》,2011 年 1 月 6 日,载 http://news.southcn.com/dishi/jiangmen/ttxw/content/2011-01/06/content_19067747.htm,2019 年 7 月 14 日最后访问。

③ 参见骆婷婷:《浅议我国男性间同性强奸的法律空白》,载《法治论坛》2013 年第 1 期。

罪早已不限于男性强奸女性。① 如果学者仅仅进行法律释义,会阻碍我们认清现实和改变法律。由上述,本文有意识地在性与性别中立的意义上使用“强奸”一词——这代表着作者的立场。

第二个例子涉及本文标题中的“不一致”。这里的不一致是指基于作者立场的不一致,而非法律法规的规定之间直接存在冲突。继续对比男性强奸女性和男性强奸男性。在《刑法修正案(九)》之后,男性之间的强奸将以强制猥亵、侮辱罪来定罪量刑,这有问题吗?基于保守主义的解释可能认为没有问题。从形式上他们可以争辩,(1)《刑法修正案(九)》已经弥补了法律漏洞,男性之间的强奸已经不能逃脱刑法制裁;(2)法律词语的含义是由法条定义的,将男性强奸女性定义为强奸、男性强奸男性定义为强制猥亵没有任何障碍;从实质上他们可以争辩,(1)社会对于强奸存在刻板印象(stereotype),主要指男性强奸女性,法条的定义是合理的;(2)男性强奸女性与男性强奸男性的危害不一样,例如女性有因强奸而处女膜破裂、怀孕的风险,女性在生理、心理上受到的伤害与男性不同等等(这个清单几乎可以无限列举下去)。然而,根据本文进步主义的立场,男性强奸女性属于强奸而男性强奸男性属于强制猥亵是法律法规的不一致。从形式上说,强奸和猥亵的刑罚不相同,法律词语的含义应当考虑实际生活的变化;从实质上说,近年来社会上已有大量的男性之间强奸的报道——这并不是说以前这样的情况不存在,而是说在近年它被问题化了,危害的不同在本例中并不是入罪方式和刑罚不同的适当理由,从根本上说还是因为刑法上定义的强奸基于过时的、保守的性与性别的观念。

第二个例子对于“立场”一词有非常充分的阐释。我们并不能认

① 例如,在美国、法国、挪威、西班牙等国家,强奸不受性别限制,也不受阴道交的限制。男性强奸男性、女性强奸女性、女性强奸男性都可以构成强奸,肛交、口交也可以构成强奸。对这些国家规定的引述可参见胡宇鹏:《男性间同性强奸时被害人权利保护问题之探究》,载《法制与社会》2009年第34期。这里只引述我国台湾地区“刑法”的规定:“称性交者,谓非基于正当目的所为之下列性侵入行为:一、以性器进入他人之性器、肛门,或使之结合之行为。二、以性器以外之其他身体部位或器物进入他人之性器、肛门,或使之结合之行为。”

为哪个解释是错误的,也不能认为哪个解释比另一个解释绝对的更有道理。在这样的情形下,起作用的是立场。这也是为什么作者强调本文批评立场的原因。

(三)本文的结构

本文首先简要梳理我国法律法规对于同性恋者/同性性行为的规定(既包括刑法的规定,也包括其他法律法规的规定)。之后,作者将分析法律法规的不一致之处以及每一处冲突背后的逻辑。接下来作者力图从更高的层面揭示该等不一致所遵从的同心圆结构。本文最后一部分将讨论同心圆结构的后果以及在目前情况下任何解决该问题的企图将会碰到的悖论。

值得注意的是,现有文献在探讨涉及同性恋者/同性性行为的法律法规(尤其是刑法)时,绝大多数不自觉地用男同性恋者/男男性行为代替了同性恋者/同性性行为。① 从较重的角度说,这是受到男权思想的影响;从较轻的角度说,这是因为论者对女同性恋者/女女性行为缺乏了解和关注。本文在每一个细节上都会同时考虑男性和女性。读者很容易注意到,在将女同性恋者/女女性行为纳入考虑之后,我们对问题的认识和理解将会发生多大的改变。最后,本文不讨论涉及儿童的规定。

二、我国涉及同性恋者/同性性行为的规定

(一)1949~1978年

考虑到众所周知的时代背景,毫不奇怪,这个阶段仅有一个法规涉及同性恋者/同性性行为。1957年《最高人民法院关于成年人间自愿鸡奸是否犯罪问题的批复》指出,“关于成年人间自愿鸡奸是否犯罪,有待立法解决;在法律尚无明文规定前……我们认为以不办罪为宜”。

---

① 参见何东平:《同性性行为相关问题公法适用的冲突及评价》,载《中南大学学报》(社会科学版)2012年第2期。

需要指出的是,尽管该批复从未被废止,自愿鸡奸入刑却并不罕见。事实上,在“文化大革命”期间这样的情形时有发生。①

(二)1978年至今

十一届三中全会后,我国进入了大规模立法时代。本节将按刑事、民事、行政的顺序梳理涉及同性恋者/同性性行为的法律法规。②

1.刑事

我国第一部《刑法》于1979年制定,其中第160条规定了流氓罪:“聚众斗殴,寻衅滋事,侮辱妇女或者进行其他流氓活动,破坏公共秩序,情节恶劣的,处七年以下有期徒刑、拘役或者管制。”该条列举的4种流氓活动中,可能涉及同性恋者/同性性行为的是后两项:侮辱妇女和其他流氓活动。1984年《最高人民法院、最高人民检察院关于当前办理流氓案件中具体应用法律的若干问题的解答》(以下简称《流氓罪解答》)对每一项流氓活动进行了细化,就后两项来说,侮辱妇女包括侮辱和猥亵两种方式,其他流氓活动包括聚众淫乱以及某些类型的鸡奸。

人们提到猥亵妇女时,头脑中的刻板印象多是男性对女性的猥亵。然而,猥亵妇女在实践中也涵盖了女性之间非自愿的同性性行为(下一部分将会分析其中的原因)。关于她们自愿的同性性行为作者未查阅到相关的入刑记录。

对于男性之间的鸡奸,《流氓罪解答》的原文是“鸡奸幼童的;强行

① 参见李银河:《同性恋亚文化》,今日中国出版社1998年版,第382~383页。

② 需注意的是,一些引发了广泛讨论和争议的行业规定和技术性规范不属于法律法规。行业规定方面,例如中国互联网协会于2004年制定的《互联网站禁止传播淫秽、色情等不良信息自律规范》要求互联网不得传播淫秽信息,包括猥亵性地具体描述同性性行为的信息内容。中广联合会电视制片委员会和中国电视剧制作产业协会于2015年制定的《电视剧内容制作通则》要求电视剧中不得“表现和展示非正常的性关系、性行为,如……同性恋”。中国网络视听节目服务协会于2017年制定的《网络视听节目内容审核通则》对网络视听节目有完全相同的规定。技术性规范方面,2001年,同性恋从《中国精神障碍分类与诊断标准第3版》(CCMD-3)中移除,通常这被视为我国同性恋非病理化的标志。2009年《变性手术技术管理规范(试行)》要求,手术前患者必须经心理学专家测试,证明其心理上性取向的指向为异性。

鸡奸少年的;或者以暴力、胁迫等手段,多次鸡奸,情节严重的"。该条字面上只规制男性之间非自愿的同性性行为,然而在实践中,男性之间自愿的同性性行为也有很多按流氓罪处罚的案例。① 从法律技术上讲有如下原因:(1)《流氓罪解答》非常明确,其列举的流氓行为只是举例,而非穷尽;(2)1979 年《刑法》第 79 条有类推适用的规定,进一步加剧了不确定性;②(3)在《流氓罪解答》出台半年前,地方政法委和全国人大常委会法制工作委员会之间曾有过内部交换意见,一般性地认为鸡奸可以按流氓罪追究刑事责任。③ 在法律实践和法律技术的共同作用下,人们很容易形成同性性行为会按流氓罪处罚的印象。④

1997 年,新刑法废除了流氓罪,通常这被视为我国同性恋非罪化的标志,然而,有学者强有力地指出,所谓的非罪化是后来同性恋权益活动家的建构;同性恋非罪化是立法者意图之外的后果。⑤

---

① 参见张北川:《同性爱》,山东科学技术出版社 1994 年版,第 633 ~ 636 页;Teemu Ruskola,"Law, Sexual Morality, and Gender Equality in Qing and Communist China", *Yale Law Journal* 103 (1994), p. 2561; John Balzano,"Toward a Gay-Friendly China?: Legal Implications of Transition for Gays and Lesbians", *Law & Sexuality* 16 (2007), p. 29.

② 埃默里大学 Teemu Ruskola 教授认为(1)和(2)是导致男性之间自愿的同性性行为按流氓罪处罚的原因。See Teemu Ruskola,"Law, Sexual Morality, and Gender Equality in Qing and Communist China", *Yale Law Journal* 103 (1994): 2561.

③ 在全国人大常委会法制工作委员会刑法室编著、针对 1979 年《刑法》的《刑事法律适用手册》中提到:"关于对鸡奸行为如何定罪处刑,刑法没有具体规定,1984 年 5 月 25 日大连市委政法委员会就此问题征求法制工作委员会的意见,法制工作委员会刑法室经研究认为:对这个问题在起草刑法中研究过。这种行为虽有一定的危害性,但不宜单列罪名。对这种行为一般可以由行政处理;情节严重的,可以按流氓罪追究刑事责任。上述意见属内部交换意见,可供执法机关在办案中参考。"全国人大常委会法制工作委员会刑法室李淳、王尚新、李淑琴、黄太云编著:《刑事法律适用手册 刑事办案 551 问》,人民法院出版社 1994 年版,第 188 页。

④ 早在 20 世纪 80 年代初期就有刑法学者注意到了这个问题。"确定某种行为为流氓活动,必须符合流氓活动的基本特征,否则就不应以流氓活动论处。……男子之间自愿发生的鸡奸行为等,虽然是不正当的,但不是出于流氓动机故意破坏公共秩序,不应以流氓活动罪论处。不考虑流氓活动罪的本质特征,随意把任何不良行为或违法行为都当作流氓活动罪惩处,从而不适当地扩大流氓活动罪的范围,是不符合法律精神的。"法学教材编辑部、《刑法学》编写组,高铭暄主编:《刑法学》,法律出版社 1982 年版,第 525 页。遗憾的是,学者的呼吁并不等同于法院的实践。

⑤ 参见郭晓飞:《中国法视野下的同性恋》,知识产权出版社 2007 年版,第 49 ~ 103 页。

新刑法包括了一些性犯罪,如强奸罪、强制猥亵、侮辱(妇女)罪、[①]聚众淫乱罪、组织卖淫罪等等,但它们是否适用于同性性行为并非一目了然。典型的例子是组织同性卖淫:直到2004年人大常委会下属专业委员会作出口头答复,组织同性卖淫按照组织卖淫定罪量刑才一锤定音。本文下一部分将会对它们逐一进行分析。

2. 民事

2001年修订的《婚姻法》并未考虑同性恋者。根据该法第46条,与他人同居可以作为离婚理由之一,并且无过错方可以请求损害赔偿。然而,同年《婚姻法司法解释(一)》,明确有配偶者与他人同居是指"有配偶者与婚外异性,不以夫妻名义,持续、稳定地共同居住"这样的规定导致与同性同居不能直接证明夫妻双方已经感情破裂,也使得无过错方很难取得损害赔偿。

3. 行政

(1)卖淫。2001年《公安部关于对同性之间以钱财为媒介的性行为定性处理问题的批复》指出,同性之间的卖淫嫖娼行为,包括口淫、手淫、鸡奸等行为,也属于卖淫嫖娼行为(需注意的是,该批复废止了公安部1995年将卖淫嫖娼限定于男女之间的批复)。2003年《公安部关于以钱财为媒介尚未发生性行为或发生性行为尚未给付钱财如何定性问题的批复》重复了这个观点(2001年和2003年的两个批复合称《同性卖淫规则》)。2005年《治安管理处罚法》包含了卖淫嫖娼、猥亵他人的禁止性规定。实践中,同性之间的卖淫嫖娼和猥亵可能按该办法处罚。

(2)媒体。根据1988年《关于认定淫秽及色情出版物的暂行规定》和2005年《关于认定淫秽与色情声讯的暂行规定》(均现行有效),猥亵性地具体描述同性性行为的出版物和声讯属于淫秽物品。1996年《音像制品内容审查办法》(已于2010年失效)曾列明,猥亵性地具体描述同性性行为的,禁止出版、复制、进口、发行。在电影行业中,1997年《电影审查规定》和2008年《广电总局关于重申电影审查标准的通知》(分别于2006

---

① 《刑法修正案(九)》之前,该罪罪名为强制猥亵、侮辱妇女罪,《刑法修正案(九)》之后罪名改为强制猥亵、侮辱罪。作者使用强制猥亵、侮辱(妇女)罪来同时指代二者。

年和2010年失效)曾要求删剪、修改出现同性恋的情节、语言和画面。

(3)疾控。许多与疾病控制[①]相关的法律法规都提到了同性恋者/同性性行为,其中大多数法律法规只是将同性恋者列为高危人群的一类(例如2006年《艾滋病防治条例》),少数几个法规提及要对同性恋者进行健康教育和行为干预[例如2005年《高危行为干预工作指导方案(试行)》]。

(4)监狱。1990年《罪犯改造行为规范》(已于2004年失效)曾禁止囚犯之间的同性性行为。

以上梳理主要是为不熟悉同性恋法律法规的读者提供足够的背景,并非每一个法律法规都会在接下来的讨论中被提及——但即使是上述非常粗线条的概述也足以让我们得出如下的结论:首先,相关法律法规的数量极少;其次,除了少数几个疾控规定提及了健康教育和行为干预之外,其他法律法规都不是赋权性质的。同性恋的非罪化并未使政府将同性恋者作为权利主体加以对待,同性恋的非病理化也不能阻止一些法规继续将同性恋表述为异常。

三、法律法规之间的不一致及其理由

表1列出了本部分重点讨论的法律法规。

表1

年份	简称	是否现行有效	备　注
1979	《刑法》	否	流氓罪的规定导致同性性行为入刑
1984	《流氓罪解答》	否	鸡奸字面上只规制涉及未成年人的或涉及暴力、胁迫的鸡奸,然而实践中也规制自愿的男同性性行为

① 相关疾病包括艾滋、乙肝、淋病、梅毒等,但主要是针对艾滋病。疾病控制包括献血、捐精、心理咨询等。

续表

年份	简称	是否现行有效	备　注
1997	《刑法》	是	废除了流氓罪,一般被认为是同性恋非罪化的标志
2015	《刑法修正案(九)》	是	将强制猥亵的对象由妇女扩大至他人
2001	《婚姻法》	是	未考虑同性恋者
2001	《婚姻法司法解释(一)》	是	与同性同居不构成直接的离婚理由和请求损害赔偿的理由
2001 2003	《同性卖淫规则》	是	同性之间的卖淫嫖娼行为也属于卖淫嫖娼
2004	《对组织同性卖淫的口头答复》	是	组织同性卖淫比照组织卖淫罪定罪量刑
2005	《治安管理处罚法》	是	实践中规制同性卖淫和同性猥亵

本部分讨论三组法律法规之间的不一致:首先是性犯罪规定之间的不一致,其次是《刑法》和《婚姻法》中对"他人"理解的不一致,最后简要论及《治安管理处罚法》与《刑法》的不一致。

(一)性犯罪[①]规定之间的不一致

以下讨论强奸罪(《刑法》第 236 条),强制猥亵、侮辱罪(《刑法》第 237 条),聚众淫乱罪(《刑法》第 301 条),组织卖淫罪、强迫卖淫罪、协助组织卖淫罪(《刑法》第 358 条)、引诱、容留、介绍卖淫罪(《刑法》第 359 条)以及传播性病罪(《刑法》第 360 条)。须提请注意的有两点:其一,本文只讨论直接、单独正犯;[②]其二,本文在性与性别中立的基础上使用强奸、猥亵这两个词,即包括男性对女性、女性对男性、男性对男性、女性

① 学界对于性犯罪的范围并没有统一的理解。参见刘芳:《中国性犯罪立法之现实困境及其出路研究》,东北大学出版社 2015 年版,第 7～10 页。作者无意卷入该等讨论。由于本文从同性恋者/同性性行为的角度进行考察,作者只选取与本文论点有关的法条。

② 例如在强奸罪中,女性可以与男性共同实施强奸行为,可以成为强奸罪的共犯(教唆犯、帮助犯),也可以构成强奸罪的共同正犯。参见张明楷:《刑法学》(第 5 版),法律出版社 2016 年版,第 868 页;周光权:《刑法各论》(第 3 版),中国人民大学出版社 2016 年版,第 32 页。

对女性4种形式(除非根据上下文应指刑法意义上的强奸和强制猥亵)。

1. 从同性角度考察各罪名

(1)强奸罪。根据《刑法》第236条,强奸罪的受害对象是妇女和幼女,因此男性强奸男性不是强奸罪的规制对象。这里存在两个例外:如果强奸者误以为受害人是女性而实施强奸,可能被判处强奸未遂;①如果强奸者对受害人造成了身体伤害,可能按故意伤害罪处刑。② 除受害对象有性别限制外,一般认为强奸者应限定为男性,③因此女性强奸女性不属于强奸罪的规制范围。实践中目前虽然有女性强奸女性的报道,④但尚未有过判例。

(2)强制猥亵、侮辱罪。⑤《刑法修正案(九)》之前,强制猥亵的受害人限于妇女和儿童;《刑法修正案(九)》将妇女扩大至他人,从而男性也可能成为强制猥亵的受害人。就同性之间的强制猥亵来说,男性对男性的强制猥亵在《刑法修正案(九)》之前不属于该条的规制范围,《刑法修正案(九)》将其纳入,而女性对女性的强制猥亵无论在《刑法修正案(九)》之前还是之后都属于该条规制的范围。⑥ 此外,如前所述,强奸罪不能规制同性之间的强奸,同性强奸可能按本条定罪量刑。

《刑法修正案(九)》未修改涉及强制侮辱的部分,受害人仍限于妇女。

---

① 参见老怀:《尴尬的同性"强奸案"背后》,《四川法制报》2010年11月19日,第1版。

② 参见陈博:《男保安"强奸"男同事 被判伤害》,2011年1月5日,载http://www.bjnews.com.cn/news/2011/01/05/95914.html,2019年7月14日最后访问。

③ 参见郭自力主编:《中国刑法论》(第6版),北京大学出版社2016年版,第351页;周光权:《刑法各论》(第3版),中国人民大学出版社2016年版,第32页。

④ 实践中有一些女性强奸女性的报道,但没有任何一例以强奸罪诉至法院。在一个案例中,受害者被一位女性以手指强奸。她曾向公安局报案,但未能立案,因警方认为强奸者只能是男性。参见刘砥砺:《遭女同事性侵女子难讨说法》,载《羊城晚报》2010年11月5日,第A9版。该报道提及,受害人准备提起刑事自诉。由于缺乏后续报道,我们无法得知该案是否最终按强制猥亵处理。

⑤ 应注意的是该罪的罪名具有误导性。根据《刑法》第237条的规定,强制猥亵的受害人是他人,而强制侮辱的受害人只能是妇女,因此,"强制猥亵、侮辱罪"虽然不能说与条文不一致,却有一些误导性。赵秉志教授建议将罪名分解为强制猥亵罪和强制侮辱妇女罪。参见赵秉志:《当代刑法问题新思考》,中国法制出版社2015年版,第131~132页。

⑥ 参见周光权:《刑法各论》(第3版),中国人民大学出版社2016年版,第36页;郭自力主编:《中国刑法论》(第6版),北京大学出版社2016年版,第358页。

虽然我国刑法上另有侮辱罪(第246条),然而两个罪名是不同的。第237条强制侮辱的侮辱与性直接相关,[①]而第246条侮辱罪的侮辱主要是针对人格和名誉;[②]此外,第246条的侮辱必须是公然进行、告诉才处理,且刑罚轻于第237条。在最高人民法院研究室、最高人民法院刑法修改工作小组办公室编著的《〈刑法修正案(九)〉条文及配套司法解释理解与适用》中解释为,这种区别"与民众的观念直接相关"。[③] 由此,女性对女性的强制侮辱属于该条的规制范围,而男性对男性的强制侮辱则不属于该条规制范围。

(3)聚众淫乱罪。《刑法》第301条规定的聚众淫乱罪是刑法中受批评最多的条文之一。[④] 值得注意的是,无论异性之间还是同性之间的聚众淫乱都属于该条规制的范围。已有不少男同性恋者聚众淫乱的判例,[⑤]但尚未出现女同性恋者聚众淫乱的案例。如果出现女同性恋者聚众淫乱的案例,极有可能适用本条规定。

(4)与卖淫相关的罪名。《刑法》第358条规定的组织卖淫罪最初并不适用于组织同性卖淫。2004年在李宁案中,全国人大常委会下属专业委员会口头答复,"组织男青年向同性卖淫,比照组织卖淫

---

① 参见臧铁伟、李寿伟主编,全国人大常委会法制工作委员刑法室编:《中华人民共和国刑法修正案(九)条文说明、立法理由及相关规定》,北京大学出版社2016年版,第96~97页;郭自力主编:《中国刑法论》(第6版),北京大学出版社2016年版,第358页;周光权:《刑法各论》(第3版),中国人民大学出版社2016年版,第36页。

② 参见郭自力主编:《中国刑法论》(第6版),北京大学出版社2016年版,第364页;周光权:《刑法各论》(第3版),中国人民大学出版社2016年版,第62、64页。值得注意的是,以上著作所举的例子均与性没有关系。

③ "有意见认为,在强制猥亵罪的对象包括男性的情况下,强制侮辱罪不能适应全面保护男性的性尊严和性自主权的需要。法律上应一致保护男女的性权利与性羞耻心,不应对男女在性羞耻心的保护上区别对待,故主张将强制侮辱罪的对象也相应扩展为'他人',以实现对公民权利的平等保护。对此,我们认为,该问题与民众的观念直接相关,强制侮辱妇女的行为有不同于一般侮辱行为的特殊性,对其作出专门规定无不当;而对于侮辱男性的行为,可以适用侮辱罪解决。"沈德咏主编、最高人民法院研究室、最高人民法院刑法修改工作小组办公室编著:《〈刑法修正案(九)〉条文及配套司法解释理解与适用》,人民法院出版社2015年版,第152页。

④ 批评该条文的主要理由包括对身体的自主权、性自由、无受害人、过于道德化等。参见蔡曦蕾:《论聚众淫乱罪的法理缺陷与完善》,载《时代法学》2010年第4期。

⑤ 例如《江苏:南京首例同性聚众淫乱案宣判　四名"同志"被判刑》,2010年10月14日,载http://news.163.com/10/1014/08/6IUNF22800014JB5.html,2019年7月14日最后访问。

罪定罪量刑”。① 李宁案之后，尽管无论全国人大常委会还是最高人民法院都没有作出进一步解释，但男性和男性之间的强迫卖淫、协助组织卖淫（《刑法》第358条）、引诱、容留、介绍卖淫（《刑法》第359条）在实践中都出现了判例。② 此外，《刑法》第360条规定的传播性病是与卖淫嫖娼联系在一起的。在解决同性卖淫的法律适用后，传播性病罪适用于同性之间应为题中之义，实践中也有相关判例。③ 应注意的是，到目前为止尚未出现涉及女性与女性之间卖淫的案例，但如果出现这种案例，极有可能适用《刑法》第358条、第359条、第360条规定。

表2整理了上述各罪的适用情况：

表2

罪名	实践	
	男性对男性	女性对女性
强奸罪	否	否
强制猥亵、侮辱（妇女）罪	猥亵：否［《刑法修正案（九）》前］/是［《刑法修正案（九）》后］ 侮辱：否	猥亵：是 侮辱：是
聚众淫乱罪	是	是（无判例/报道）
与卖淫相关的罪名（组织卖淫罪、强迫卖淫罪、协助组织卖淫罪、引诱、容留、介绍卖淫罪、传播性病罪）	是	是（无判例/报道）

① 请参见下文对李宁案的详细讨论。

② 强迫卖淫可参见任硌、李雪刚：《强迫男性卖淫被判6年》，2005年3月6日，载 http://news.sina.com.cn/c/2005-03-06/03035277073s.shtml，2019年7月14日最后访问。协助组织卖淫可参见刘洋：《招募“男公关”提供同性服务　两男子组织卖淫获刑》，2009年12月22日，载 http://www.chinanews.com/sh/news/2009/12-22/2031011.shtml，2019年7月14日最后访问。引诱、容留、介绍卖淫可参见张家民：《“同志会所”介绍男人卖淫：既有猛男也有伪娘》，2011年1月30日，载 http://news.ifeng.com/society/2/detail_2011_01/30/4519207_0.shtml，2019年7月14日最后访问。

③ 《男子明知身患艾滋病仍卖淫　因传播性病罪获刑1年》，2018年11月27日，载 http://news.163.com/18/1127/15/E1KL9J0S0001875P.html，2019年7月14日最后访问。

2. 各条文背后的理由

刑法的一项核心原则是罪刑法定,因此刑法的解释应当限于字面可能具有的含义,不得类推适用。一般认为,刑法解释有主观解释论和客观解释论之分。前者探寻立法者的本意,而后者侧重于法律文本的独立性,解释受限于文义即可。[①] 学者在针对某一问题进行说理时,往往不自觉地偏重两种解释论的一种。由于下文的目的是追溯条文本身的不一致,两种解释论在每种情形中都将同时考虑。

(1)女性对女性的强奸(不入刑)。从主观解释论来看,它不应属于强奸罪规制的对象:虽然《刑法》第236条未限制加害人的性别,但立法者绝无可能有意识地规制女性对女性的强奸而忽视男性对男性的强奸。客观解释论可能(但非必然)得出不同的结论——正因为《刑法》第236条未限制加害人的性别,女性强奸女性可以按强奸罪定罪量刑——但事实上,无论学术上还是实践中都几乎没有人进行这样的论证,原因可能有以下几点:①从新闻报道来看,实践中发生的女性对女性的强奸比较少;②如果主张女性对女性的强奸可以适用《刑法》第236条,考虑到男性对男性的强奸肯定无法适用该条,该等解释势必导致逻辑上不能自洽。这里还有更深层次的理由:强奸与强制猥亵的区分标准导致女性对女性的强奸无法按强奸罪处罚。这个问题将在后文讨论同心圆结构时解释。

(2)男性对男性的强奸(不入刑)。无论主观解释论还是客观解释论都会达至同一结论:《刑法》第236条规定的受害人——妇女和幼女——无论如何不能包括男性,因此男性不能成为强奸罪的受害人。

(3)女性对女性的强制猥亵(入刑)。与强奸罪类似,《刑法》第237条也未规定加害人的性别。持主观解释论者可能(但非必然)这样解释:该罪脱胎于1979年《刑法》的流氓罪,[②]由于《流氓罪解答》中暗示了

---

① 参见赵运峰:《刑法解释论》,中国法制出版社2012年版,第117~121页;王平:《论我国刑法解释的有效性》,载《法律科学》1994年第2期;梁根林:《罪刑法定视域中的刑法适用解释》,载《中国法学》2004年第3期。

② 1997年《刑法》将流氓罪分解为强制猥亵、侮辱妇女、聚众淫乱罪、聚众斗殴罪、寻衅滋事罪。参见沈德咏主编、最高人民法院研究室、最高人民法院刑法修改工作小组办公室编著:《〈刑法修正案(九)〉条文及配套司法解释理解与适用》,人民法院出版社2015年版,第148页。

流氓既可以是男性又可以是女性,[①]强制猥亵的加害人也不应有性别限制。客观解释论可能(但非必然)这样理解:正因为《刑法》第 237 条未限制加害人的性别,女性强制猥亵女性可以按强制猥亵定罪量刑。

(4)男性对男性的强制猥亵[《刑法修正案(九)》前不入刑,《刑法修正案(九)》后入刑]。在《刑法修正案(九)》之前,《刑法》第 237 条结构与强奸罪的结构类似,无论主观解释论还是客观解释论都会得出同样的结果:妇女和儿童不可能包括成年男性,因此该情况不入刑。《刑法修正案(九)》的立法目的明确指向了男性对男性的强制猥亵,[②]字词也进行了修改,因此主观解释论和客观解释论会同时认为该情况入刑。

(5)女性对女性的强制侮辱(入刑)。可比照女性对女性的强制猥亵的解释。

(6)男性对男性的强制侮辱(不入刑[③])。可比照男性对男性的强奸的解释。

(7)同性之间的聚众淫乱(入刑)。聚众淫乱罪也是从流氓罪中分化出来的。尽管该条文未提及参与者的性别,有学者指出,当 1979 年《刑法》和《流氓罪解答》制定时,立法者从未考虑过同性之间的聚众淫乱,新刑法制定时情况也没有发生变化,[④]因此,主观解释论似乎会反对

---

① 参见《流氓罪解答》第 2 条。

② 参见沈德咏主编、最高人民法院研究室、最高人民法院刑法修改工作小组办公室编著:《〈刑法修正案(九)〉条文及配套司法解释理解与适用》,人民法院出版社 2015 年版,第 148～149 页;臧铁伟、李寿伟主编,全国人大常委会法制工作委员刑法室编:《中华人民共和国刑法修正案(九)条文说明、立法理由及相关规定》,北京大学出版社 2016 年版,第 97 页。

③ 周光权教授试图从学理上弥补这个漏洞:“有时强制猥亵和强制侮辱行为之间并没有明确界限。……强制侮辱男性,并侵害其性羞耻感的,构成强制猥亵罪。”周光权:《刑法各论》(第 3 版),中国人民大学出版社 2016 年版,第 37 页。张明楷教授认为修改强制猥亵的对象而不修改强制侮辱的对象“存在明显缺陷”。他认为,“侮辱行为并不是独立于猥亵行为之外的一种行为。因为猥亵行为包括了侵害他人性的决定权的一切行为,而侮辱行为不可能超出这一范围;任何针对他人实施的与猥亵行为性质相同的侮辱行为,都必然侵害他人的性的自己决定权。……司法机关应当淡化‘侮辱妇女’的概念,凡是属于强制猥亵行为的,均认定为强制猥亵罪;不属于强制猥亵行为的,分别按其他犯罪处理或者不以犯罪论处。”张明楷:《刑法学》(第 5 版),法律出版社 2016 年版,第 878～879 页。

④ 参见凌楚瑞、李黎:《如何认定流氓罪中的其他流氓活动》,载《法学季刊》1985 年第 1 期;李云虹:《流氓罪的前世今生》,载《法律与生活》2011 年第 3 期。

将同性之间的聚众淫乱纳入该条的规制范围。[①] 客观解释论明显会作出相反解释。有趣的是,客观解释论占了绝对的上风,这是为什么?一个可能的原因是学界和法院对聚众淫乱的想象受到了“流氓罪惩罚同性恋者/同性性行为”影响。前文已经解释了,尽管流氓罪解答字面上不规制自愿的鸡奸,但由于种种原因在实践中却把自愿的鸡奸也纳入了1979年《刑法》的范围。这样非常容易造成流氓罪惩罚同性恋者/同性性行为的印象。由此,聚众淫乱作为流氓行为的一部分,似乎没有什么理由不包括同性之间的聚众淫乱。另一个更深层次的理由可能是社会上一直存在这样的话语(discourse):同性性行为本身是淫乱的。[②] 很显然,在这样的刻板印象之下,多人参加的同性性行为更加淫乱,不可能不属于聚众淫乱罪的规制范围。

(8)与卖淫相关的罪名(入刑)。其背后的理由将在下一部分讨论。

3. 小结

关于性犯罪的规定在适用于同性恋者/同性性行为时不一致,总体说来有三处:(1)最严重的强奸罪完全不适用于同性之间,而次严重的犯罪或者完全适用于同性之间(聚众淫乱罪、与卖淫相关的罪名),或者只适用于女女之间[《刑法修正案(九)》之前的强制猥亵和强制侮辱,《刑法修正案(九)》之后的强制侮辱];(2)带有暴力、胁迫性质的同性强奸要降档按强制猥亵处理[《刑法修正案(九)》之前的男男强奸不属于犯罪],而自愿的性行为聚众淫乱却属于犯罪;(3)女性对女性的强奸不入刑,而强制猥亵、强制侮辱一直都入刑;男性对男性的强奸不入刑,强制猥亵在《刑法修正案(九)》后才入刑,而强制侮辱一直不入刑。通过上述分析我们已经看到,每一个条文都有背后的理由——尽管将它们放

---

① 例如,周光权教授在论及聚众淫乱罪时提到“根据刑法谦抑原则,对淫乱应当作缩小解释,只包括男女性别混杂的多人实施的性交或其他满足性欲的行为,同性恋者聚众实施的反自然性行为,不具有法益侵害性,不构成聚众淫乱罪。”由于刑法的谦抑原则并不是一个特别充足的理由,周光权教授在这里似乎倾向于主观解释论。

② 参见魏伟:《酷读中国社会:城市空间,流行文化和社会政策》,广西师范大学出版社2015年版,第245页;Paul Baker, *Public Discourses of Gay Men* (Abingdon: Routledge, 2005), p. 193。

在一起会出现不一致。

(二)《刑法》和《婚姻法》对"他人"理解的不一致

本部分比较《刑法》中与组织卖淫相关的条文(第358条)以及《婚姻法》中与婚外同居相关的条文(第32条、第46条)和《婚姻法司法解释(一)》第2条。

1.从同性角度考察与组织卖淫和婚外同居相关的条文

2003年8月,南京警方以涉嫌组织同性卖淫将李宁等人刑事拘留,随后向检察院提请批捕。检察院研究认为刑法对组织同性卖淫行为没有明确界定,决定不予批捕。在这个过程中,检察院、警方都向上级部门做了汇报。江苏省政法委协调召开了案件研讨会,会议决定由江苏省高级人民法院向最高人民法院请示。最高人民法院接到请示后随即向全国人大常委会做了汇报。同年10月,人大常委会下属专业委员会作出口头答复:"组织男青年向同性卖淫,比照组织卖淫罪定罪量刑。"2004年2月,初审法院判处李宁组织卖淫罪。法院推理道:(1)第358条组织卖淫罪中"组织他人卖淫或者强迫他人卖淫的……"的"他人"主要指女性,也可以指男性;(2)同性之间的金钱与性的交易活动也属于卖淫行为。二审法院维持了原判。①

关于法院的推理,值得提出的有两点:首先,尽管人大常委会下属专业委员会未提及如何理解"他人",但为达至其结论,"他人"必须包括男性和女性,法院的推理完全正确;其次,人大常委会下属专业委员会的口头答复仅限于男青年向同性卖淫,而法院的推理指向的是同性之间的卖淫,既不限于青年也不限于男性之间。

如前所述,李宁案之后,虽然没有进一步的立法或司法解释,男性和男性之间的强迫卖淫、协助组织卖淫(《刑法》第358条)、引诱、容留、介绍卖淫(《刑法》第359条)在实践中都出现了判例。有趣的是,法院不再费力解释条文中"他人"的含义。②

---

① 更详尽的案情介绍请参见陈兴良:《组织男性从事同性性交易行为之定性研究——对李宁案的分析》,载《国家检察官学院学报》2005年第1期。

② 请参见第三、(一)、1部分讨论与卖淫相关的罪名时引用的相关案例。

对比起来,婚姻法对“他人”的规定似乎走了一条完全相反的路。2001年修正的《婚姻法》第32条第2款规定,“有下列情形之一,调解无效的,应准予离婚:(一)重婚或有配偶者与他人同居的……”第46条规定,“有下列情形之一,导致离婚的,无过错方有权请求损害赔偿:(一)重婚的;(二)有配偶者与他人同居的……”同年的《婚姻法司法解释(一)》第2条明确,有配偶者与他人同居是指“有配偶者与婚外异性,不以夫妻名义,持续、稳定地共同居住”。这样,“他人”被限制为异性。这样的解释与传统上对同居的理解一致,但却无视了实际生活中,一些进入异性恋婚姻的同性恋者忽视自己法律上的伴侣而选择与同性婚外同居的情形。[①] 下面我们看看实践中法院如何考虑离婚和损害赔偿的问题。

由于《婚姻法》第32条列举的婚外与异性同居只是“感情确已破裂”的情形之一,婚外与同性同居并不必然被排除在离婚理由之外,关键还是看法院是否认为它导致了感情破裂。实践中,如果一方能提出强有力的证据证明对方是同性恋,法院一般会认为该事实严重影响了婚姻关系,判决准予离婚,[②]但如果证据不够充分,法院会判决感情尚未破裂,不予离婚。[③] 由此,对于离婚来说,关键点不是婚外与同性同居是否能证明感情破裂,而是如何证明一方是同性恋者。当然,在某些情况下,提起离婚的一方也可能是试图脱离婚姻的同性恋者。这里法院考虑的要点仍然是感情是否破裂。当对方坚持双方仍存在感情时,法院一般会判

---

① 例如《男子结婚9年发现妻子是“女同” 起诉离婚》,2013年2月27日,载http://legal.people.com.cn/n/2013/0227/c188502-20616444.html,2019年7月14日最后访问。

② 例如陈霞:《“谦谦君子”原是同性恋妻子离婚要赔偿 一审判决准予离婚》,2013年10月16日,载http://lzcb.gansudaily.com.cn/system/2013/10/16/014718098.shtml,2019年7月14日最后访问。

③ 例如鲁燕:《怀疑丈夫是“同志” 妻子要离婚》,2011年7月14日,载http://henan.sina.com.cn/news/z/2011-07-14/63-79562.html,2019年7月14日最后访问。该案中,法院认为丈夫在家中看同性恋光碟不能证明丈夫是同性恋。由于妻子未能证明感情确已破裂,判决不予离婚。

决不予离婚。①

与离婚相比,损害赔偿简单得多。由于《婚姻法司法解释(一)》的存在,当无过错方基于对方婚外与同性同居诉请损害赔偿时,法院基本都会不予支持。② 当一方基于对方是同性恋者要求精神损害赔偿时,法院也基本会拒绝。③ 在个别情形中,法院会在财产分配时对无过错方予以照顾。④

显而易见,《婚姻法司法解释(一)》第2条对“他人”的解释确实起到了排除婚外同性同居的效果。这在离婚损害赔偿方面表现得尤为突出。之所以在离婚方面该解释未起到明显的限制性作用,主要还是由于婚外同居只是证明感情确已破裂的理由之一,当事人还有很大的回旋余地。

2. 两处法律解释各自背后的理由

首先考察一下两处法律解释的历史背景。对于人大常委会下属专业委员会对组织卖淫的口头答复,有一个非常有意思的问题:早在1992年《最高人民法院、最高人民检察院关于执行〈全国人民代表大会常务委员会关于严禁卖淫嫖娼的决定〉的若干问题的解答》第9条就提及,“组织、协助组织、强迫、引诱、容留、介绍他人卖淫中的‘他人’,主要是

---

① 例如何欣:《男子自称同性恋要求离婚遭法院驳回》,2013年10月8日,载http://news.sina.com.cn/s/2013 10 08/013028372112.shtml,2019年7月14日最后访问。该案中,原告声称自己是同性恋,要求离婚,而被告认为双方已经建立了感情,拒绝离婚,最终法院驳回了离婚请求。

② 例如《双性恋女子被丈夫起诉索赔偿》,2014年11月2日,载http://news.qq.com/a/20141102/005629.htm,2019年7月14日最后访问;王波、梁进:《双性恋老公与男友同居　妻子要求赔偿被驳回》,2010年12月24日,载http://news.southcn.com/c/2010-12/24/content_18713096.htm,2019年7月14日最后访问。在这两个案例中,法院都判决准予离婚,但驳回了损害赔偿的请求。

③ 例如苏亚宁、于晶波:《同性恋丈夫离婚无需对妻子赔偿》,2002年9月26日,载http://www.chinacourt.org/article/detail/2002/09/id/13434.shtml,2019年7月14日最后访问;章程:《妻子与同性恋丈夫离婚　索1万精神赔偿被驳回》,2015年5月22日,载http://news.sohu.com/20150522/n413521223.shtml,2019年7月14日最后访问。在这两个案例中,法院都判决准予离婚,但都驳回了精神损害赔偿的请求。

④ 例如《丈夫外遇是男人妻子无奈离婚　庭审否认自己同性恋》,2013年10月16日,载http://www.chinanews.com/fz/2013/10-16/5387456.shtml,2019年7月14日最后访问。

指女人,也包括男人",为什么在2003年的李宁案中反而出现了疑难?

如果我们回溯1979年刑法,会发现与卖淫相关的条文一直规定的是"妇女"卖淫,直到1991年《全国人大常委会关于严禁卖淫嫖娼的决定》才使用了"他人"字样。[①] 该决定的效力为1997年新刑法所保留,[②] 新刑法继续使用"他人"的表述。有学者指出,1979年刑法受到当时的性观念影响,认为只能是女性向男性卖淫,而1997年刑法虽然使用了"他人",在1979年刑法的影响下,人们仍将"他人"限制理解为女性。[③] 考虑到1992年的解答,这个观点显然是不准确的。真正的问题在于,1997年刑法对于卖淫的理解仍然局限在异性之间,即女性向男性卖淫或男性向女性卖淫。如果用性与性别研究的术语来说,1979年刑法关于卖淫的条款既受到对性的刻板印象的影响,又受到对性别的刻板印象的影响;1991年的决定和1992年的解答突破了性别的刻板印象,而性的刻板印象仍然挥之不去。这正是李宁案成为疑难案件的原因。

出于同样的原因,人大常委会下属专业委员会的口头答复采取的方案是直接将同性卖淫定义到卖淫中,而非解释"他人"的性别。具体到初审法院的推理,(1)"他人"的性别只是(2)同性之间的卖淫也属于刑法上的卖淫的必要条件而非充分条件,或者毋宁反过来说,正是因为人大常委会下属专业委员会给出了(2)项解释,所以需要同时作出(1)项解释。仅仅解释"他人"是不足以回应李宁案带来的问题的。人大常委会下属专业委员会的口头答复关乎性,而法院的推理则同时关乎性和性别。

比较起来,《婚姻法司法解释(一)》对婚外同性同居的排除性解释的背景则比较简单。婚外与同性同居从来没有进入过婚姻法的视野,2001年最高人民法院只是通过司法解释再次强调了这一点。如果说对组织卖淫罪的解释是从主观解释论过渡到客观解释论,那么对婚外同居

① 本文不讨论该决定的适当性。

② 有关行政处罚和行政措施的规定继续有效;有关刑事责任的规定适用新刑法。参见1997年《中华人民共和国刑法》附件二。

③ 刘芳:《中国性犯罪立法之现实困境及其出路研究》,东北大学出版社2015年版,第49页。

的解释则是通过维护主观解释论而排除了客观解释论的适用。

接下来考察一下解释主体问题。其实两项法律解释最明显的区别应当是作出解释的主体不同:组织卖淫罪由人大常委会下属专业委员会通过口头答复进行解释,婚外同居由最高人民法院通过司法解释进行解释,强迫卖淫、协助组织卖淫、引诱、容留、介绍卖淫由基层法院比照组织卖淫进行解释。令人惊讶的是,大多数讨论李宁案的文章完全忽视了解释机构的问题,而将其直接当作司法解释的案例来进行讨论。①

众所周知,立法解释与司法解释具有不同的渊源和方法。然而,这里首先要解决的问题是,人大常委会下属专业委员会的口头答复算不算立法解释?本文不打算深入讨论这个问题。从最浅显的层面理解,人大常委会下属专业委员会不能等同于人大常委会,其口头答复的程序也不符合《立法法》关于立法解释的规定,因此作者认为该口头答复不属于立法解释。②

然而,我们也不应抛开该口头答复直接讨论法院的司法解释——毕竟法院的解释依赖的是这个口头答复。由于作者不打算讨论答复的适当性,一个替代性的问题是:最高人民法院为什么选择向全国人大常委会汇报?无论实际原因是什么,至少可以认为,最高人民法院认为人大常委会在刑法解释方面自由度更高一些。人大常委会下属专业委员会的口头答复佐证了这种自由度。如果最高人民法院直接进行答复,有可能(但非必然)作出相反的解释。

对照来看,最高人民法院选择限制性解释婚外同居的范围并不奇怪:很可能最高人民法院认为自己并没有那么大的自由度可以完全无视立法原意。当然,这里也可能有另外两个原因:(1)《婚姻法司法解释(一)》不是针对某个具体案例的回复,不存在适当解决某个案子的压力;(2)刑法上的组织同性卖淫针对的是同性性行为,而婚姻法上的

---

① 参见刘耀彬:《卖淫的刑法解释》,载《河北法学》2004 年第 7 期。

② 唐稷尧教授在 2009 年的一篇论文中梳理了所有的刑法立法解释。他也没有将人大常委会下属专业委员会针对同性卖淫的口头答复包括在内。参见唐稷尧:《事实、价值与选择:关于我国刑法立法解释的思考》,载《中外法学》2009 年第 6 期。

与同性同居针对的既是同性性行为,又是同性恋者。如果婚姻法不打算承认同性婚姻,也不认为同性同居会产生权利义务,那么,即使在排除性条款中,它也不愿意承认同性恋者在婚姻和同居中占有一定位置。

3. 小结

刑法上的组织卖淫和婚姻法上的婚外同居都涉及"他人"如何解释的问题。在文本本身没有任何限制又彼此相似的情况下,刑法的解释包括了同性性行为,而婚姻法的解释排除了同性恋者/同性性行为。如上所述,这里的不一致也有各自背后的理由。

(三)《治安管理处罚法》与《刑法》的不一致

以下从同性角度简要讨论《治安管理处罚法》对卖淫嫖娼(第 66 条)、猥亵他人(第 44 条)的规定与《刑法》中与卖淫相关的犯罪(第 358 ~ 360 条)以及强制猥亵、侮辱罪(第 237 条)之间的关系。

(1)卖淫嫖娼。如前所述,公安部在 2001 年和 2003 年的两个批复中都指出卖淫嫖娼行为可以发生于同性之间。由此,2005 年《治安管理处罚法》第 66 条对卖淫嫖娼的规定理应包括同性之间的卖淫嫖娼。对比起来,直到 2004 年,在最高人民法院咨询人大常委会后,组织卖淫罪才将组织同性卖淫包括在内。这里刑法滞后的原因显而易见:首先,公安部的批复不能约束刑法的解释;其次,刑法的解释受到罪刑法定原则的限制,故严格得多。

(2)猥亵他人。在《刑法修正案(九)》生效之前,男性对男性的强奸和强制猥亵均不入刑,但公安部门可以按《治安管理处罚法》第 44 条关于猥亵他人的规定对行为人处以 15 日以下的拘留。实践中同性强奸和同性猥亵都有被公安部门拘留的案例。[①] 在《刑法修正案(九)》生效之后,男性对男性的强奸和强制猥亵的案件改按强制猥亵、侮辱罪

---

① 例如隋冠卓:《38 岁老板强暴 16 岁男孩　法无定罪只被拘留 15 天》,2004 年 10 月 13 日,载 http://news.163.com/41013/1/12HO0VEQ0001122B.html,2019 年 7 月 14 日最后访问;黄娜:《男子夜宵醉酒后遭男同事猥亵　对方被拘 14 天》,2013 年 8 月 16 日,载 http://news.qq.com/a/20130816/004692.htm,2019 年 7 月 14 日最后访问。

定罪量刑,[①]只有不满足该罪构成要件,不具有严重社会危害性的案件才按治安管理处罚法办理。

这里的问题是:治安管理处罚法上的猥亵为什么在某些情况下能包括强奸?这里的猥亵与刑法上的猥亵含义是否相同?

刑法学者对于强奸和猥亵的关系讨论很多,在不考虑儿童的情况下,有学者认为两者是对立关系,[②]也有学者认为强奸与猥亵是特殊与一般的关系。[③] 考虑到刑法有排除治安管理处罚法适用的效果,[④]我们不能像讨论刑法那样一般性地讨论治安管理处罚法中强奸与猥亵的关系。

在《刑法修正案(九)》之前,对于男性强奸女性、女性强奸女性,分别按强奸罪和强制猥亵、侮辱妇女罪处理,而对于男性强奸男性、女性强奸男性适用治安管理处罚法;《刑法修正案(九)》之后,任何情形下的强奸都能适用刑法——要么强奸罪,要么强制猥亵、侮辱罪。因此,如果说在《刑法修正案(九)》之前,就男性强奸男性、女性强奸男性来说,治安管理处罚法上的猥亵包括了强奸,《刑法修正案(九)》之后,该法不再规制任何种类的强奸,从而猥亵和强奸也成了相互对立的关系。[⑤] 表 3 总结了《刑法修正案(九)》之前和之后刑法和治安管理处罚法中的猥亵的含义。

---

① 实践中已有判例,例如马超:《法院审判首起男男猥亵案 嫌犯获刑 2 年 9 个月》,2016 年 7 月 15 日,载 http://news.qq.com/a/20160715/043103.htm,2019 年 7 月 14 日最后访问。

② 参见张小虎:《刑法学》,北京大学出版社 2015 年版,第 546 页。

③ 参见张明楷:《刑法学》(第 5 版),法律出版社 2016 年版,第 880 页;周光权:《刑法各论》(第 3 版),中国人民大学出版社 2016 年版,第 37 页。

④ 《治安管理处罚法》第 2 条规定:"扰乱公共秩序,妨害公共安全,侵犯人身权利、财产权利,妨害社会管理,具有社会危害性,依照《中华人民共和国刑法》的规定构成犯罪的,依法追究刑事责任;尚不够刑事处罚的,由公安机关依照本法给予治安管理处罚。"

⑤ 这个说法受到一定的限制:由于人们对女性强奸女性的理解非常不足,很有可能某些女性强奸女性的行为被认为连强制猥亵、侮辱罪都不构成,从而落入治安管理处罚法的管辖范围。

表3

	刑法上的强制猥亵包括	治安管理处罚法上的猥亵包括
《刑法修正案(九)》之前	女性强奸女性	男性强奸男性 女性强奸男性
	男性强制猥亵女性 女性强制猥亵女性	男性强制猥亵男性 女性强制猥亵男性
	/	男性猥亵女性(轻微) 女性猥亵女性(轻微) 男性猥亵男性(轻微) 女性猥亵男性(轻微)
《刑法修正案(九)》之后	女性强奸女性 男性强奸男性 女性强奸男性	/
	男性强制猥亵女性 女性强制猥亵女性 男性强制猥亵男性 女性强制猥亵男性	/
	/	男性猥亵女性(轻微) 女性猥亵女性(轻微) 男性猥亵男性(轻微) 女性猥亵男性(轻微)

其中的差异并不难解释:刑法的解释因受到罪刑法定原则的限制而非常严格,而在解释治安管理处罚法时,公安机关更注重的是回应社会中实际发生的问题。从立法意图来说,治安管理处罚法之前已有同性卖淫规则,治安管理处罚法又是由公安部牵头进行修订,[①]非常有可能公安部在起草时已经考虑到了同性猥亵的情况。即便如此,在实践中,也许起草意图并不那么重要。公安部门每天面对各种各样的违反治安管

① 参见公安部副部长田期玉2004年10月22日在第十届全国人民代表大会常务委员会第十二次会议上关于《中华人民共和国治安管理处罚法(草案)》的说明,载http://www.npc.gov.cn/wxzl/gongbao/2005-10/20/content_5343980.htm,2019年7月14日最后访问。

理的行为、面对各种各样的受害人,哪怕是为了“给受害人一个说法”,①公安部门也需要更宽泛地解释猥亵的含义。在某种程度上可以认为,对于猥亵行为,治安管理处罚法是作为刑法的替补出现的——虽然其惩罚力度远远低于后者。

四、表面不一致之下的同心圆结构

上一部分解析了每一处不一致背后的理由,本部分将转向考察这些林林总总的不一致之下潜在的同心圆结构。作者首先使用刑法的相关规定建立起初步的解释框架,然后再使用婚姻法、治安管理处罚法及其他法律法规验证该解释框架的有效性。此后,本文将扼要讨论同心圆结构的后果以及打破同心圆结构的尝试将会面临的悖论。

(一)初步框架

1. 概述

作者认为,刑法中涉及同性恋者/同性性行为的规定可以用潜在的同心圆结构来解释。处于圆心的是作为性行为一种的性交,处于内圈的是性交以外的其他性行为,处于外圈的是与性行为相关的行为。“性交”和“性欲”两个概念界定了同心圆的层次:“性交”是圆心的不可或缺的概念,起到了区分圆心与内圈的作用;对“性欲”的讨论区分了内圈与外圈(需注意的是“性欲”不是内圈不可或缺的概念);外圈不存在与“性交”或“性欲”对应的概念。

每一层次都对应一些罪名。强奸罪是属于圆心的犯罪,强制猥亵、侮辱罪属于内圈,聚众淫乱罪、与卖淫相关的犯罪属于外圈。如果只考虑异性恋者/异性性行为,法条与每一层都可以对应起来,而一旦考虑同性恋者/同性性行为,法条与同心圆之间的对应关系就被打乱了。罪名离圆心越远,同性恋者/同性性行为越容易被包括在内。与圆心对应的

① 这里套用了《秋菊打官司》中秋菊的说法。

罪名完全不考虑同性恋者/同性性行为,与内圈对应的罪名考虑了一部分,而与外圈对应的罪名则几乎全部考虑了。

2. 圆心

可能人们会想当然地认为性交是性行为的“核心”,然而这个问题并没有这么显然。我们对性行为的理解是社会建构出来的已经是性与性别研究的常识,①性行为是否有核心,以及性交应如何理解都不是自明的问题。刑法上强奸罪与性交概念的关系就是一个典型的例子。

强奸罪是性犯罪最严重的一种。通说认为,性交是其必不可少的要素;如果不存在性交,则行为人不构成强奸罪(但可能构成强制猥亵、侮辱罪)。② 对于性交,刑法学者通常将其定义为阴道交,而其他形式的性交则不被认为是性交。③ 以上结论在探讨强奸罪时几乎无一例外地会被谈到,但强奸罪与性交概念之间相互建构、相互强化的关系几乎没有被学者讨论到。

无论是 1979 年刑法还是现行刑法都没有提到性交这个概念,这个概念一开始很可能是为了定义强奸而提出的,④后来,在受害人不是儿童的情况下,它成为区分强奸罪和强制猥亵、侮辱(妇女)罪的标准。从强奸罪对性交概念的影响来说,由于《刑法》第 236 条只承认男性对女性的强奸,性交的概念会强烈受限于刑法条文给定的框架。即使现代关于性与性别的学术研究早已抛弃了传统理解,认为

---

① See Jeffrey Weeks, *Sexuality*, Second Edition (New York: Routledge 2003), 17 – 27.

② 参见周光权:《刑法各论》(第 3 版),中国人民大学出版社 2016 年版,第 30 页;郭自力主编:《中国刑法论》(第 6 版),北京大学出版社 2016 年版,第 351 ~ 352 页。

③ 参见周光权:《刑法各论》(第 3 版),中国人民大学出版社 2016 年版,第 31 页;焦勇:《重新界定我国强奸罪中性交之内涵》,载《贵州警官职业学院学报》2011 年第 6 期。

④ 例如在 1982 年的一本经典教材中,作者将强奸妇女罪定义为“违背妇女意志,使用暴力、胁迫或者其他手段,强行与妇女发生性交的行为”。该教材采用主体、客体、主观方面、客观方面 4 要件说,在论及客观方面时提及“必须具有违背妇女意志,强行与妇女发生性交的行为”。参见法学教材编辑部、《刑法学》编写组,高铭暄主编:《刑法学》,法律出版社 1982 年版,第 440 ~ 441 页。另一本早期教材作出了几乎相同的论述。参见杨敦先:《刑法学概论》,光明日报出版社 1985 年版,第 401 ~ 402 页。值得注意的是,这两本教材完全没有论及什么是性交,这很可能是因为 1979 年《刑法》没有强制猥亵、侮辱妇女罪,无需通过性交的概念来区别两个罪名。

性交不仅包括阴道交，也包括肛交、口交等方式，[①]我国刑法学者也并未引入新的定义方式。[②] 反过来，从性交概念对强奸罪的影响来说，对性交概念的定义一旦成为通说，刑法解释和法院判决都会受到决定性影响。阴道交成为强奸罪不可缺少的要素。当行为人仅采取肛交、口交等方式时，即使受害人是女性，其行为也不构成强奸（但构成强制猥亵）。[③]

由于强奸罪和性交概念的相互强化，逻辑的推论就是从刑法的观点看，男性与男性之间，或者女性与女性之间不能性交。从技术性的角度说，这可能导致讨论的混乱。例如，有的著作在谈论强奸罪时支持性交等同于阴道交的观点，然而在谈到男性之间的强制猥亵时，再次使用了性交字样。[④] 如果从性与性别研究的角度，否认同性之间可以性交是维

---

① 本文第一部分在谈及批评立场时，脚注中举了我国台湾地区"刑法"对于性交的界定。这个定义很明显受到当代性与性别研究的影响。

② 张明楷教授在谈及性交概念时评论道："我国刑法没有明文规定'性交'的含义，因此，对于性交概念完全可能做出不同于传统观念的解释，亦即，将以往被认定为猥亵的部分行为纳入强奸行为。例如，男子强行将阴茎插入妇女肛门或者口中的行为，已被许多国家和地区的刑法明文规定为强奸行为。在我国，将这样的行为认定为强奸罪，并不存在刑法上的障碍，只是存在观念上的障碍。"张明楷：《刑法学》（第5版），法律出版社2016年版，第869页，脚注49。

③ 参见张明楷：《刑法学》（第5版），法律出版社2016年版，第869页；林亚刚：《我国刑法中强制猥亵妇女罪的立法与规范评价》，载《现代法学》2000年第2期。法院的判例采纳了这一观点，例如张斌：《雷某某等强奸罪、强制猥亵妇女罪一案判例研究》，2012年7月27日，载 http://www.lawtime.cn/article/lll94951559500249oo120791，2019年7月14日最后访问。在这个案例中，雷某某试图强奸一位女性，但中途转念让她为自己口交。就口交的部分，法院认定了强制猥亵、侮辱妇女罪。

④ 例如，周光权教授在讨论强奸罪时支持性交就是阴道交的观点，然而，在讨论强制猥亵、侮辱罪时他写道："本罪在主观方面是故意。故意的内容依被害人的不同而有所区别。在强制猥亵男性的场合，行为人对包括强制性交在内的猥亵有认识；在强制猥亵、侮辱妇女的情形下，行为人对实施性交之外的行为可能侵害妇女的性羞耻心有追求。"周光权：《刑法各论》（第3版），中国人民大学出版社2016年版，第37～38页。这里有可能是周光权教授行文疏忽，但也有可能是他对性交除狭义理解之外还有广义理解。他在讨论强奸罪时举了一个例子，"实务中，行为人因自身性功能障碍，或发现妇女来月经时，将异物而非性器官插入妇女阴道的行为，应当认定为本罪既遂，而不宜以强奸未遂和强制猥亵他人罪并罚，因为从法益侵害以及保护被害妇女性自决权的角度看，使用异物对妇女造成的侵害和使用性器官强行插入妇女阴道造成的侵害没有差别。"同上书，第31页。需注意的是，这个例子可能很多对性交概念持有严格理解的刑法学者不能同意。

护异性恋正统制的表现,是对同性恋者的贬低。[①] 限于本文的目的,这里不再展开。

小结如下:圆心的核心概念是性交,由于强奸罪和性交概念之间相互建构、相互强化的关系,强奸罪成了性犯罪中最为僵化的条文,同性性行为完全被排除在圆心以外。立法完全没有考虑同性强奸,学术研究提出的性交概念则构成了另一道障碍。作为结果,同性强奸从圆心被推入内圈。

3. 内圈

强制猥亵和侮辱是次严重的性犯罪,属于同心圆结构的内圈——其他性行为。《刑法修正案(九)》以前,该罪的受害人限于女性,现在已经没有性别限制。学者对于如何界定强制猥亵和侮辱似乎从未达成一致,有的采用枚举的方法,有的试图通过抽象概念来定义,有的兼采二者。[②] 有学者试图提出与性交平行的概念——"性欲"——来界定该犯罪,[③]然而,这个概念引起了极大的争论。尽管刑法学者公认强制猥亵和侮辱总是与性相关,[④]但很多学者反对将性欲作为该罪的构成要素,理由主要是现代刑法已经抛弃了倾向犯。[⑤] 本文不打算介入该争论。对于本文来说,重点在于该争论的存在本身:它提示我们,强制猥亵和侮辱不一定是基于满足性欲而实施。一些法院判决证实了这一点。[⑥] 也许刑法制

---

① See Teemu Ruskola, "Law, Sexual Morality, and Gender Equality in Qing and Communist China", *Yale Law Journal* 103 (1994): 2563.

② 参见林亚刚:《我国刑法中强制猥亵妇女罪的立法与规范评价》,载《现代法学》2000年第2期。

③ 同上注。

④ 参见张明楷:《刑法学》(第5版),法律出版社2016年版,第877~878页;周光权:《刑法各论》(第3版),中国人民大学出版社2016年版,第36~37页;郭自力主编:《中国刑法论》(第6版),北京大学出版社2016年版,第358页。

⑤ 参见张明楷:《刑法学》(第5版),法律出版社2016年版,第879~880页;周光权:《刑法各论》(第3版),中国人民大学出版社2016年版,第38页。

⑥ 在一个案例中,4位女性以被害人在背后说她们的坏话为由,采用让其脱衣裤、发夹夹乳房、用树枝捅阴道等手段,对其进行了猥亵和侮辱。加害人争辩道,她们主观上是出于报复和泄愤,并不具有获取性满足的目的,不应构成强制猥亵、侮辱妇女罪,而应构成侮辱罪。法院驳回了这一观点。《强制猥亵、侮辱妇女罪案例分析》,2010年7月13日,载http://www.110.com/falv/xingfa/xingfaanli/2010/0713/89619.html,2019年7月14日最后访问。

定时立法者考虑的正是这样的情况:男性可以基于性欲。也可以非基于性欲强制猥亵、侮辱女性,女性可以非基于性欲强制猥亵、侮辱女性——因此罪名定为强制猥亵、侮辱妇女罪,而实施主体不限性别。

这样的说法可能立刻招致一个反驳:如果女性可以非基于性欲强制猥亵、侮辱女性,为什么男性或女性不能基于性欲强制猥亵、侮辱男性?可能唯一的答案是立法者关于性和性别的刻板印象:男性是强壮的,女性是弱小的,男性不可能被强制猥亵和侮辱,只有女性可能被强制猥亵和侮辱。这一想象与强奸罪的结构类似。

尽管立法者最初对于同性之间的强制猥亵只考虑到了非基于性欲的情况,实践中法院判决却默默发生了改变:女性基于性欲强制猥亵女性也可以按强制猥亵入刑。① 一些学者从客观解释论出发,试图从理论上将这类判决合理化。② 本文第三部分已经说明,在实践中,女性强制猥亵女性,早在《刑法修正案(九)》之前就可以按强制猥亵入刑,到这里我们的理解更深了一步:立法者在刑法制定时虽未限制加害人的性别,对于同性之间的强制猥亵却受限于性与性别的双重刻板印象——男性之间的强制猥亵不入刑(性别的刻板印象),女性之间的强制猥亵是非基于性欲的(性的刻板印象)。实践中对于女性之间的强制猥亵不能基于性欲这项立法原意逐渐被抛弃了,而男性之间的强制猥亵因为刑法条文的机械表述而无法被包括在内。

《刑法修正案(九)》改变了这一点,但改变得不彻底。强制猥亵的对象可以是男性了,而强制侮辱的对象仍然限于女性。同性之间的强制猥亵已经明确被立法者纳入了考量,而男性与男性之间的强制侮辱却被遗漏了(遗漏的原因已在第三部分提及,仍然是立法者对性和性别的刻板印象所致)。

---

① 参见张蕾:《女同性恋强制猥亵妇女被诉　最高可能被判5年刑》,2012年4月20日,载 https://news.qq.com/a/20120420/001099.htm,2019年7月14日最后访问。

② 参见巩海平、李刚:《对强制猥亵妇女罪的思考》,载《甘肃政法学院学报》2004年第6期。

小结如下:内圈并不存在占据统治地位的核心概念,但针对性欲概念的讨论以吊诡的方式将内圈与圆心和外圈区分开来:大部分学者认为强制猥亵、侮辱必须与性相关,但性欲是不是该罪的组成部分却存在分歧——然而,无论采取什么立场,如果要深入讨论该罪,性欲是不可回避的问题。在这样的分歧之下,女性之间的强制猥亵和侮辱逐渐脱离了立法原意,基于性欲的强制猥亵和侮辱也可以入刑了。最终,立法者通过《刑法修正案(九)》将男性之间的强制猥亵也纳入其中(无论是否基于性欲)。遗憾的是,男性之间的强制侮辱仍然被排除在内圈之外。

在圆心的小结部分提及,同性强奸从圆心被推入内圈。在《刑法修正案(九)》之前,由于上述含义的改变,被推入内圈的女性之间的同性强奸可以按强制猥亵、侮辱妇女罪处理,但男性之间的同性强奸即使被推入内圈也得不到处理。《刑法修正案(九)》之后,男性强奸男性也可以在内圈按强制猥亵、侮辱罪处理了。

4. 外圈

外圈对应的犯罪是聚众淫乱罪和与卖淫相关的犯罪。表面上看,这两项犯罪属于其他性行为,且可能包括性交,应当被归在圆心或内圈,然而,以下将会说明,这两项犯罪的逻辑与圆心和内圈完全不同,只能被归在外圈——与性行为相关的行为。

强奸和强制猥亵、侮辱规定于《刑法》第二编第四章“侵犯公民人身权利、民主权利罪”,而聚众淫乱和与卖淫相关的犯罪规定于第二编第六章“妨害社会管理秩序罪”。后者之所以属于刑法的规制对象是因为妨碍了社会管理秩序,而不是因为性行为本身。

首先看聚众淫乱罪。很少有学者关心聚众淫乱中性行为的类型和范围,三人以上的性行为几乎全部包括在内。刑法学者从未提出“性交”“性欲”或类似概念来界定该罪涉及的性行为。事实上,聚众淫乱的核心是“聚众”而非“淫乱”。实践中该犯罪涉及的淫乱行为可以宽广到不可思议的地步。① 正是如此,从学理上界定淫乱似乎成了劳而无功的举动,而法院在实践中也不关心案例中涉及的是异性性行为还是同性性行为。

与卖淫相关的犯罪要复杂一些。如果这些犯罪关注的重点是社会管理秩序,为什么组织同性卖淫直到 2004 年——刑法制定 7 年以后——才被纳入刑法的规制范围?答案可能在于“淫乱”和“卖淫”两个词语的区别。淫乱是非常含混的词语,三人以上的任何性行为都可以被描述为淫乱。对比起来,人们对卖淫则是存在刻板印象的。正是因为“卖淫”这个词语很模糊,但又不够模糊,实践中法院和公安部门对与卖淫相关的犯罪涉及的性行为绝非漠不关心,但又无法达成一致意见。②具体到法院判决书,几乎没有判决书会写明卖淫所涉及的性行为类型。有趣的是,这种充满矛盾的修辞完全可以用来描述李宁案。最高人民法

① 社会学家李银河教授列举了一些案例以证明该罪的规制范围可以达到惊人的广度。参见李银河:《建议取消聚众淫乱罪》,2010 年 3 月 3 日,载 http://blog. sina. com. cn/s/blog_473d53360100hdz0. html,2019 年 7 月 14 日最后访问。张明楷教授指出:“认定本罪时应严格区分罪与非罪的界限,尤其不能按字面含义从形式上理解本罪的罪状。……三个以上的成年人,基于同意所秘密实施的性行为,因为没有侵害本罪所要保护的法益,不属于刑法规定的聚众淫乱行为。只有当三人以上以不特定人或者多数人可能认识到的方式实施淫乱行为时,才宜以本罪论处。”张明楷:《刑法学》(第 5 版),法律出版社 2016 年版,第 1077 页。遗憾的是,实践中法院多是按字面含义掌握的。参见兴园、林清智:《男子约朋友“共享”女友　涉聚众淫乱罪获刑》,2015 年 11 月 4 日,载 http://www. chinacourt. org/article/detail/2015/11/id/1740437. shtml,2019 年 7 月 14 日最后访问。

② 例如,一些法院认为组织女性向男性提供手淫服务不构成组织卖淫罪,而另一些法院认为构成。参见《理发店提供色情服务老板无罪　广东高院:手淫不算卖淫》,2013 年 6 月 26 日,载 http://news. ifeng. com/society/1/detail_2013_06/26/26798007_0. shtml,2019 年 7 月 14 日最后访问。刑法学者对这个问题也不能统一意见,例如张明楷教授认为组织提供手淫服务不构成组织卖淫罪,参见张明楷:《刑法学》(第 5 版),法律出版社 2016 年版,第 1160 页。而周光权教授认为构成,参见周光权:《刑法各论》(第 3 版),中国人民大学出版社 2016 年版,第 448 页。2017 年《最高人民法院、最高人民检察院关于办理组织、强迫、引诱、容留、介绍卖淫刑事案件适用法律若干问题的解释》发布以后,最高人民法院几位法官著文对上述解释的起草背景、过程及相关条文进行了详细梳理。该文最后一部分指出,理论界和司法实践对于何为卖淫存在较大争议,“起草小组经广泛调研,充分论证和协商后,仍未能取得一致意见”。几位法官认为卖淫的定义应通过立法解释作出。他们的个人意见是“肛交、口交等进入式的性行为”应当认定为卖淫。参见周峰、党建军、陆建红、杨华:《〈关于审理组织、强迫、引诱、容留、介绍卖淫刑事案件适用法律若干问题的解释〉的理解与适用》,载《人民司法》2017 年第 25 期。

院对这个案例非常重视,但又不够重视:它咨询了人大常委会,然而并没有以批复的形式将结论公布出来。那么,为什么人大常委会下属专业委员会非常肯定地认为组织同性卖淫属于组织卖淫?首先,组织卖淫罪关注的重点是妨碍社会管理秩序,卖淫的表现形式相对来说没那么重要;其次,2003~2004年的社会环境发生了一定的变化,李宁案并不是孤例,当时在其他省市也出现了类似案例,①这可能加剧了人大常委会对于社会秩序的关注。

小结如下:外圈对应的是与性行为相关的犯罪。外圈既不存在像性交那样的核心概念,也不存在像性欲那样引发了学界分歧的概念。外圈的关注点已由个人转向了社会,因此,性行为的类型和范围不再是犯罪的关注重点。由此,要么因为忽视(聚众淫乱罪),要么因为含义发生改变(与卖淫相关的犯罪),同性恋者/同性性行为很容易成为规制对象。

5. 图示

图1总结了前述分析的初步框架。

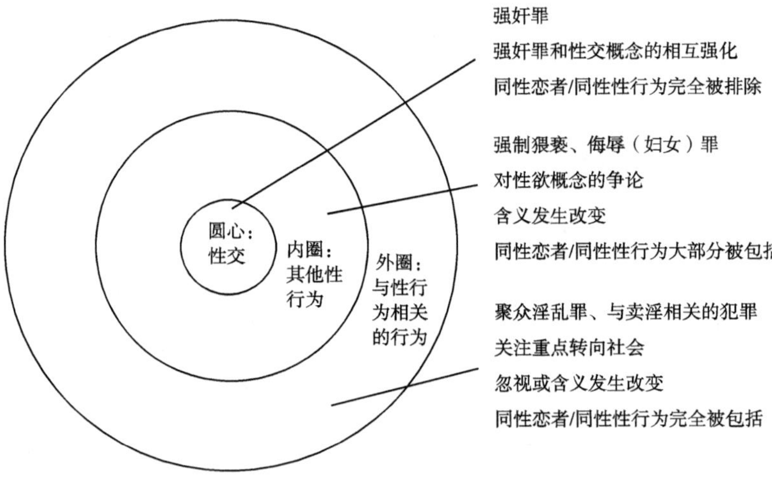

图1

① 参见李飞、赵兴武:《三起同性恋者卖淫案》,载《人民法院报》2004年2月7日。该文报道了两起组织同性卖淫的案件和一起介绍同性卖淫的案件。案件的时间从2003年7月到2004年1月。注意李宁案从发生到一审判决的时间是2003年8月至2004年2月。

(二)初步框架再检视

如前所述,初步框架仅仅根据刑法的规定建立。以下将考虑婚姻法、治安管理处罚法以及其他法律法规是否可以被纳入此框架。

(1)婚姻法及司法解释对婚外与同性同居的排除性规定。首先考虑同居的性含义。婚姻法上的同居包括婚内同居与婚外同居,婚外同居进一步分为不违法的婚外同居和违法的婚外同居(例如有配偶者与他人同居)。[①] 对于婚外同居,性生活是其中的“基础要素”(而非必要条件),既不能单以存在性生活推定存在同居关系,也不能认为没有性生活就一定不存在同居关系。[②] 从这样的描述中能得出什么结论?如果考虑到性生活为性交的委婉表达,[③]可以认为,从性的角度来看,婚外同居的落脚点在性交上。当然,同居人的性行为不可能限于性交,但婚外同居并不关心性交以外的其他性行为。

如果仅从婚姻法及其司法解释的角度观察其处理的几种关系,我们可以看到明显的位阶:婚姻处于最高位阶,婚姻法规定了全面的权利义务;异性同居居于其次,对于双方均未婚的同居和有配偶者与他人同居,婚姻法处理其中的财产问题与子女抚养问题;[④]同性同居位居最末,婚姻法完全不介入,哪怕是否定性地介入。[⑤]

从同心圆结构来看,婚外同居基于其性含义应属于圆心,而圆心是

---

① 参见王薇:《非婚同居法律制度比较研究》,人民出版社 2009 年版,第 13~17 页;何丽新:《我国非婚同居立法规制研究》,法律出版社 2010 年版,第 21~22 页。需注意的是这里的违法的婚外同居不等同于非法同居。非法同居是我国一些法律法规中使用比较混乱的一个概念,既指已婚者与他人同居,又指双方均未婚的同居。杨鸿台:《同居法律规制研究》,中国书籍出版社 2011 年版,第 12~13 页。王薇和何丽新显然认为将未婚男女的同居行为定义为非法同居是不妥的。

② 参见王薇:《非婚同居法律制度比较研究》,人民出版社 2009 年版,第 22~23 页;何丽新:《我国非婚同居立法规制研究》,法律出版社 2010 年版,第 20~21 页。

③ 参见中国社会科学院语言研究所词典编辑室编:《现代汉语词典》(第 5 版),商务印书馆 2005 年版,第 1528 页。

④ 《婚姻法司法解释(一)》第 5 条,司法解释(二)第一条以及《关于人民法院审理未办结婚登记而以夫妻名义同居生活案件的若干意见》。

⑤ 参见《男同性恋者分手闹房产纠纷 法院按特殊朋友关系处理》,2013 年 5 月 16 日,载 http://house.hexun.com/2013-05-16/154190111.html,2019 年 7 月 14 日最后访问。值得注意的是原告向法院强调了他与被告的情侣关系。

僵化的,排斥同性恋者/同性性行为。虽然不能说这是《婚姻法司法解释(一)》排除婚外同性同居的原因,但其后果与同心圆结构是一致的。

(2)同性卖淫规则。如前所述,2001年公安部改变了之前的规定,转而认为同性之间的卖淫嫖娼行为也是卖淫嫖娼行为,2003年公安部另一项批复重复了这一观点,并为2005年的治安管理处罚法继承。同性卖淫规则看起来挑战了同心圆结构:它横跨圆心(性交)和内圈(其他性行为),并且处罚的对象并不是妨害社会管理秩序的组织者等,而恰恰是卖淫嫖娼行为人。

这里的关键点在于,性交不是卖淫嫖娼的认定中必不可少的部分,它也不构成加重处罚的理由。由于处罚很轻,解释上又不存在罪刑法定原则的限制,只要存在金钱或财务为媒介的性行为就足以按治安管理处罚法处理。换句话说,处罚同性卖淫嫖娼并没有重新解释性交概念,含义的改变是在内圈发生的。

《治安管理处罚法》该法中涉及卖淫嫖娼的规定已如上述,这里只讨论涉及猥亵他人的规定。如表3所示,在《刑法修正案(九)》之前,治安管理处罚法上的猥亵他人既处理同性猥亵又处理同性强奸。这一点看起来也挑战了同心圆结构:它横跨圆心(性交)和内圈(其他性行为),并且适用于同性。

(3)猥亵他人。这里的关键点同样在于,性交不是猥亵他人的认定中必不可少的部分,它也不构成加重处罚的理由。治安管理处罚法之所以处理男性之间的同性强奸,一是因为刑法的漏洞,二是因为治安管理处罚法解释上的灵活性。事实上,治安管理处罚法处理男性之间的同性强奸是按照猥亵他人来处理的,只需要符合猥亵他人的条件即可。同样地,在猥亵他人的条文中处理男性之间的同性强奸并未挑战性交概念,这里是将一项属于圆心的行为吸收到内圈处理了。

《刑法修正案(九)》之后,治安管理处罚法不再处理同性强奸,猥亵他人的条文已经完全属于内圈。

(4)其他。本文第二部分提及的涉及媒体、疾控等法律法规很明显属于外圈,规制同性恋者/同性性行为并不奇怪。

由以上讨论,初步框架可以进一步细化,如图2所示。

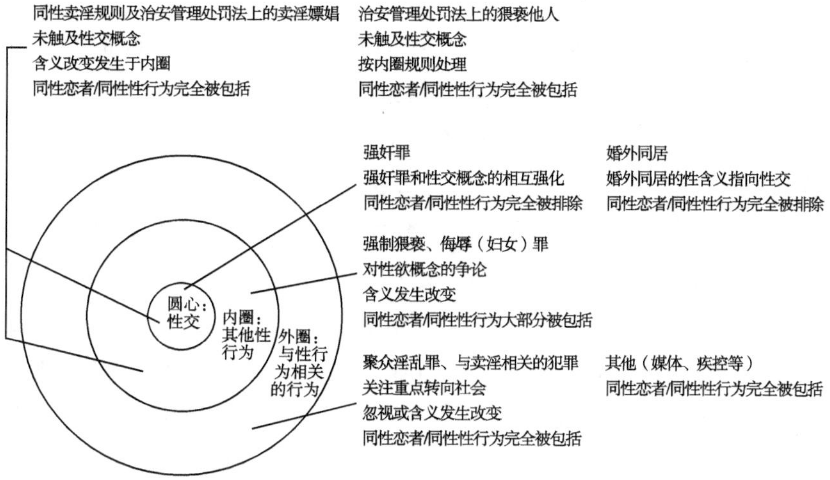

图2

(三)同心圆结构重述

以下重述和建立初步模型时的概述类似,最主要的区别有三点:模型不再限于刑法,不再强调对性欲概念的讨论与内圈的对应关系,以及强调外圈与圆心和内圈在立法目的上的区别。

作者认为,我国法律法规对同性恋者/同性性行为的规定存在同心圆结构:处于圆心的是性交,处于内圈的是其他性行为,处于外圈的是与性行为相关的行为。每一层都对应一些法条(例如圆心对应强奸、婚外同居等相关规定,内圈对应强制猥亵等相的规定,外圈对聚众淫乱、媒体、疾控等相关规定)。如果只考虑异性恋者/异性性行为,法条与每一层都可以对应起来,而一旦考虑同性恋者/同性性行为,法条与同心圆之间的对应关系就被打乱了。

与圆心对应的法条完全不考虑同性恋者/同性性行为,最为保守和僵化。

与内圈对应的法条,有一些考虑了同性恋者/同性性行为(例如《刑法修正案(九)》),另外一些虽然立法之初未能考虑,但含义脱离立法原意发生了转化(例如《刑法修正案(九)》之前女性之间的强制猥亵),遗憾的是同性恋者/同性性行为到目前尚未完整系统地被考虑进去(男性之间的强制侮辱)。

少数法条表面上跨圆心和内圈(例如同性卖淫规则),同性恋者/同性性行为也被考虑进去了,然而它们无一例外并未真正触及圆心。

与外圈对应的法条和内圈类似,有一些考虑了同性恋者/同性性行为(例如媒体和疾控的法规),有一些含义脱离了立法原意发生了转化(例如聚众淫乱)。外圈与圆心、内圈决定性的不同在于,立法关注的其实不是私人之间的性行为,而是社会秩序。

同心圆结构清楚地表明我国法律法规对于性的理解非常刻板,政府无论对同性恋身份还是同性性行为都没有系统而清晰的理解。更准确地说,这里的同心圆结构是异性恋正统制下的同心圆结构。法律条文按性交、性交以外的性行为、与性行为相关的行为进行区分本身没有太大问题,有问题的是所有概念都基于异性恋正统制之上。

(四)同心圆结构的后果

同心圆结构的第一个后果就是危害社会的同性性行为(例如同性强奸)不能得到正确处理。在《刑法修正案(九)》之前,男性之间的强奸和强制猥亵都不触犯刑法,女性强奸女性也只能按强制猥亵来处理。即使《刑法修正案(九)》扩大了强制猥亵的受害人,将同性强奸作为强制猥亵来处理还是存在很大问题:首先,强制猥亵的刑罚轻于强奸,暗示同性性侵造成的伤害较轻;其次,这样的处理方式妨碍了人们理解同性性行为。

同心圆结构的第二个后果是对同性恋者/同性性行为缺乏系统和全面的考虑阻碍了对同性恋者给予法律保护。诚然,对负面的同性性行为进行系统而清晰的规制并不必然有利于推进制定保护性和赋权性的法规,①然而,系统全面的考虑至少有利于社会更好地理解同性恋议题。②

---

① 郭晓飞教授提到,这两者之间并不是逻辑的问题,而是社会发展阶段的问题。参见郭晓飞:《中国法视野下的同性恋》,知识产权出版社 2007 年版,第 175 页。

② 在同性婚姻第一案中原告就使用了这个逻辑。原告认为,“刑法中聚众淫乱罪等包括了同性的情况,婚姻登记也应当涵盖同性婚姻”。法院未认可该观点。参见《中国大陆同性婚姻第一案(附判决书全文)》,2017 年 5 月 25 日,载 http://www.sohu.com/a/143587182_697727,2019 年 7 月 14 日最后访问。

同心圆结构也使得一些学术讨论发生了混乱。例如前文提过的对“性交”一词的使用;①再如强调同性强奸应当按强奸罪处罚的学者,往往没有系统考虑这样建议的后果。② 最明显的问题就是,如果同性强奸按强奸罪处理,那么异性之间强制猥亵的哪些行为需要改为按强奸处理?

最后,异性恋正统制的同心圆结构也使得女同性恋者/女女性行为被边缘化,典型的比如同性强奸基本讨论的都是男性之间的同性强奸。③

(五)打破同心圆结构的尝试将面临的悖论

异性恋正统制下的同心圆结构导致法律法规的相对凌乱,一方面使危害社会的同性性行为(例如同性强奸)不能得到正确处理,另一方面也阻碍了对同性恋者的法律保护。然而吊诡的是,无论同性恋权益机构(主要是一些非政府组织)还是法学家,因为各自不同的理由极难对修法达成一致意见,哪怕是方向性意见。

同性恋权益机构并不认为法律漏洞对同性恋者是一件好事。例如,

---

① 参见第四、(一)、2 部分的脚注中列举的周光权教授的例子。陈兴良教授在这一点上的行文也出现了疏忽。在《规范刑法学(教学版)》一书中,陈兴良教授认为性交应当“限于男女之间性器官的交合”(第 286 页),而这一定义却导致了他对组织卖淫罪的论述产生了矛盾。陈兴良教授一方面认为“[公安部的]定义将性交以外的口交、肛交行为、手淫行为等都视为卖淫活动的交易内容。我认为这一定义扩大了卖淫的外延,有所不当。卖淫是指性交易,以性交行为作为交易内容,有偿提供性交以外的色情服务的,不能认定为刑法中的卖淫”(第 362 页),即卖淫活动的交易内容是性交行为。另一方面,他又认为卖淫应当包括同性之间的卖淫(第 362 页)。考虑到陈兴良教授对性交概念的理解,他关于组织卖淫罪的两个观点存在矛盾。参见陈兴良:《规范刑法学》(教学版),中国人民大学出版社 2015 年版。

② 参见丛林:《“同性强奸”的犯罪化研究》,载《成都大学学报》(社会科学版)2006 年第 4 期;胡宇鹏:《男性间同性强奸时被害人权利保护问题之探究》,载《法制与社会》2009 年第 34 期。这两篇文章在提出应按强奸罪规制同性强奸之后就戛然而止。

③ 有很多文章清楚地表明它们只讨论男性之间的同性强奸,例如魏东:《从首例“男男强奸案”司法裁判看刑法解释的保守性》,载《当代法学》2014 年第 2 期;有一些文章泛泛地讨论同性强奸,但举的例子、论证的逻辑都表明它们只考虑了男性之间的同性强奸,例如何东平:《同性性行为相关问题公法适用的冲突及评价》,载《中南大学学报》(社会科学版)2012 年第 2 期;极少数文章专门讨论女性之间的同性强奸,例如陈茵、黎松:《论强奸罪之女性直接实行犯》,载《新余学院学报》2012 年第 4 期。

在《刑法修正案(九)》之前,男性强奸男性不入刑,但同性恋权益机构从未认为其逃脱刑事制裁是正确的。相反地,它们非常憎恨这类行为,认为这类行为败坏了同性恋者的声誉。[①] 但是,出于以下理由,它们也不会积极推动刑法的修改。

首先是非常实际的理由。同性恋权益机构一般都有自己的诉求,也要考虑自己服务的对象。同性恋权益机构的诉求比较常见的有反歧视、同性婚姻/民事结合合法化、疾控、推动媒体正面报道等等,主要机构几乎没有一例将推动刑法修正列入时间表。我国同性恋权益机构得到的资源非常有限,如果推动的议题对同性恋群体没有直接的好处,很难被优先处理。此外,推动刑法修正非常容易招致同性恋者的批评和质疑,认为其颠倒了先后顺序。

其次是同性恋权益机构非常担心的污名化问题。同性恋权益机构运作的一个常识就是必须注意尽量避免使同性恋者/同性性行为与负面事物挂钩,例如艾滋、吸毒、犯罪等。由同性恋权益机构去推动刑法修正(例如推动同性强奸按强奸罪处理)非常容易对同性恋群体再次污名化。

同性恋权益机构里还有一种声音比较特别,也比较复杂。一些成员从"酷儿理论"(queer theory)的某些论点出发,[②]认为性犯罪本身不应予以特殊对待。他们的理想是社会对性不再谈虎色变,由此,他们反对进一步修正现有的性犯罪,认为大方向就错了。[③] 值得注意的是,"酷儿理论"本身非常复杂,这个论点并非所有秉持"酷儿理论"的人都支持。

法学家的意见也是分裂的。支持修改法律法规的学者主要是从实际情况出发,认为修法可以更好地处理实际生活中发生的案例,例如使同性强奸得到严厉的惩罚,使婚外与同性同居成为损害赔偿的理由等等。这几乎已经是程式化的论证方式。

---

① 魏伟:《公开:当代成都"同志"空间的形成和变迁》,上海三联书店2012年版,第217~219页。

② 例如福柯认为,强奸和其他暴力行为没有实质性区别。严锋译:《权力的眼睛——福柯访谈录》,上海人民出版社1997年版,第75~77页。

③ 作者在一些研讨会上听到一些学者口头表达过这样的观点。

反对修改法律法规的学者，其意见有技术性的和实质性的两类。技术性的理由主要是，现行法律法规（特别是刑法）有自身的逻辑，如果更改逻辑需要进行大规模修订，整个司法实践也要发生大的改变，潜台词是这样成本太高，或者说时机尚未成熟。① 实质性的理由是认为我国的传统文化仍然占主导地位，而这套文化与现行法律法规的规定是基本一致的，因此没有必要修改。②

很明显，上述同性恋权益机构以及学者的观点之间的分歧基于不同的立场，而涉及立场的论点通常是无法有效调和的。作者无意分析哪种观点更好、更可能在未来成为主流；作者仅在于揭示打破同心圆结构的尝试将会面临的问题。

五、结　语

本文从梳理涉及同性恋者/同性性行为的法律法规开始，找出其中的不一致，分析每一个条文适用或不适用于同性恋者/同性性行为的原因，然后把它们放在一起，揭示其背后基于异性恋正统制的同心圆结构。用最简化的方式来说，直接针对性交的规定完全排除了同性恋者/同性性行为，针对其他性行为的规定部分考虑、部分排除了同性恋者/同性性行为，而针对社会管理秩序、只是涉及性行为的规定完全不排除同性恋者/同性性行为。

虽然文末也论及了同心圆结构的后果，并讨论了打破同心圆结构的尝试将会面临的问题，但本文并没有提出立法建议。本文的目的在于提出一

---

① 中国社会科学院社会发展战略研究院研究员刘白驹在担任全国政协委员时曾提交过《关于修改〈刑法〉，将同性性侵犯行为列为犯罪的建议》，他注意到修订刑法既可以同时修改强奸罪和强制猥亵、侮辱妇女罪，也可以只修改后者。他认为，根据现阶段情况，后者更为稳妥。参见《同性性侵犯也应列为犯罪》，2005年12月6日，载 http://news.sina.com.cn/c/2005-12-06/07547631200s.shtml，2019年7月14日最后访问。

② 参见林贵文：《不必重构我国刑法上的强奸罪——从比较法律文化的角度考察》，载《西南政法大学学报》2010年第2期；刘宪权、李舒俊：《不宜扩大强奸罪犯罪对象》，载《上海法治报》2015年8月26日，第B06版。

个理解涉及同性恋者/同性性行为的法律法规的框架,暴露这个框架的问题,而不在于提出立法建议,或试图提出一个逻辑完美的解决方案。

如果我们回到本文开头提到的《刑法修正案(九)》对强制猥亵的修订,我们可以看到,在修法之前,强制猥亵、侮辱妇女罪与其他罪名的龃龉有着复杂的原因,不但与各罪名的历史有关,还和同心圆结构有关;其修法进度与强奸罪的差异大体上是因为同心圆结构强烈的限制作用,立法者不愿意牵一发动全身。

随着社会的发展,涉及同性恋者/同性性行为的法律法规有可能越来越多,异性恋正统制的同心圆结构也可能被不断突破。这些突破也许可以用同心圆结构来解释,也许不能。如果不能用同心圆结构来解释的突破越来越多,反而可以说明,立法者对于性与性别的理解越来越进步了。

《法律和社会科学》
第18卷第1辑，第159～186页

法官应不应该使用敬语
——藏族语言习惯与司法研究

格桑次仁*

"ཞེ་ས་སྦྱང་ལམ་རྡོ་ལ་བྱེད་ སྣ་རྡོ་མ་བརྡབ་ཁེ་བཟང་རེད།"①

摘要：藏语中使用敬语是非常普及的语言习惯。在传统社会中，敬语具有规制社会的政治功能，对社会秩序的建构有一定作用，而在现代社会中，敬语也成了约定俗成的社会规范，被当代藏族人继承和推崇。当成为法官的工作语言时，具有礼俗意义的敬语对争议的解决以及法官公信力建立等具有一定的作用，但司法的现代性要求法律语言的非个人化、程式化以及公务化。法官在司法过程中，是否使用敬语成了藏语庭审中需要面对和研究的问题。

关键词：敬语　庭审语言　非个人化　藏语公务语言

* 北京大学法学院博士研究生，西藏大学政法学院讲师，西藏珠穆朗玛律师事务所合伙人。感谢朱苏力、凌斌老师对文章提出的宝贵意见，文责自负。

① 藏族谚语，大致意思为"对路上的石头用敬语，不用担心摔跟头"。

一、问题的界定

一位来律所实习的法学生讲述了一段故事。她在网上看到一个藏语的刑事庭审视频,于是给她父母看了视频并很骄傲地说以后毕业进法院工作也可以当法官审案子。视频播放完毕,她父亲说这个法官连基本的敬语都不用,不成体统,如果法官是没有一点修养的职业,不做也罢。① 父亲的这番话让她很困惑,所以她问在场的律师们,法官开庭审案子到底应不应该用敬语?在多年前,第一次开藏语庭的时候,刚做律师的我也有过类似的疑问,但因为疲于工作只是一念而过并没有深入思考这个问题。时隔多年,这位实习生的疑问,再次勾起了我对这个问题的思考兴趣。

我感兴趣的第一个问题是:法官在审理案件的过程中是否需要遵从当地的语言习惯?在西藏,卫藏地区的民众(以拉萨市、山南市、日喀则市为中心的拉萨河谷区域)使用敬语是非常普及的语言习惯。② 无论是家庭成员之间、邻里之间,还是与陌生人的交流中卫藏人都会使用敬语。使用基本的敬语是大家都会遵守的语言习惯或者“社会契约”。换言之,卫藏地区的民众在交谈中使用敬语是一个无需强力执行就能被自觉遵守的社会行为规范,具有约定俗成的意义。在藏族人看来,使用敬语不仅是对他人的尊重,也是自身教养的体现,口语中使用敬语是日常对话的语言习惯。因此,卫藏地区的藏族法官在审理案件的过程中是否也应当按照卫藏地区常用的语言习惯进行庭审交流?

通过仔细观察不难发现,卫藏地区的法官也不是完全不用敬语。

---

① 有关藏语敬语,请参考文末附录。

② “藏语的方言有不同的分类方式,目前最为普遍的观点是藏语的方言分为三种,即卫藏方言、康方言、安多方言。卫藏方言是今天西藏自治区的大部分地区所使用的方言;康方言分布在西藏自治区的昌都地区、四川省甘孜藏族自治州、云南省迪庆藏族自治州、青海省玉树州、甘肃省甘南州;安多方言分布在甘肃省,青海省的大部分藏区及四川阿坝藏族羌族自治州”。瞿霭堂:《中国藏族语言文字研究五十年》,载《中国藏学》2004年第1期。

在与律师、案件的当事人、其他诉讼参与人的一般交流中,本地的法官都会使用基本的敬语,例如调解过程、立案过程。但在刑事庭审中,法官不会使用敬语。这是否说明,使用或者不使用敬语是法官在工作中有意而为的语言选择?如果是,那么我感兴趣的第二个问题是:法官为什么会作出这样的选择?这样的选择是什么原因?

或许,问题所对应的现实本身并不复杂。用不用敬语也许仅仅只是法官个人的语言习惯而已,非要将其与司法或法官行为相联系,有强人所难或指鹿为马的嫌疑。并且,对于没有使用藏语敬语语言习惯的人而言,用不用敬语都不是什么大问题,特别是对于习惯汉语语言表达方式的人来讲,更是显得多此一举。使这个问题变得有研究意义的实际是那位实习生的父亲在看完视频后的反应。如果这位父亲的感受也是大部分藏族民众的感受,那么法官在庭审中用不用敬语就不仅与司法相关,还关乎民众眼中的法官形象。甚至,尽管不是必然,会在有意或者无意中影响了民众对于法院的司法公信力的感受。特别是在当下以庭审为中心的审判制度改革下,在大面积地法院庭审上网直播的情况下,这个问题可能会愈加明显。所以,作为一名卫藏人,同时也作为在藏从业多年的法律职业人,一种过往的经验和直觉隐约告诉我,用不用敬语不仅仅单纯地只是法官个人的语言习惯和语言选择问题。

法官用不用敬语,或者什么时候用敬语这个问题看起来是个技术性问题(technical issue)。法学研究似乎很少纠缠于这样的细节,敬语本身似乎也与“法律”不太相干。然而,司法问题必然回应的总是现实问题,纠纷解决也是如此。一个脱离了现实、脱离了日常琐碎经验和习惯的法律终将会是费力不讨好的事。因此,探寻上述问题的答案是有意义的。它的意义在于让我们了解在藏语的语境中,法官可能需要面对的语言选择困境和基于此而可能引发的身份建构困境,以及现代藏语司法公务语言需要进一步发展和完善的问题。这将会是本文分析的第三个问题。

当然,敬语并非藏语独有,世界上大多数语言中都有敬语,只是敬语的构词及使用方式不同。藏语的敬语在词汇、词性种类、使用方式上与其他语言,例如汉语、日语、韩语等有许多不同之处。但本文的研究并不打算对藏语的敬语做系统的语言学上的阐述,而且,也不打算对不同语言的敬语形式进行比较分析(为了让读者方便理解本文所讨论的问题,文末以附录形式对藏语敬语做了简单的介绍)。另外,鉴于本文所要讨论的是敬语与司法的关系,因此本文也没打算关注法官在司法中使用的其他语言技巧,例如修辞等。

本文包括以下几个方面的内容:藏语敬语的独特性使敬语对藏人有特别的意义,因此,文章首先介绍和分析敬语在传统藏族社会中具有的制度性功能,以便于读者更好地理解为什么敬语对于藏族重要。其次,第三部分分析敬语在何种情况下会成为卫藏地区法官的工作语言,梳理敬语在法院的纠纷解决中的表现和功能。再次,文章第四部将民事庭审作为参照对藏语刑事庭审中法官不使用敬语的原因进行分析,并在第五部分分析现代性对于藏语庭审语言的影响,即司法的非个人化和公务化对于司法语言的影响;接着在第六部分从藏族社会的转型、案件类型的变化等角度分析在民事或者行政庭审中法官作出少用或者不用敬语选择的可能性。最后,文章从法官使用或者不使用敬语这一问题进一步延伸讨论藏语司法语言的规制以及完善和发展中需要注意的问题。

二、作为制度的藏族敬语

“名不正,则言不顺;言不顺,则事不成。”①孔子这句话隐含的内容说明了儒家所建立的“礼治”社会遵从的“君君,臣臣,父父,子子”②的治理制度在某种程度上是通过礼节性称谓和礼俗得以规制和推行的。藏族古代社会亦是如此。吐蕃建朝以来,历代吐蕃藏王都十分注重社会治理。从文字的统一、度量衡的创制、成文法的颁布到各类官职的设

---

① 《论语·子路篇》。

② 《论语·颜渊》。

立等举措中可见一斑。但仅有文字、度量衡、官员,没有百姓的支持、社会的稳定,则制度很难落实。在古代藏族聚居区,流动性低的小型部落社会往往依靠朴素的道德和伦常来维持基本的社会秩序和稳固社会结构。部落首领、权贵与民众的遵从关系同样也是通过一套礼俗系统得以建构并弥散到社会的方方面面,更上升为藏族古代成文法的内容,也镶嵌在了社会治理的理念中。作为礼俗的一种体现,敬语就有很重要的贡献。

1. 称谓敬语体现了社会地位与权利

例如,王室的妻子被称为“ཙུན་མོ་”(尊母)、父亲被称为“ཡབ་ཆེན་”(亚钦)、母亲被称为“ཡུམ་ཆེན་”(勇钦);而一般权贵的妻子被称为“ལྷ་ལྕམ་”(拉蒋)、父亲被称为“ཡབ་”(亚)、母亲被称为“ཡུམ་”(勇);普通百姓的妻子被称为“ཨ་ཅག་ལགས་”(阿佳拉),父亲被称为“པ་ལགས་”(巴拉),母亲被称为“ཨ་མ་ལགས་”(阿妈拉)。可见,藏语称谓敬语的差异体现了人的社会地位差异。费孝通先生认为“社会结构是由不同的身份所组成的”。[①] 因而,称谓实际上是对某个家族或家庭成员的地位与身份的确认和辨别。称谓敬语尊称也“隐含了一种对社群和秩序的辨别和确认,以及固定的权利义务关系”。[②] 称谓的不同称呼方式已经被大众接受,并且内化到日常语言中,因此,称谓无须强制使用。这点说明了,称谓敬语是对一种制度化的、存在差异性的社会结构的认可和维系。因此,称谓敬语作为一种礼俗,具有建构社群中权利义务关系的隐形功能。

2. 敬语也是社会伦理在言语中的强化和配套

“礼者,敬而已矣”。[③] 藏族社会的很多礼俗受到藏传佛教的影响,藏人讲究“身(ལུས་)、言(ངག་)、意(ཡིད་)”三者合一。其中卫藏人对长辈

---

① 费孝通:《乡土中国:生育制度》,北京大学出版社 1998 年版,第 142 页。

② 苏力:《纲常、礼仪、称呼与秩序建构——追求对儒家制度性理解》,载《中国法学》2007 年第 5 期。在谈到中国传统社会的称谓时,苏力提到“它们都是高度弥散化的,并具有高度针对性的微观和具体的制度,有非常确定的尽管不一定且常常不为行动者自觉的功用色彩。每一次这类活动,除了其他社会功能外(强化社区认同之类的),又都是对社区中每个人与他人的人际关系的一次制度性表达、重申和确认”。

③ 《孝经·广要道》。

尊重通常最为直观的表现是在"言"上,也就是对长辈使用敬语。敬语是卫藏家庭一项重要的文化传承。日常生活中小孩子从会说话起就会刻意地进行敬语的语言练习。子女面对父母或者任何长辈没有使用敬语,或者用错敬语时,父母都会及时纠正子女的错误。这样的敬语学习通过每一次对话中的敬语使用强化小孩尊敬长辈的伦理观念,有助于小孩从小建立长幼有序的观念。"对长辈以及双亲,应诚心诚意尊敬,一切装束与言行,要与上等人相同",①体现了一种人们所追求的理想景象,说明在传统社会,上等人更注重言行,而向这样的一种言行方式学习或模仿也是社会提倡的美德。②

索绪尔认为语言的本质是社会的,如果索绪尔的断言正确,那么敬语的本质也一定是社会的。③ 传统社会中,礼俗是通过一个个具体的、分类的行为准则落实的。每一项准则都对应着重要而琐细的生活,而正是这些生活的细节维系了社会的秩序。理解敬语所具有的这一功能,同样也可以理解藏族古代社会中的其他一些风俗、习惯和礼仪。例如姓名、服饰、丧葬等一系列不同的习俗。这些含有象征意义的内容共同作用,形成体系,塑造了传统藏族社会的基本结构关系。

3.礼俗是制度化的成文规范,敬语的延续依靠成文法的支持

"礼之所去,刑之所取,失礼则入刑,相为表里者也"。④ 吐蕃藏王松赞干布(公元617~650年)时期开始制定成文的法典,其中《纯正大世俗法十六条》就吸收了大量的民间礼俗与道德规范。礼俗方面大致规定:尊敬族中长辈、对母待之以母、对父待之以父、不犯上且听其言、凡所行应效仿显贵等。⑤ 之后颁布的各类法典基本也都有关于尊敬高

① 久·米宠嘉措:《国王修身论》,耿予方注,西藏人民出版社1986年版,第168页。

② 参见星全成、仁青:《再论藏族格言诗中的伦理思想》,载《青海民族学院学报》2003年第3期。

③ 参见索绪尔:《普通语言学教程》,高名凯译,商务印书馆2009年版,第30页。

④ 《后汉书·陈宠传》。

⑤ 参见(明)巴卧·祖拉陈瓦:《贤者喜宴——吐蕃史》,周润年译,民族出版社2018年版,第98页。

德、以德报德,以及敬亲族、敬事长者的相关规定。① 传统社会的法律主要来自民间习惯。尊敬长辈等礼俗最初是一种民间习惯,之后逐渐上升为一种法律规定。因此,人们之所以遵从伦理,并使用固定化的敬语,是因为有成文法律的支持。

4. 纵向上,敬语体现了社会结构的等级;横向上,敬语体现了平等的社会秩序和人与人之间的分寸感。不同于汉语与日语的敬语习惯,藏语敬语没有性别差异与降低讲话者身份的谦词。日语敬语讲究男女有别,汉语敬语中有大量谦词。② 这点应该是藏语敬语在今天仍然被广泛应用于日常会话的原因。更值一提的是,晚辈必须对长辈使用敬语,长辈并不必须对晚辈使用敬语。为了表示客气、友好与尊重,长辈会对晚辈使用敬语。藏语社会中,平辈与平辈之间也会使用一些敬语,比如在名字后面加"拉(ལགས)"以示尊敬。"客气"在藏族社会中作为一种礼节,体现了讲话者的自我教养,也表达了讲话者希望得到他人尊重的期待。可见,藏语敬语虽然体现了社会等级(区分晚辈与长辈),但是体现的却是一种平等的社会秩序,创造了一种人与人之间的分寸感。

5. 敬语是一种节约交往成本的信息传递方式。敬语的使用在大多数情况下承载了一个人的家境、教养以及对他人是否友好等信息内容。它减少了人与人的交往中,特别是陌生人的交往中获取相对方背景信息的成本。遵守礼仪习俗本身是一件成本非常高的行为,收益则是来自观察者的合作。人们常常通过一些方式去判断和解读对方,比如言行、穿着、举止等,特别是在寻求合作的情况下。因此,虽然敬语的使用者在学习和使用敬语的过程中需要投入很多成本,但这降低了社会合作中的信息成本。另外,敬语低成本但高效地维系了藏族社会的秩序。

近代,随着西藏社会制度和结构的转型,敬语的使用中有些语词只

---

① 参见边巴拉姆主编:《旧西藏法规选辑》,西藏人民出版社 2014 年版,第 15 ~ 132 页。

② 参见张怡:《日语中的女性用语》,载《外语教学》1998 年第 1 期。

出现在书面或者文学著作中,口语中的敬语使用有简化的趋势。① 尽管如此,敬语的使用本身并没有改变,反而越来越被推崇。例如,敬语已被编入藏语文课程内容、微信表情包、藏文歌曲等,表现出了很强的生命力,这说明敬语作为一种传统文化被当代人继承和认可。② 现代社会中我们期待通过法律建立一个和谐的社会状态,过分的呼吁是一种建立在法律条文之上的"法治"社会,而忽视了霍布斯等人提出的"秩序先于正义"的论断。③ 敬语在传统社会中所体现的制度性功能恰恰表明秩序是可以无需"法律"的。

当然,这既不是要宣扬一种居高临下的道德观,也不是想论证敬语具有独立的治理社会的功能。只是试图指出,敬语不只是一种文化现象,还具有社会治理的政治规制功能,因此是制度。文章讨论敬语的功能是想探寻语言习惯背后承载的包括但不限于藏族伦理观念的规范性内容,揭示敬语对藏族社会秩序构建的制度性意义。本文所提供的视角有助于我们在谈论和研究藏族聚居区和藏族习惯时,不落入千篇一律的佛教思想和传统文化解释一切问题的研究范式。

"一方水土养一方人",世世代代的藏人通过一套礼俗制度维系了家人、亲朋、邻里的关系,并建立了一个无需强制执行却是恰到好处的秩序。时代的变革虽然使今天的礼俗所依赖的社会条件发生变化,敬语的使用也趋向于一种"文明言语"。但对于普通的民众来说,每天面对的生活依然是琐碎的、日常的。在这个意义上,敬语对于今天的藏人社会依然弥足珍贵,因为敬语在今天依然规训并且维系着藏人微观社会中的每一个社会个体。不过,人们常说"十里不同风,百里不同俗",

---

① See Scott de Lancey, "Semantic Categorization in Tibetan Honorific Nouns", *Anthropological Linguistics*, Vol. 40, No. 1, 1998, pp. 109 – 123.

② 参见常川:《让新媒体引爆西藏优秀传统文化》,载《西藏日报》2017年4月10日,第5版。该文指出西藏日报社策划推出的西藏文化表情包,通过塑造具有浓郁西藏特色的人物形象,以"贡康桑(您好)","罗萨啦扎西德勒(藏历新年快乐)"等传统藏语敬语为主题,搭配当代年轻人常用的网络用语的"表情包",得到了藏区大量手机用户的关注和喜爱。

③ 参见[英]霍布斯:《利维坦》,黎思复译,商务印书馆1985年版,第35页、第108~109页。

礼俗的具体内容只对分享同样礼俗的社会有意义，超出了这个分享圈，礼俗的意义和功能也就失去了土壤。敬语也是如此。但无论礼俗还是属于礼俗的敬语，其背后隐含的道理，对于任何一个社会都具有价值和意义。

三、敬语在司法中的表现和功能

法官在司法过程中是否应遵守当地的语言习惯？在今天转型社会建设法治社会的目标下，要求法官使用与礼俗相适宜的语言，可能略显“政治不正确”，或者可能会引起误解。因为从法教义学的角度考虑，法官的行为理应遵从的是法律法规的规定，法官的语言也应该更多的符合法言法语。这也符合大多数民众对于法院或者法官职业的想象。但是，实用主义地看，法官使用与当地习惯相适宜的语言，这个命题并不是一个目标或者口号，该命题是对当下基层司法经验的总结和提炼。

首先，无论是西藏还是其他省份，中国法院的现实是基层法院的法官基本都会使用符合当地习惯的语言。

我们的法院每天需要面对和处理的绝大多数案件是当地民众所遇到的各类纠纷。使用民众听得懂的语言也是为了更好地解决民众诉诸法院的具体争议。一些使用当地方言，或者使用易于民众理解的语言办理案件的法官受到了各方的称赞，近几年涌现的榜样型法官取得的业绩就与使用老百姓听得懂的语言办案相关。无独有偶，在西藏，法官在办理案件过程中大都会使用当地百姓能听懂的语言，同时也会遵从当地基本的语言习惯，以便更好地处理各类纠纷。所以，结合目前基层法院的实践情况看，法官使用当地习惯的语言本身是个实然的命题，而且可以说符合我国提倡的“司法为民”的司法精神。

其次，人们常说“习惯成自然”，法官使用当地的语言或者具体地说卫藏地区的法官使用敬语不只是为了迎合当事人或者顺利解决纠纷而刻意为之的。很多情况下，法官是在遵从自己的语言习惯。从俗即是从心。[1] 对当地法官来讲,他们在当地成长,分享当地民众的风俗,受到过同样的礼俗熏陶。这个被称为法官的"职业人",虽然经过了职业的培养和训练,但生活中他终究是个普通的"人",是某个藏民的孩子,或是藏民的父母。从事法官这个职业本身并不会必然地割裂个人的天性。反而,法官的天性会影响法官的行为和判断。[2] 对于当地的卫藏法官来说,他们从小就熟悉基本的敬语,使用起来不问理由而认为是当然的,把使用敬语的规则内化为了习惯。法官的工作也是法官所在区域的整体生活的一个部分。因此,法官使用敬语很多情况下也是自觉甚至是无意识的行为。因此,遵从当地的语言习惯和礼仪风俗显然也与法官个人的习惯有关。我们也可以将其称为法律人知识体系中的地方性知识。

正是因为西藏的法官遵从当地的语言习惯,尤其是卫藏地区的法官使用基本的敬语,使得敬语在法院的纠纷解决中表现出了一些与司法相关的功能。社会学家拉德克利夫·布朗在研究中界定功能时认为,功能是有机生命过程中任何一个循环部分的"贡献",而社会生活中,功能就是循环性行为在维持结构连续性中所做的贡献。[3] 功能强调的是一种组成部分对整体的贡献。因此,研究敬语的司法功能时,有别于作用,我们也同样可以把更多的关注点放在敬语作为司法语言对司法或者法院的纠纷解决所做出的贡献上。

敬语对于现代西藏的司法有什么样的贡献呢?敬语首先作为藏语中一种更为体面的语言表达形式,其本身是礼貌性语言的一种。语言学家认为"通过语言我们可以推断说话者的性别、种族、社会经济状况等社会范畴"。[4] 从世界范围来看,在任何一个社会中,一个说话彬彬

---

① 参见费孝通:《乡土中国》,北京大学出版社2016年版,第14页。

② 例如,费孝通先生认为"法官解释对象虽则是条文,但是决定解释内容的却包含很多因素,法官个人的偏见,甚至是否有胃病。"费孝通:《乡土中国》,北京大学出版社2016年版,第81页。

③ 参见[英]A. R. 拉德克利夫·布朗:《原始社会的结构与功能》,丁国勇译,中国社会科学出版社2009年版,第185~187页。

④ 参见江玲:《再现与重构:社会转型期庭审话语中的法官身份构建》,中国政法大学出版社2014年版,第51页。

有礼的人,都会被视为“有文化”或“有教养”。不仅如此,使用基本的礼貌语言通常也会让说话者态度可亲,让他人易于被接受,减少人与人之间的冲突和争执。因此,礼貌性语言是现代社会中人们所推崇的语言形式。随着司法体制改革和法治理念的转变,中国法官的庭审用语也发生了许多变化。从实践层面看,法官在办案过程中的语言比以往更加职业化,减少了许多历史上形成的政治性口号,更加注重语言的礼仪;①从制度层面看,《法官职业道德基本准则》和《法官行为规范》对法官的工作用语作出了一些原则性的规定,其中特别要求法官使用礼貌性文明语言。② 最高人民法院于2010年12月6日发布的《人民法院文明用语规范》为法官的办案语言提供了参考例句。③ 这些例句在注重法言法语的同时也使用了文明或者礼貌性的语句。从西藏法院的实践来看,法官也十分注重语言的规范性,基本的敬语成为西藏法官的办案语言,他们即使不能使用非常“标准”的敬语,但也会使用最常见或者最基础的敬语。例如(བཞུགས་དང་།请坐),(གསུང་དང་请讲),(ཁྱེད་您)等。

再次,使用敬语是习俗在司法领域的延伸和表现。人民法院是司法机构,有威严性,对民众来说法院是个陌生的环境,但法院不可能完全脱离当地而成为一个按照另外一套有别于人们熟悉的待人接物方式运转的“异文化”空间。例如,民众熟悉的晚辈对长辈的尊重,平辈之间的礼貌等礼俗并不会因为在法院而变得没有价值,法院的各方主体在法院的场域内还是需要继续遵守在生活中已经形成的礼节和秩序。

---

① 参见朱海舰:《论法官庭审用语的规范化》,载《山东审判》1998年第2期。

② 《中华人民共和国法官职业道德基本准则》第2条规定:“法官职业道德的核心是公正、廉洁、为民。基本要求是忠诚司法事业、保证司法公正、确保司法廉洁、坚持司法为民、维护司法形象。”第24条规定:“坚持文明司法,遵守司法礼仪,在履行职责过程中行为规范、着装得体、语言文明、态度平和,保持良好的职业修养和司法作风。”最高人民法院颁布的《法官行为规范》2010年12月6日修订后发布,第2条规定:“加强修养。坚持学习,不断提高自身素质;遵守司法礼仪,执行着装规定,言语文明,举止得体,不得浓妆艳抹,不得佩戴与法官身份不相称的饰物,不得参加有损司法职业形象的活动。”

③ 《人民法院文明用语规范》,最高人民法院2016年12月6日发布,该规范共9条,其中从第2条开始分别就接待来访、立案、庭外调查、庭审、诉讼调解、执行、安全检查、法律文书的送达等过程中使用的语言进行了列举式的规定。

因此,对于平日里习惯使用敬语的当事人来说,在法院中使用敬语是自然而然的事,是礼俗在法院内的延伸。敬语的使用会在无形中让讲话者自觉地关注说话对象的辈分,辈分的差异不会因为法官和当事人的特殊身份而模糊。同辈间使用敬语也同样会使谈话变得有礼有节。法官在司法过程中使用敬语是司法与社会之间建立的语言纽带。

语言学家布朗和莱文森(Brow & Levinson)提出了语言中的“礼貌性策略”理论。[①] “礼貌策略”理论认为,“面子”是每一个社会成员意欲为自己挣得的一种在公众中的个人形象。这样的面子在交谈中可能会被维系、增强,也可能被破坏。这一理论被很多学者用于研究法官在庭审中使用的语言。[②] 但从藏语敬语的特点来看,布朗和莱文森的理论并不能作出完整的解释。因为,藏语敬语的使用很多情况下是一种对习俗的遵从,而不一定是以维护面子或者弥补面子损失为目的的刻意行为。但是,使用敬语确实能够起到让人感到受被尊重的效果。而法官使用敬语有时的确是有意而为的刻意行为。在访谈中,法官们表示在调解的过程中,特别是需要当事人作出让步或者配合的场合经常会使用敬语,使用敬语有助于减少当事人与法院的对立情绪。因此,在调解过程中法官使用敬语与“套近乎”或者拉近距离的策略有“家族相似性”。[③]

敬语的使用能够促使当事人配合法官的工作。对此,虽然尚无数据或实验能够证明这一点,但按照常理,我们可以推理,一个在日常生活中已经习惯敬语的人,因对方不使用敬语会感到被冒犯,从而更倾向于不合作。在我的访谈中获取的信息也证实了这一点。有一位立案庭的法官提到给当事人打电话通知其到法院领传票,但这位当事人却一

---

① See P. Brown and S. Levinson: “Universals in Language Usage: Politeness Phenomenon”, in Goody, Esther N, (ed.). *Questions and Politeness: Strategies in Social Interaction*, Cambridge, Cambridge University Press, 1978, pp. 56 – 311

② 参见谢晓玲:《司法调解中法官礼貌策略研究》,载《赤峰学院学报》2012年第10期;王雪玉:《庭审交际中机构身份的话语建构》,载《沈阳大学学报》(社会科学版)2012年第14卷第3期。

③ 参见[英]维特根斯坦:《哲学研究》,陈嘉映译,上海人民出版社2001年版,第49页。

直不来领取。后来法官问其原因时，当事人反问："怎么不用敬语，法官就不用尊重人吗？"虽然被访谈的法官表示很冤枉，因为他并没有不尊重的意思，但不用敬语在这个案例中确实引起了当事人的误会。另外，还有法官提到，一次在民事法庭上对某位本地当事人没有使用敬语，这位当事人在法庭上说："我也是国家干部，我的女儿都跟你一样大，你怎么老是"རང་"，（敬语是"ཁྱེད་རང་"，类似汉语中您和你的区别），讲话一点都没有教养。"本来是原被告间的冲突，法官只是作出判决的中立方，结果在这个案例中变成了法官与一方当事人之间的不友好对抗。

尤其值得注意的是，敬语本身是一种含蓄和客气的表达，因此人们很少会用敬语的语言形式来吵架或者争论，使用敬语吵架或者争论也会显得没有气势。敬语的使用本身已经限制了语言表达形式。因此，敬语有助于减少法院内法官与当事人之间的话语摩擦和冲突。

最后，敬语的使用可以说与司法的社会效果，法院的公信力，以及当事人的程序正义感受有很大联系。苏力教授在一篇有关陈燕萍法官工作方法的文章中提出，"法官（解决纠纷者）的个人道德、品性以及人格魅力，对于成功化解社会矛盾纠纷，对于司法公信力之建设、司法功能之实现非常重要，至关重要"。[1] 就像那位实习生的父亲认为视频里的法官欠缺教养一样，很多时候，法官的言语塑造的法官个人形象和魅力也会影响到当事人及公众对于程序正义的主观感受，以及对司法公信力的感受。在卫藏地区，法官使用适当的敬语会成为一种法官发出的信号，让大家觉得这个法官至少是有素养的人。相反，法官如果不使用基本的敬语，会让人觉得法官缺乏修养，由此进一步联想到这个法官的业务修养。因此，这说明普通民众对于程序正义的感受度是建立在一些细节上，这些细节往往与法律或者裁决本身无关。敬语在司法中

---

① 苏力：《中国法官的形象塑造——关乎陈燕萍工作法的思考》，载《清华法学》2010年第3期。在这篇研究中，苏力除了论述陈燕萍法官的道德以及工作方式的可取之处外，同时也强调了法官职业化和专业化的意义，指出中国法院不仅需要陈燕萍这样的好法官标准，更是需要超越陈燕萍这样的法官形象。

传递的信号,虽然无可靠的专业性判断,但因为成本低,便于民众辨别,因此也就成了民众对于司法程序正义的感受依据。

有关程序正义的感受度对于司法的影响已经得到了很多学者的论证。“程序是正义的蒙眼布”。[①] 蒙眼并不是因为失明,而是自我的约束,更是让参与司法的人们产生一种信任感。因此,程序的正义不仅是程序性的正义,也是让参与其中或者围观在外围的人获得一种程序性正义的感受。法学教科书以及程序法的相关研究都提出程序和实体需要并重,甚至常常认为程序的正义是实现实体正义的前提。但是从程序正义本身的价值理论来看,程序正义的价值并非只是“好结果效能”(good result efficacy),它还关涉过程中的感受。[②] 认知心理学的研究者们发现对于程序性的正义的感知度会直接影响法律的执行,比如萨默斯(Summers)的研究就表明“公众对执法机构的程序正义的感知程度与对执法机构的正当性(legitimacy)的认识紧密相关”;[③]又如汤姆泰勒(Tom Tyler)的研究通过很多证据证明“人们更愿意配合执法,如果人们感觉到法院或者警察对待他们的方式是尊重和公平的”。[④] 因此,使用敬语虽然只是一种语言方式,但在微观司法中,对于当地的民众来讲,敬语会增加对法官的认可度和信任感,进而增加程序正义的感受度。

总之,在法院的纠纷解决中使用敬语有助于当事人的合作,也有助于民众接受法院的决定和判断。不过,法官使用敬语本身与法官的职业性和专业性无关。从法院的角度来看,法官的职业性和专业性是目前中国基层法院的法官,特别是边疆地区的法官需要加强的职业技能。问题是在加强职业性与专业性的同时,我们的法官是否需要保持基本

---

① 冯象:《政法笔记》,北京大学出版社2016年版,第113页。

② 参见陈瑞华:《通过法律实现正义——萨莫斯“程序价值”理论评析》,载《北大法律评论》1998年第1卷第1辑。

③ Robert S. Summers, “Evaluation and Improving Legal Process: A Plea for Process Value”, *Cornell Law Review*, 1974, No. 1, pp. 1 –52.

④ Tom R. Tlyer, “Procedural Justice, Legitimacy, and the Effective Rule of law”, *Crime and Justice*, Vol. 30, 2003, pp. 283 –357.

的礼俗和习惯?

四、刑事庭审为什么不用敬语?

就法官是否需要使用敬语的问题,笔者在对西藏各地法院的法官进行了相关的访谈后了解到,绝大多数法官会在工作中注意对当事人使用文明语言,会尽量避免有歧义或容易产生误会的言辞。提到敬语时,法官们都认为在汉语庭审中不会特别使用敬语。究其原因,主要有如下三个原因。一是认为尊重是彼此的,在法庭上法官与当事人之间的关系是平等的,所以不会刻意使用敬语。二是认为汉语口语中本来就没有使用敬语的习惯,所以就不会用敬语。三是认为法官是审判人员,是在审理当事人的案子,因此当事人应该向法官使用敬语。从上述理由中,可以获知,在汉语的语境下法官会将文明用语与敬语进行区分,也会将身份的平等性作为不用敬语的原因。法官们认为使用敬语会造成不平等,这可能与汉语敬语中的谦词有关。藏语庭审中,法官认为使用敬语是基本的礼貌和司法文明的体现。但不论庭审中使用的是汉语还是藏语,法官对于刑事庭审中是否使用敬语的观点都是一致的,即刑事庭审中不会使用敬语。

为什么刑事庭审中藏族法官即使用卫藏方言也不会用敬语?访谈中法官们给出了一个很显然的理由,即刑事案件审理的对象是涉嫌刑事犯罪的被告,所以不会使用敬语。这个理由看似合乎情理。面对一个涉嫌恶性犯罪的犯罪分子,法官确实很难做到在庭审上使用敬语与其交流。试想一下,如果坐在法庭被告席上的是一个强奸犯或者杀人犯,法官如何用敬语让其讲述犯罪的事实?因此,法官在刑事庭审中不用敬语的理由确实与刑事庭审被审理对象的性质有关。但是,如果我们对这个理由做进一步的思考,或者考虑这个理由的严谨性,就会发现上述理由虽然在理,但在有些情况下是不能成立的。因为不是所有的刑事庭审的被告最终都会被判有罪。在刑事案件开庭审理后,判决的结果有可能是免于刑事处罚,或者因为证据不足无法认定犯罪,甚至还有可能是无罪。审理的对象是犯罪分子因此不用敬语的解释在上述情形下是站不住脚的。除非法官在审理刑事案件之前已经先入为主地推定所有被审理的被告都是有罪的。如果真是这样,那么法官在刑事庭审中不用敬语的这个理由显然违反了无罪推定原则,也与今天司法改革所倡导的刑事案件庭审实质化、中心化的改革目标不符。

虽然语言决定思维还是思维决定语言是一直以来就存在争议的问题。不过,因为不用敬语而得出法官是有罪推定的结论也容易陷入"客观归罪",甚至容易得出"一棒子打死一片"的不公允的结论。况且这个结论本身也不能解释为什么偏偏是刑事法庭的全体法官,而没有例外?因此,不用敬语,或许可能有其他原因。

1.这是否可能与刑事审判庭的法官更需要体现"公权性"有关?在刑事庭审中法官需要将其身份从社会身份转为法律人身份,并且在话语中更需要刻意建构机构代理人的身份。虽然民事庭审中法官也需要建构机构代理人身份,但二者是有显著的区别的。由于刑事案件涉及犯罪,判决的结果与人身自由限制和生命的剥夺相关,因此比起民事案件,刑事案件中法官更需要体现公权性。在法庭的权利关系中,刑事庭审的法官拥有更强的支配性地位。为此,相比民事庭审,刑事法官需要更加模糊法官的个体身份。语言在这个过程中就起到很好的身份建构作用。"语言建构论"最先是体现在维特根斯坦的论述中,维特根斯坦质疑了长期以来的语言的图像理论,他把语言看作是社会现实进行构建的行为方式。① 在刑事庭审中,法官经常会刻意通过语言来建构其代言人身份,例如法官在讯问前经常会说"现在法院有几个问题需要向你核实……"或者"本庭认为……"而很少将上述句子中的主语换成"我"或者"我们"等表示法官个人的人称代词。因此,在将法院这个机构作为话语的主语的情况下,法官不是代表其本人,而是代表法院在进行对话。权利感的强化需求在刑事庭审中弱化了法官的个人身份。

① 参见张炎:《语言变异建构社会身份》,社会科学文献出版社2013年版,第11页。

在这个语境下,从法官的角度看,不使用敬语是法官想要建立某种威严性与权力性的追求。

2. 是否可能也与刑事案件中法官需要强化“权威象征”有关？由于公权力威慑性的需要,法官需要更多符号化的权威象征。与法官穿法袍、使用法槌等符号化的权利象征一样,在刑事庭审中,法官也需要通过语言建立一种权威的仪式感,甚至需要让法庭更加“剧场化”。这不是说民事案件的庭审不需要象征,而是说威慑力的象征在民事案件的庭审中会相对弱化。在刑事庭审中法官会更多地使用带有“命令性”的语言,以加强法庭的权威性。例如,有研究表明,在刑事庭审中法官经常会用“法庭上要如实供述”或者“公诉人问什么问题,被告就直接回答什么问题”等命令性或陈述性语言。① 刑事庭审中法官的权威性形象与民事庭审中法官的亲和形象有区别。在民事庭审中,虽然法官也会使用命令性语言,但在很多情况下比起刑事庭审,法官因为需要做调解工作,所以这样的命令性语言会相对减少。相反,在调解等程序中还可能需要通过语言拉近与原被告之间的距离。

3. 法律的权威性同时也决定了当事人在法庭内的从属地位。传统藏人社会对法律的理解也伴随着对于法律权威的确认。藏族格言“国法犹如金轭”(རྒྱལ་ཁྲིམས་གསེར་གྱི་གཉའ་ཤིང་)的比喻体现了藏族人对法律权威的一种朴素的解读。“金”是高贵及重量的体现,而“轭”是法律束缚的象征。“金轭”正是人们对于法律权威性的一种表达,甚至成了历代藏族地区成文法典的权威性宣誓。② 现代司法所提倡的“法律面前人人平等”的理念,在本质上隐含了法律的权威高于所有人而存在的前提。因此,在庭审中,法官是权威法律的化身,当事人作为法律的子民对法律具有当然的服从义务。在这个意义上,法律权威性所赋予的法律至高性决定了法官在庭审中不对当事人使用敬语。

---

① 参见崔玉珍:《庭审讯问叙事研究初探》,载《中国社会语言学》2015 年第 2 期。

② 例如,五世达赖时期颁布的《十三法典》记载,“盛行的法律如丝般细而柔软,又如金轭般重而有力”。参见黄金毅:《五世达赖时期十三法典的文化解读》,载《西藏民族学院报》(哲学社会科学版)2011 年第 3 期。

4.不使用敬语与刑事庭审中法官的中立性与客观性的追求相关。法庭中法官的角色决定了法官的言行需要保持客观与中立。法官在法庭上使用敬语很可能在无意中引起人们对于法官中立性的误解。如果法官对被告使用敬语,在有受害人或者受害人家属在场的案件庭审中,很可能会让上述主体认为法官对被告存有偏心,以此延展,甚至有可能顾虑法官对被告的犯罪行为不会予以严惩,从而怀疑最终的判决结果的合理性和合法性。而从被告的角度,如果法官对其使用敬语,除了让被告觉得受到尊重外,反过来也很可能会造成对被告的心理暗示和误会,以为法官认为自己无罪或者罪轻。因此,在庭审中,法官为了避免不必要的误解给自己的工作效率和效果带来的阻碍而不使用敬语也是法官作出的理性选择。故,法官不使用敬语是为了避免使用敬语给法官的审判工作的客观性和中立性,乃至权威性造成不必要误解而刻意为之的行为。

总之,藏语刑事法庭中法官不使用敬语的语言形式有其合理原因。当然从更广义的司法现代化和司法的效率要求来讲,庭审中不使用敬语也是司法现代化的一种体现。

五、现代性与藏语司法语言

卫藏地区的法官在庭审中使用或者不使用敬语的问题,给我们从根本上提出了藏语庭审所使用的藏语言如何与现代司法相适宜的问题。与现代司法相适宜并不意味着必然需要摒弃传统中形成的礼俗或者礼俗性用语,但现代性或现代化意味着基于司法的正式性需要,司法人员使用的语言应当相应地非个人化和公务化。

非个人化是现代司法的一项重要的制度要求。在传统的藏人社会中,争议的解决常常需要依靠礼俗或者宗教教义来教育争议双方,甚至通过道德感化的方式定分止争。为此,裁判者需要借助个人的威望或者信誉,这也是为什么传统社会中争议都由德高望重的长者或者喇嘛来主持公道的原因。即使是诉到法院,案件的认定有时也需要依赖一些不确定的因素,例如用神明裁判的方式认定证据,或者带有很强的裁判者个人色彩的道德评判等。而与此相反,现代司法提倡的是通过统一的成文化的法律规定和格式化的司法程序,以及职业化的审判人员来解决纠纷。这两者之间的差异说明了现代司法更趋向于"理性"。"理性化"也是韦伯对西方社会的现代性和现代化转变的理解。在韦伯看来,现代西方社会结构的形成就是"理性化"的过程。① 与此相应地,韦伯认为现代法律是"理性"和"形式化"的,即韦伯所说的"形式理性型"的法律。② 因此,按照韦伯的理解,司法的现代化过程就是司法中"形式性"和"理性"的成分不断增加的过程。而这一过程对司法的职业化和专业化提出了要求,要求司法的非个人化。非个人化意味着在司法中使用的语言更加程式化。今天我们使用的判决书、起诉书,以及他法律文书的程式化就是司法语言非个人化的具体体现。文书的程式化不仅减少了人们基于各自的偏好和表达习惯而无法统一文书的情况,也避免了因随意性和个性化而导致的文书内容不确定的情形。文书的程式化使文书越来越简洁,同时也将文书的文字内容集中到了司法所关心的问题上,提高了司法的效率。另外,程式化也让现代司法变得更加固定,也因此增加了纠纷解决的过程和结果的可期待性和可预见性。

司法的非个人化与司法本身的公务化也有关。公务化意味着正式化和客观化。法官作为国家的公职人员,庭审过程是履行公务的过程,因此在法庭中使用的语言也需相应地因为公务而正式化,减少随意性和个人性。另外,在法庭内开庭本身就有一定的"剧场化"的效果,加之法律的庄严性,也要求法庭庭审过程相应地变得庄重,故在法庭内法官使用较为正式的语言更符合法庭这个公务性的场合。相比之下,基

---

① 参见[德]马克斯·韦伯:《经济与社会》,闫克文译,上海世纪出版集团 2018 年版。

② 参见郑戈:《法律与现代人的命运:马克斯·韦伯法律思想研究导论》,法律出版社 2006 年版,第 108 ~ 124 页。

层法院的民间调解等的过程中虽然法官也是在履行公务,但因为履行公务的场所空间特点,决定了其使用的语言无需太过正式。例如,有学者发现在黑龙江伊春地区法官在"炕上审判"时会使用"拉家常"这种非正式的聊天话语使法官的语言与对话的场景和空间环境相适宜。① 这说明语言的使用会随着讲话场景和交际对象而发生变化。语言学家认为在特定的对话中,交际者为了实现特定的交际目的,会根据具体的微观语境和宏观的社会文化语境,通过语言的选择构建各自的身份和社会关系,以实现交际的目的。② 因此,在现代性和司法的现代化、理性化和公务化的转变趋势下,在微观法庭的语境和宏观的司法文化发生转变的背景下,法官使用更多的机构性和正式性话语才能实现司法的目的,这也是司法发展的趋势。

总之,从司法语言与现代司法的关系来看,我们似乎可以得出这样的结论,即藏语的庭审中少用或者不用敬语更加符合司法的现代性的需要。不过,在藏语的庭审中如何才能实现语言的公务性同时又体现藏语语言本身的优雅性和礼俗性,是相关学者以及司法人员在庭审语言的改革中需要关注的问题。不但是从整体上看,现代藏语的庭审语言需要更加公务化和正式化,因此减少礼俗性语言也是必然。

六、民商事或行政案件中敬语的规避

在有些特殊的民商事案件或者行政案件中法官使用敬语也会带来不必要的尴尬和麻烦。刑民交叉的案件是个典型的例子。在侵犯人身权或健康权的纠纷中,如果侵犯的结果达到追究刑事责任的程度,侵权

① "一次农村家庭纠纷庭审,黑龙江省伊春市桃山林区人民法院一位法官记录:就像乡下人一样双腿盘坐在土炕上,与老人的亲家及儿媳妇唠起了家常,从今年庄稼的产量和价格谈到明年的打算,不知不觉地就把话题引到了家庭关系上来。"参见刘星:《司法日常话语的"文学化"源自基层司法经验》,载《中外法学》2010年第2期。

② 参见江玲:《再现与重构:社会转型期庭审话语中的法官身份构建》,中国政法大学出版社2014年版,第68页。

人不仅会被依法追究刑事责任，同时也需要承担对受害人的民事赔偿责任。如果刑事案件认定构成犯罪，那么民事案件中，法官对侵犯人身权利的相关负有赔偿责任的主体就不便使用敬语。例如在幼儿园虐童案件中，除了实施虐童行为的幼教因涉嫌虐待被监护人罪被依法追究刑事责任外，涉案的幼儿园还需要承担民事赔偿责任。在民事庭审中，法官很难在使用敬语的语境下对此类案件的具体事实和责任认定等问题进行有效的沟通。虐待儿童行为从社会舆论及道德伦理上都会更倾向于受害人，因此哪怕在赔偿金额的调解程序中法官对相关责任主体使用敬语都可能会引起原告的不满，甚至可能会适得其反地激化案件矛盾，或引起社会公众的不满。类似的问题在一些行政案件中也有可能出现，例如行政机关因违法行政被诉，根据法律规定，行政负责人或其委托的行政机关工作人员必须出庭应诉。如果法官对被告的出庭人员使用敬语，有可能让原告认为法官存有偏心。因为在这类案件中原告和被告的社会身份本身就不对等，因此很可能增加或强化原告原本可能就有的猜忌，认为法院会偏向行政机关，自己的权益得不到有效的保护，进而对判决结果的公正性产生怀疑。即便法官仅仅是因为被告出庭人员年长而使用敬语，但案件的性质决定了原告误会的可能性。敬语的使用给当事人造成的心理暗示、猜忌等虽然有时未必像其他带有偏袒或者让人产生误解的语言那样明显，但敬语的使用或者不使用会引起一些微妙的心理感受上的变化，这往往可能给法官的工作带来一些潜在的，甚至是显著的不必要的麻烦。如同刑事案件的法官，在这类民事或行政案件中不使用敬语更能保持法官的中立性，更重要的是会减少不必要的误会。当然，如果完全不使用敬语也可能让当事人认为法官缺乏修养，但哪种结果更加影响法院的工作是需要法官衡量的问题，这恰恰也说明藏语口语需要发展中性的公务用语的必要性。

藏族社会的转型和经济的发展，使得法院审理的案件类型发生了一些变化。首先，在传统藏人社会，有些案件是基本不会涉及的，例如民告官的行政案件，不仅在传统社会很少，即使在几年前，很多西藏基层法院的行政庭一年都不会受理一件案子的情况比比皆是。而目前，行政法庭的案件受案率也在逐年增高。同时,一些新类型的经济纠纷、环境诉讼等案件也在不断地出现。案件事实的错综复杂、案件类型的多样化、涉及主体的身份多样化、案件背后的社会伦理和道德的争议等,都会导致在民商事或行政案件中法官很难通过传统的亲和的或者以调解为主的案件审理模式达到案结事了的结果。因此,在藏语民商事或行政案件庭审中不使用敬语的案件数量也会相应地增多。

另外,值得注意的是,一个人使用敬语本身是需要很好的敬语语言锻炼,否则经常会用错敬语或者因使用不当而闹出笑话或者误会。在庭审的严肃场域内如果法官用错敬语或者使用不当,不仅可能引发笑话,甚至因为无意间用错而可能导致误解。敬语使用与法庭需要查明的案件争议事实或证据等无关,而且也与法官对于案件的投入和整体把握等专业态度无关。因此,如果法官在民商事案件或行政案件中仅因为使用敬语可能会影响到法官的权威性、公务性,甚至庭审的效率,则敬语的使用必然因为是个高成本低收益的行为,敬语会被庭审语言的实践自然淘汰。

随着现代社会人员流动性的增加,西藏社会也如同国内其他省份一样,从熟人社会转向了陌生人社会。人们之间的交往已不可能仅局限于本地,发生的民商事纠纷也已不可能只在本地人之间。因此当纠纷诉至法院后,如果本地的法官过度使用敬语会导致不懂卫藏方言的藏族当事人听不懂法官的语言。以笔者个人的经历为例,曾经一位来自那曲(藏北牧区)的当事人对笔者说:“拉萨人很讲究敬语,但很多时候我不知道你用的那些敬语是什么意思,不用敬语我还能更明白你说的话。”在法庭内,卫藏地区的法官对其他方言区的当事人使用敬语显然会使当事人不能理解法官的意思。故在藏语庭审中法官不使用敬语对于非卫藏地区的当事人来说不仅当事人本人不会介意,反而会是个更加公平的语言选择。

所以,综合上述,社会的转型、人员的流动、案件类型的变化等因素都会使得法院案件审理内容和面对的当事人的类型发生变化。使用敬语虽然在一些情况下能够缓解民商事案件中当事人之间或与法院的对立,能够拉近法官与当事人之间的距离,从而更好地解决纠纷,但与此同时带来的一些麻烦可能会让法官去衡量利弊。从经济学成本收益分析原则来看,趋利避害、实现利益的最大化是法官在庭审中自然会考量的因素。照此来说,在藏语的民商事和行政庭审中简化,或者少用,甚至不用敬语是个理性的选择。

七、余论:藏语公务语言与庭审语言的规制

公务语言的发展历程是语言向理性化发展的历史进程。以汉语为例,历史上,汉语的公务语言发展与一般的交流话语发展不同,它的发展一直与公文写作的历史密不可分。公文本身作为一项制度是国家治理(governance)的重要组成部分。因此,历朝历代对公文的改革奠定了今天我们所使用的汉语公文以及公务语言的基础。根据相关的文献记载,汉语的公文写作最早可以追溯到夏商周时期的甲骨文、钟鼎文和《尚书》。在《尚书》中可以看到有不同的文体的出现。① 从西汉后期开始,公文文风受赋和骈文的影响,出现了忽视内容、过分追求形式的不良倾向,随之出现了对于公文文体和公务语言改革的关注。不过,使汉语的公务语言和公文写作进入现代化进程是在五四运动之后的去文言运动,中华人民共和国成立以后国家自上而下大力推广普通话,以及一系列法律法规的不断规制使得汉语公务语言的现代化逐步实现。国家的力量在汉语现代化过程起到了很大的推动作用,例如国家推行了一系列有关公文写作的法律法规。

藏语公务语言的发展同样也与藏文公文写作的发展密不可分,但是相比汉语的发展,藏语的发展相对较慢。历史上,虽然对藏语进行了三次厘定,但是至今尚未形成统一的藏语的标准话或普通话。公元9世纪,吐蕃王热巴巾厘定文字,简化了藏文字,当时依据的主要是卫藏

---

① 闵庚尧:《中国古代公文简史》,档案出版社1988年版,第111页。

方言。热巴斤简化的藏文字使书面语与方言趋于一致。在后来的藏语发展中用藏文书面语作为各方言区人们书面交流的工具被一直沿用至今。[①] 但是口语中三大方言各自发展,难以互通,这给当代藏族聚居区的藏语进一步发展造成了很大的障碍。藏语的书面语与口语严重脱节,这也是藏语口语中未形成符合现代意义的公务语言的原因之一。虽然运用藏语书面语可以形成非常正式的语言形式,目前所有司法文书,例如检察院的起诉书、法院的判决书等都能够用非常正式的语句进行书写或者从汉文翻译成藏文,但藏语的口语很难形成相应的口语化的或者白话形式的正式公务语言。

因此,如何使藏语口语与时俱进地形成与西藏的现代化相适宜的公务语言是藏语言发展需要解决的问题。特别是国家非常有必要从制度层面对藏语言进行规制。以汉语为例,中华人民共和国成立后,对汉语言和文字进行规范成了国家治理的重要组成部分。政府自上而下地推行了一系列的政策和法律规定,才有了今天的汉语,特别是汉语公务语言的统一和完善。但相比之下,国家和地方政府对于藏语发展的关注相对较少,仅从政策和法律规定的数量上看,国家治理的推动作用显得非常的薄弱。例如,目前法律层面有《宪法》《民族区域自治法》《国家通用语言文字法》中提到了少数民族语言的使用权利。部门规章有《国家民委关于进一步做好民族语翻译工作的指导意见》《民委关于做好少数民族文字管理的意见》等原则性的规定。西藏自治区的地方立法中仅有《西藏自治区学习,使用和发展藏语言若干规定》《拉萨市社会用字管理办法》。除玉树藏族自治州、果洛藏族自治州、甘肃天祝和甘南自治州分别颁布了藏语言文字工作条例外,其余地区均未查到相关藏文字的修改和发展,甚至是公文写作和公务语言等方面具体的操作性规范也未查到。今天,在社会转型期,藏语语言的发展离不开藏语本身的现代化和发展。如何使藏语发展得更好,有待于政府及社会全方位的重视并予以推进。

---

① 参见南嘉才让:《藏语书面语和各方言的关系》,载《西北民族研究》1997年第2期。

另外，有关藏语的法律语言的问题，大多数学者将法律术语的翻译或者法律双语作为了研究的重点，涌现了一批研究成果。不仅出版了藏汉双语法律术语的字典和教材，而且公检法的藏汉双语法律培训班也在各地兴起，司法考试的藏文试卷也经过了几年的实践。但藏汉双语法律过多地将研究和实践的关注点集中于法律术语的翻译问题，事实上，藏语庭审中法律术语的使用更多的属于法律人之间的交流语言。术语的翻译并没有解决藏族民众或者当事人对于该术语的理解。例如质证、回避等术语翻译成藏文后，法官在法庭上使用时往往需要在庭上对这些术语做解释。藏语庭审中，法官常常在让当事人质证后会补充一句“质证的意思是你对这个证据有什么意见”。回避的藏语也是如此，法官常常需要说“回避的意思是你对庭上的这些人有什么意见吗”。[①] 因此，法律术语的翻译并没有真正解决司法中双语庭审的关键问题。相反，在双语庭审或者藏语庭审中经常出现的问题是翻译人员不够专业，翻译的句子经常词不达意，甚至翻译错误。[②] 法官、检察官和律师等法律职业者使用的藏语不够公务化和正式化。司法考试的卷子让很多考生弄不懂的不是藏语法律术语，而是题目中的句子本身翻译生僻，甚至出现的一些方言词汇和表达方式，让考生不知所云。[③] 因此，实际影响司法中语言有效沟通和交流甚至使用的不是法律术语，而

① 例如，西藏日喀则市中级人民法院2018年8月22日审理的走私国家禁止进出口货物、物品罪一案[(2018)藏02刑初7号]，主审法官德吉曲珍在庭审中对提到的法律术语一一向被告进行了解释，例如回避等。民众不懂法律术语而需要法官再行解释，这不仅在西藏，在其他省份的基层法院也有类似问题。载中国法庭公开网：www. http://tingshen. court. gov. cn/live/2878005，最后访问时间：2019年7月19日。

② 在藏汉双语庭审中，作为双语律师经常需要当庭纠正翻译的错误。笔者在某省办理的刑事案件中，法庭几经周折聘请了某民族学院的学生作为该案的庭审翻译，因为方言问题，特别是法律专业知识的欠缺以及汉语表达能力的有限，庭审交流中翻译出现大量错误，导致法官、公诉人与被告对话出现严重障碍。类似的情况在西藏也经常发生。这种情况下，庭审实质化实际是很有难度的，甚至根本不可能实现。

③ 2018年司法考试客观题考试结束后，有许多考生在网络和微信平台上反映藏文试卷很多句子很难理解。因此不仅是需要将法律术语双语化，同时也需要精通法律并精通藏汉两种语言的翻译人才。另外，考生们抱怨司法考试藏文卷考试现场配备的是汉语的法律法规，这也值得大家反思。

是藏语言本身。当然,这样的现象也说明了法学理论和语言从西方"移植"或"翻译"的弊端,表明一种表达民族共识的法学语言的形成任重而道远。①

八、小　结

敬语在藏人社会中有悠久的历史,在今天也发挥着重要的规范作用。我们的司法或法治建设正如苏力所言需要"关注这些融入社会背景,而不为我们看见的,却被视为天经地义理所当然的社会规范"。② 不过,社会的转型,司法的现代化要求我们的司法语言体现更多的专业性和职业性,同时也需要注意在司法中使用更加正式化的语言,避免个人化。司法的运作依附在其发挥职能的社会语境中,如何在司法现代化的同时更多地体现本土化的特点,需要不断地摸索与发展。

九、附　录

藏语敬语简介

藏语敬语除了数词和连词外,其他的名词、动词、副词、人称代词等都有对应的敬语(以拉萨话为例,见表1),其中名词和动词的敬语数量最多。敬语本身也有不同的级别(见表2)。最常见的敬语表达方式有前缀方式、后缀方式,以及用名称后面加后缀词"ལགས་"(拉)的形式,例如,母亲ཨ་མ་ལགས་(阿妈拉),法官ཁྲིམས་དཔོན་ལགས་(持本拉),特别是人名后

① 参见凌斌:《编纂民法典:民族生活的法律归宿》,载《中国法律评论》2014年第4期。

② 苏力:《法治及其本土资源》(第3版),北京大学出版社2015年版,第67页。

都会加ལགས་。①

表 1

汉语	非敬语	敬语
头	མགོ་(果)	དབུ་(唔)
坐	བསྡད་(迭)	བཞུགས་(修)
你	རང་(让)	ཁྱེད་རང་(其让)
疾病	ན་ཚ་(那擦)	སྙུང་གཞི་(宁哦西)
喜欢	དགའ་པོ་(嘎布)	མཉེས་པོ་(尼布)
单独	གཅིག་པོར་(吉布)	སྐུ་རྐྱང་(古将)

表 2

汉语	非敬语	敬语	高级敬语
父亲	ཕ་(帕)	པ་ལགས་(巴拉)	ཡབ་(亚)
来去	འགྲོ་བ་(卓哇)	ཕེབས་པ་(批易巴)	ཆིབས་སྒྱུར་གནང་བ་(其玖囊哇)
去世	ཤི་བ་(西哇)	གྲོངས་པ་(充巴)	དགོངས་པ་རྫོགས་པ་(贡布作巴)
妻子	བཟའ་ཟླ་(萨达)	སྐུ་ཟླ་(古达)	ལྷ་ལྕམ་(拉绛木)

目前,在卫藏口语中人们很少在日常对话中使用高级别的敬语,这些敬语更多的是在文学作品中使用。不过,一般的敬语在日常口语表达中非常普遍,例如藏语的电视新闻内容、各种广播节目中都会使用敬语。但如果没有系统学习或者日常有使用习惯的人,即使会藏语也可能会造成不会说卫藏话的情况,以至于有学者感叹“一个人不会用敬语,你将听不懂别人讲的话,虽然你听的是藏语,但感觉像是另外一种语言”,②足见卫藏敬语的特殊性。

① 有关藏语敬语的语言结构、词性和语意等,参见扎西草:《基于信息处理的藏语敬语词研究》,载《西北民族大学学报》(自然科学版)2013 年第 34 卷第 92 期;曹晓燕:《藏语敬语简论》,载《藏学研究》1994 年第 3 期。

② 索南坚赞:《藏语敬语词的结构类型探讨》,载《西藏研究》1990 年第 1 期。

举例如下:

(1)“你叫什么名字”这句话不用敬语是“རང་གི་མིང་ལ་ག་རེ་རེད།”,而用了敬语的表达方式为“ཁྱེད་རང་གི་མཚན་ལ་ག་རེ་ཞུ་གི་ཡོད།”,其中的“你”“名字”“叫”这些词语都有变化。

(2)“吃饭了吗”这句话不用敬语的表述为“ཁ་ལག་ཟས་པས།”,而使用敬语后的表述方式为:“ཞལ་ལག་མཆོད་པས།”其中“饭”“吃”转变成了敬语形式。

(3)“请坐”,不用敬语为:“བསྡད་པ།”,使用敬语后变为:“བཞུགས་གདན་འཛགས།”,其中,除了“请坐”两个词都发生变化外,句子的表达也发生了变化。

《法律和社会科学》
第18卷第1辑,第187~215页

法律指引为何失效*
——基于某看守所在押犯违法心理调研的认知神经科学解读

郭　忠**

摘要：在违法心理问卷调研中发现,大多数违法者在行为发生时存在难以自控以及不能把违法行为和制裁后果在意识中进行联结的情况,而多次坐牢的人更显示出这样的特点。法律在违法者那里出现的指引失效说明法律的指引作用是有限的。从认知神经科学的角度分析,法律指引的有限性是源于人类受限的自由意志和受限的理性,而二者并非在每个人身上均等地分布。弥补法律指引局限性的措施,一方面是从决定论出发,注重通过互动和模仿建立无意识行为秩序;另一方面是致力于个体的自制能力的锻炼来实现更好的法律指引。

关键词：法律的指引作用　局限性　自由意志　理性　决定论

---

* 本文系国家社科基金重大项目“社会主义核心价值观融入基层社会治理研究”(17VHJ006)阶段性成果。

** 西南政法大学行政法学院教授,博士生导师。

一、法律指引的失效

法律指引作用的存在是实现法治的前提条件,无论是法律的执行、适用还是法律的遵守和监督,无不以法律指引作用的存在为前提。但是,法律的指引是建立在人们的心理状态之上的,涉及人们行为时的知觉、感觉、情绪、注意力和意志力等诸多心理因素,离开了人们的心理对于法律的认知,根本谈不上法律的指引作用。在现实中,我们观察到,大多数人在能够清楚认知法律及其违法后果的时候,在合法和违法之间选择了合法行为,我们可以认为法律对他们存在指引作用。但同时,我们还看到这个世界上仍然存在不少违法者,法律没能指引他们的行为。这样一些置法律的威慑于不顾的人,他们是一种什么心理状态呢?

抱着这样的疑问,笔者于2017年暑期,对重庆市某地看守所在押的51名已决犯和4名未决犯罪嫌疑人进行了一次问卷调研,①目的是弄清违法行为做出时,行为人对违法后果以及违反道德的认知状态。受访者55人中包括盗窃罪19人,贩毒罪19人,其他罪(故意伤害罪、诈骗罪、抢劫罪、抢夺罪、强奸罪、贪污受贿罪、非法拘禁罪等)17人。55人中曾入狱的有35人,占63.6%,其中包括盗窃罪15人,贩毒罪15人,抢夺罪2人,故意伤害罪2人,掩饰、隐瞒犯罪所得1人。从文化程度来看,大学和研究生程度的6人,中学程度的32人,小学程度的16人,未上过学的1人。

通过问卷,我们发现,对于本次调研的大多数的违法者,法律的威慑和道德的力量并未在他们心理上产生作用,其犯罪行为发生时甚至想都没有去想一下,即使是曾经坐过牢的犯罪者。

---

① 本次调研对象主要以看守所已判决并服残刑的罪犯为主,虽然调查对象数量较少,但笔者认为在没有任何答卷压力的情况下,问卷是能够反映他们心理状况的。同时答卷反映出一定的规律性结果,这说明调查对象确实不是随意乱答。

这次问卷设计了三个主要问题，第一个问题是考查制裁后果发生之后的心理状态以及对违法行为的归因。问题为："法院判决后，你对原来做出的事感到后悔吗？为什么？"有51人对选项进行了回答。由于51人中有35人曾入狱，所以表1中将他们的回答予以单列，以提供对比。

表1 "法院判决后，你对原来做出的事感到后悔吗？为什么？"

	受访者51人中所占人数	受访者中曾入狱的35人中所占人数
有点后悔，怪我自己当时运气不好，现在觉得坐牢划不来	6	5
非常后悔，我当时不该太冲动，现在觉得坐牢划不来	20	13
非常后悔，我当时鬼迷心窍，现在觉得坐牢划不来	21	16
非常后悔，我当时太大意了，现在觉得坐牢划不来	2	1
不后悔，我早就想到可能坐牢	2	0

绝大部分受访者表达了对犯罪的后悔想法，大多数人把事发时的心理状态归于冲动或鬼迷心窍，在所有受访者中，这部分人占比超过了80%，其中，曾入狱的人员中比例高达82%，比未坐过牢的人高出了7个百分点。

回答"不后悔，我早就想到可能坐牢"的有2人，他们似乎是理性选择下的违法者，而归因"运气不好"或"太大意"的人也存在行为时理性选择的情形，因为他们把自己的入狱归因于风险的误判或过度的自信。但这类人占比低于20%。

第二个问题主要考查法律威慑在违法行为进行时的作用情况。问题为："当你做出违法的事时，你想到过有坐牢的后果吗？"有55人（包括4名犯罪嫌疑人）回答了问题，见表2。

表2 “当你做出犯法的事时,你想到过有坐牢的后果吗?”

	所有受访者55人中所占人数	受访者中曾入狱的35人中所占人数
当时来不及想这个问题	30	21
之前就想到的,但我没有其他工作好做	5	3
当时没有想这个问题	16	9
不知道当时的想法	4	2

回答“来不及想这个问题”和“没有想这个问题”的人占比83.6%,在曾入狱的人员中甚至高达85.7%(这部分人绝大部分是盗窃和贩毒),比没有坐过牢的人高出5个百分点。这表明在违法行为发生时,对后果的判断在大多数情况下并不出现在意识之中。而那些曾入狱的,对之有深刻体会的人,为何比例反而更高呢?或许因为这些人更缺乏把当前行为和违法后果联系起来的能力,因此才会多次犯罪。在第一个问题的回答中我们可以发现曾入狱的人更多地把行为归因于冲动和鬼迷心窍等无法自制的因素(高出7个百分点),这似乎不合常理,但如果从这部分人更缺乏理性能力角度来理解,则是正常的。回答中仅有少数人的选择表明之前考虑过坐牢的后果,但收益最大化的原则使他们决定实施犯罪。

第三个问题是考查违法行为发生时的道德心理状态。问题为:“你当时做犯法的事的时候,有没有想过做这样的事是对还是不对”。受访者55人进行了回答,见表3。

表3 “你当时做犯法的事时,有没有想过做这样的事是对还是不对?”

	所有受访者55人中所占人数	受访者中曾入狱的35人中所占人数
没有想过,来不及想	32	21
想过,但我只能这样做	18	11

从这一问题的回答看,回答“想过,但我只能这样做”的人可归属于

理性行为选择者，占32.7%，而回答“没有想过，来不及想”以及“没有想过，也不想去想的”属于道德上的非理性行为者，占全部受访者的67.3%。其中多次入狱的人在道德心理上更具有非理性特点，比从未入狱的人高3.6个百分点。

经过对问卷表回答的分析，我们可以得出三个结论：第一，大多数违法者在行为时有冲动等难以自控的因素，而多次入狱的人更显示出自控力弱的特点。第二，违法行为发生时，大多数人不具有把行为和制裁后果相联系的理性能力，多次入狱的人更具有这个特点。第三，违法者违法时的道德推理能力较弱，但相比其对法律后果的推理来说，却好些。

从对违法行为者的调研来看，法律的威慑力并不令人乐观，甚至比道德的心理影响力更小。特别是多次入狱的违法者更表现出缺乏理性能力的特点，这和我们的常识判断相悖：多次入狱的体验，应该更容易激活大脑对后果的判断，导致行为和后果的联想发生。

过去，我们常常把违法行为发生归因于法律意识淡薄，把法律意识看成是个体意志之内的因素，即人人（除了精神病人和未成年人）都具有增强自我法律意识的能力，以避免违法行为的发生。但实际情况很可能是，对于特定人群来说，他们很难具备这样的能力，他们即使掌握了相关法律知识，甚至有坐牢的亲身体会，都无法在违法行为发生之时，在意识中把行为和制裁的后果联系起来。可以说，对他们而言，法律失去了指引作用。

二、法律指引的局限

从前述看守所调研的情况看，行为被惩罚时的后悔和行为发生时的冲动形成了强烈的对照，似乎显示出刑法或刑罚对违法者的预防作用严重不足。对于刑罚预防作用的局限性，刑法学家早有研究，他们在肯定刑罚具有一般预防功能的同时，也承认其局限性。[①] 法律的预防作用来自法律对行为的指引，刑罚预防的失效就是法律指引的失效。不仅仅是刑法，所有的法律都通过对合法行为的肯定以及对违法行为的否定，指引人们按照法律规范要求的方式或不违反禁止性义务的方式去行为，从而实现法律对社会关系的调控。

但是，这种依照法律指引作用来实现的调控是有局限的，在不少情况下处于无效状态，看守所调研的结果似乎说明了这一点。那么我们就需要进一步分析为什么法律在一些情况下失去了指引作用。

（一）法律指引的前提

首先，法律的指引是一种规范指引，其规范具有抽象性和概括性的特点，需要指引的是普遍的个体或群体。所以接受法律指引的主体必须具备对概括性规范的理解能力，即把自己的具体行为归纳入法律规定的抽象行为模式中去的能力。例如，你要如果了解你的行为是否犯了盗窃罪，你就需要具备理解你的行为是否属于法律规定的盗窃罪的能力。

其次，法律指引是一种后果指引。在能够把具体行为归纳入抽象规范的同时，人类还具有根据法律规范推知行为后果的能力，即根据法律规定的行为模式和法律后果，人们不仅能够把自己的行为划归为某种行为模式，还能够根据法律推知行为的可能后果。例如，人们不仅可以推知自己的某种行为是否为法律规定的盗窃行为，还能根据法律推知自己的行为可能遭受的制裁。从这个角度说，法律指引还是一种后果指引。

最后，法律指引是一种意义指引。人们服从法律规范，不仅仅是因为不服从的法律后果存在，还因为接受法律规范指引是生活意义之一，是应该的也是必要的。在接受法律指引时，人们也不是像忠犬那样盲目

① 挪威学者安德聂斯认为，刑罚不可能对所有人都产生一般预防的效果，有的人可能不具备理解与认清刑罚的性质所必需的充分的理智前提，因而不可能对刑罚产生回避性反应。他同时认为刑罚的一般预防也因罪而异，对触及像凶杀、强奸、偷税漏税、盗窃和违反停车归责这些犯罪行为时，刑罚的威吓作用是不尽相同的。此外，刑罚在不同地区与国度的预防功能也有所不同，对一些团体的一般预防效果有限，一般预防效果与执法严肃程度也密切相关。参见丘兴隆：《有限遏制：一般预防的局限》，载《政法学刊》2000 年第 3 期。

遵照主人的意思,而是对自己的行为以及法律要求的行为有着意义上的考量。人们理解法律规范时,也会从立法目的和法律价值的角度进行理解,否则法律的指引便是无法被接受的。还有些法律规范中的行为模式非常抽象,如果不进行意义上的考量,我们甚至不能判断自己的行为是合法还是违法。

以上法律指引的特征表明,法律指引的实现需要人的自由意志和理性能力。故被法律指引的人能够理解法律和它的意义,并根据自己的意志按法律的要求行为,这是法律指引的最为重要的前提。

在我们认为人具有完全的自由意志和理性能力的情况下,服从或不服从法律就会被认为是人们在自由意志下的理性选择,违法就会被认为是主体自身对不法行为进行了选择同时低估了违法风险,因为行为人是完全自由的且理性的。但是从笔者对看守所的调研结果中可以发现,只有少数人可以归属于侥幸心理下的犯罪,比如怪自己运气不好和大意的人,所占比例不足20%。大多数犯罪并非自由意志下的理性选择,而是行为人受制于自己的冲动和欲望下不计后果的选择。

下文将分析法律指引所依赖的自由意志和理性能力在人身上是受到限制的,在诸多的法律指引失效的情形中,都存在这种限制。

(二)受限的自由意志

在哲学上,人是否具有自由意志一直是一个有争议的话题。否定自由意志的学者主张的是决定论。"决定"(determin)一词来自拉丁语,意指对事物加以限制,决定论就是指一个情境中存在种种限制因素,所以某些选择成为不可能。① 决定论的核心概念是因果性(causality),即有因必有果。换言之,任何结果无例外地都是由相应的原因所决定的。自由意志论是一种非决定论,是一种从自然界或人的意志的偶然性出发来解释宇宙中所有现象的哲学理论。② 自由意志论主张,人的行为领域不

① 参见[美]J. F. 里奇拉克:《发现自由意志与个人责任》,许泽民、罗选民译,贵州人民出版社1994年版,第37页。

② 参见俞吾金:《决定论与自由意志新探》,载《复旦学报》(社会科学版)2013年第2期。

受因果关系的支配,人类行为是个人选择的表达。

在法学领域,自由意志论一直占据主导地位。因为如果不承认自由意志,那么就无法理解法律的指引作用,也不能理解为什么违法要承担法律责任。

然而在科学领域,决定论日益占据上风,决定论者通过对自然界因果必然性的确认,否认在物质性大脑之外还有一个自我在做决定。他们相信如下因果关系链的存在:“(1)大脑促进意识,大脑是物质实体;(2)物理世界是确定的,所以我们的大脑必定同样是确定的;(3)既然我们的大脑是确定的,大脑是促成思想的充分和必要器官,所以我们要相信;源自意识的思想也是确定的;(4)所以,自由意志是错觉,我们必须修正‘人为自己的行为负责’这一概念。”①被决定论者反复引用的著名实验是加州大学生理学家利贝特(Benjamin Libet)所做的实验,他在实验中发现参与启动某个动作(如按下按钮)的大脑活动会先于该动作 500 毫秒出现,表现在大脑内部的电荷累积先于有意识的决定,这意味着在有行动意识之前,大脑已提前有了与此相关的活动。2008 年,约翰·迪伦·海恩斯(John-Dylan Haynes)和他的同事运用功能磁共振成像技术扩展了利贝特实验,揭示出大脑活动对一种行为倾向的结果编码长达 10 分钟,才让它进入意识。② 意识在大脑活动之后才产生,这似乎意味着行为是大脑活动的产物,而不是意志的产物,人的意志是被决定的,自由意志只是一种错觉。

神经科学家大多主张一种完全的决定论,即使周密计划的行为也被视为非自由意志的产物。哈里斯(Sam Harris)打了这样一个比方,“你产生了刺杀国王的意图,你花了几个星期的时间来考虑这件事,并且翻阅了大量的资料,还和自己的朋友发生了争论,最后你依然决定刺杀国王……这并不是说明你的刺杀行为根源于你的决定,完全受你支配。问

---

① [美]加扎尼加:《谁说了算:自由意志的心理学解读》,闾佳译,浙江人民出版社 2013 年版,第 121 页。

② 同上书,第 120 页。

题的关键在于,无论如何,你偏偏长了一个弑君者的大脑”。①

如果说人的所有行为都不是自由意志的产物,而是被物质性大脑决定,那么将会导致严重的后果:“人与动物及其他生物之间不复存在任何区别,人无需为自己的行为承担责任,人的精神意义上的道德行为的主管消失了,取而代之的是可客观化的神经生理过程的运作。”②在对利贝特实验的解读中,一些人并不赞同从实验中可以得出自由意志不存在的观点。

但陆续发现的一些现象,似乎在印证物质性大脑对行为的直接影响。比如一位叫亚历克斯的40岁男性,他的性偏好突然发生了改变,开始着迷于访问儿童色情网站和类似杂志,他想停止但无法克制自身的这种倾向,后来被判儿童性骚扰罪。在入狱前他突发头痛,并在医院接受了脑扫描,检查结果发现在他的眶额叶皮层有一个大肿瘤。神经外科医生切除了脑瘤后,亚历克斯的性偏好也恢复了正常。外科手术后大约6个月,亚历克斯的恋童癖行为又出现了,医生发现是其脑部肿瘤没切除干净,又长了出来。再次切除后,他的性偏好又恢复了正常。1966年惠特曼在美国德州大学奥斯汀分校杀死了13人。在外人看来他是最为正常不过的人,智商甚至高达138分,但他却有着无法自拔的杀人冲动。对他自杀后的尸体解剖发现,他脑中有一枚硬币大小的肿瘤压迫了1/3的杏仁核,导致了他的恐惧感和攻击性情绪。③ 心理学家雷恩(Adrian Raine)医生研究了有暴力倾向的反社会型人格障碍的人,对他们进行了脑扫描发现,这些人的眶额皮层区域萎缩,代谢活动迟缓,其他与情绪有关的大脑部位,包括杏仁核也有同样的症状。这部分大脑主控自制力,承担着抑制暴力的主要功能。④ 对遗传现象的科学研究也表明,各种遗

① [美]萨姆·哈里斯:《自由意志:用科学为善恶做了断》,欧阳明亮译,浙江人民出版社2013年版,第85页。

② 甘绍平:《自由意志与神经科学的挑战》,载《哲学研究》2013年第8期。

③ 参见[美]大卫·伊格曼:《隐藏的自我——大脑的秘密生活》,唐璐译,湖南科学技术出版社2013年版,第124~127页。

④ 参见[美]斯蒂芬·平克:《人性中的善良天使:暴力为什么会减少》,安雯译,中信出版集团2015年版,第584页。

传因素与个体行为倾向之间存在的联系。例如 Han G. Brunner 教授对所谓“侵略”基因的研究表明暴力行为至少和遗传有着关联性。Brunner 教授研究了一个庞大的荷兰家庭,其中有大量男性的行为具有侵略性,Brunner 教授发现,显示出具有冲动,侵略行为如强奸、纵火和袭击的男性在基因上有突变,男性亲属携带突变的侵袭性基因是单胺氧化酶(MAOA)——负责代谢某些神经递质的酶。因此,他们难以应付紧张的局面。①

在西方,神经科学的发现日益开始对司法过程发生影响,也影响到了法学理论。“目前,神经科学数据已有超过100项被认定为刑事审判证据,至少有一项在美国最高法院的案件中被引用。在刑事审判中,通过神经科学证据来呈现神经影像学所显示的脑损伤来减轻判刑,脑损伤被认为可能降低犯罪者的能力和做出理性决定的能力。”②

神经科学与法学的结合,使一些学者开始怀疑自由意志的存在,反思原有的刑事司法系统的理论。约书亚·格林(Joshua Greene)和乔纳森·科恩(Jonathan Cohen)是自由意志的怀疑论者,他们认为我们应该停止让人们对自己的行为负责,并消除指导大部分刑事司法系统的报复主义的冲动。他们预测,随着人们更加生动地了解人类决策的机械性质,他们会发现报复主义的惩罚越来越难以接受,取而代之的将是结果主义的惩罚。③ 越来越多的学者认为尽量减少我们对自由意志和道德责任可能性的集体信念,这可以形成一个更人道,富有同情心,开明和普遍进步的刑事司法和量刑制度。④ 还有学者认为,没有自由意志的惩罚可能导致更经济有效和人道化的刑事司法制度,因为其更少地依赖于监

---

① See Matthew Jones, “Overcoming the Myth of Free Will in Criminal Law: The True Impact of the Genetic Revolution”, *Duke Law Journal* 52, 2003, pp. 1031 – 1053.

② Alison K. Bennett, Jason Bloom, “NEUROLAW: Brain Waves in the Courtroom”, *Texas Bar Journal* 75, 2012, pp. 280 – 284.

③ See Adam J. Kolber, “Will There be A Neurolaw Revolution?”, *Indiana Law Journal* 89, 2014, pp. 807 – 845.

④ See R. George Wright, “Criminal Law and Sentencing: What Goes With Free Will?”, *Drexel Law Review* 5, 2012, pp. 2 – 44.

禁,更多地运用治疗和康复。①

但更多的法学家认为,法律的自由意志概念并不同于形而上学的自由概念,法律的自由意志概念是可以与决定论兼容的。在一系列文章中,斯蒂芬·穆尔斯(Stephen Morse)试图表明,对美国刑法典的仔细审查显示,并不存在形而上的可疑假设。在确定一个代理人是否"自由地"行事时,法律考虑的是行为人在他自己愿望的基础上的一般行为能力,以及行为人的理性反思能力,而不是形而上学意义上的自由意志所主导的行为。②

法律上有两种意义的自由概念,一种是作为目的和价值的自由概念,通常体现的是一种消极自由,即不被别人强制或干涉,是"免于……"的自由;另一种自由是积极自由,是"去做……"的自由,其源于个体成为他自己主人的愿望。③ 积极自由的含义中暗含着对主体能力的一种要求,即个体意志上有无能力主宰自己。法律上的自由意志概念是积极意义上的自由,表明的是个体是否有能力作出正确的选择,而不仅仅是没有外界强迫下作出选择。一只狗也能在吃肉还是吃饭之间作出选择,但我们并不认为该选择是基于自由意志的,因为它受到它的生物本能的限制,没有多种选择的实际可能性。只有人因为具备了更高的能力,因此具备了更多选择的可能性。例如,一个人喜好吸烟,但是鉴于对吸烟危害的认知,他可以努力地实现戒烟。尽管从终极意义上他能够戒掉烟也可能是被决定的,但法律的自由意志概念的核心是在具备能力条件下的选择可能性,一个人可以选择戒烟,也可以选择不戒烟。在这个意义上说他具备自由意志。

刑法上未成年人和精神病人不承担刑事责任,是因为基于其能力,

---

① See Luis E. Chiesa, " Punishing Without Free Will", *Utah Law Review*, 2011, pp. 1403 – 1460.

② Emad H. Atiq, " How Folk Beliefs About Free Will Influence Sentencing: A New Target For The Neuro-Determinist Critics of Criminal Law", *New Criminal Law Review* 16. 2013, pp. 449 – 493.

③ [英]以赛亚·伯林:《自由论》,胡传胜译,译林出版社 2003 年版,第 189 ~ 200 页。

他们没有多种选择的可能性。作为正常的成年人,我们既能选择遵守法律,也能选择违反法律,于是便可以称我们具备自由意志,同时为自己的行为承担责任。如果否定自由意志存在,从实践上看,可能会导致更多违法现象发生。① 从民法上讲,如果我们断言不存在自由意志,那么就没有完全的民事行为能力人了,这就会导致整个民法理论体系的坍塌。所以,在法律上否定自由意志的假定是不可取的。

此外,利贝特以及后续者的实验并不能证明自由意志不存在,因为他们的实验并没有体现自由意志的"选择"存在,被试者通过其意识进行的决定并不是一种选择。正如亚里士多德所说,儿童、动物以及突发行为和出于欲望的行为都可以说出于意愿的行动,但不能说是出于选择的。在亚里士多德看来,自制者的行为就是出于选择的,而不是出于欲望的。② 尽管有些违法者因为大脑病变或其他生理原因,无法控制自己的行为,因而无法有真正的选择,但是不能证明其他人也无法控制自己,或无法通过努力控制自己。如果一个人能够克制自己的欲望和冲动不违法,那也就证明了自由意志的存在。

但是神经科学的发现,确实可以提升我们对自由意志的认识,至少可以让我们意识到,行为人行使自由意志的空间比我们原先设想的那样少很多,受到自身大脑的严重限制,在那些违法者身上,尤其如此。虽然,笔者在看守所进行的问卷调查并不能说明那些诸如盗窃、贩毒之类的违法者存在大脑缺陷,但从高达80%以上受访者的回答中可以看出行为时确实存在难以自控的因素(如"冲动""鬼迷心窍"等),或许自控力缺乏正是那些坐牢或屡次坐牢违法者没有顾及法律威慑的主要原因。对一个具有较强自控能力的正常人来说,以自身的能力来推知其他人的

---

① 人们放弃自由意志信念会影响到人们的道德行为,Baumeister等发现,诱导被试不相信自由意志后,他们将表现出更多的攻击意图和攻击行为,更少的助人意图和助人行为。Vohs和Schooler发现那些被诱导相信人类行为是被预先决定的、不存在自由意志信念的被试,要比那些没有被诱导该信念的被试,在测验中出现更多的欺骗行为。参见董蕊等:《自由意志:实证心理学的视角》,载《心理科学进展》2012年第11期。

② [古希腊]亚里士多德:《尼各马可伦理学》,廖申白译注,商务印书馆2003年版,第65页。

能力，这是最容易犯的错误。而认知神经科学为我们提供的科学证据则证明了他人自控能力的真实状况。

除了人的物质性大脑对自由意志的限制外，外部环境也在严重影响着个体自由意志。外部环境可分为社会环境和自然环境。从社会环境看，人是社会的动物，通过观察别人、模仿别人而成为社会的人。违法犯罪行为的发生，也和学习模仿有关。根据社会学习理论，我们大部分行为都来源于观察别人，Bandura 认为，攻击行为最初是通过观察攻击性的榜样或在直接体验的基础上获得的，然后通过逐步强化加以修正，并得以保持，根据学习原理可以更有效地理解和矫正攻击行为。[①] Sutherland 认为犯罪或越轨行为和其他社会学习的过程是一样的，关键因素就是人们与交往联结的对象交往多久、多频繁、对个体的意义多大，以及交往发生的时间等。根据其理论，通过置身于个体的亲密群体中，人们学会了守法与违法的定义、学会了规范的意义和价值、学会了对违法行为支持或否认的态度。一个人之所以越轨或犯罪，“是因为在其头脑中，支持犯罪行为的解说超过了支持遵纪守法的解说”。[②] 从自然环境因素看，人口密集和过度拥挤以及不适宜的气温也会诱发攻击行为。[③] 当然，相比于自然环境，社会环境对人的影响更大。

从神经科学角度看，社会学习的根源在于大脑中的镜像神经元的存在。镜像神经元最初是在猴子身上被发现的，1988 年以科莫·里佐拉蒂(Giacomo Rizzolatti)为首的一批神经科学家在一项恒河猴的实验中发现，猴子在执行抓握动作时，在脑中某个被称为 F5 的区域里，细胞产生了强烈的放电，同时实验还发现，猴子在仅仅看到可被抓握的物体或抓握动作时，部分抓握神经元也发生了放电现象。[④] 镜像神经元便是指 F5 区域内的这类细胞。后来神经科学家发现，人类同样存在镜像神

① 参见[美]巴特尔等：《犯罪心理学》(第 7 版)，中国轻工业出版社 2009 年版，第 195 页。

② 同上书，第 133 页。

③ 同上书，第 201 ~ 202 页。

④ [美]格雷戈里·希科克：《神秘的镜像神经元》，李婷燕译，浙江人民出版社 2016 年版，第 2 ~ 3 页。

经元,正是因为它的存在,人类的模仿和社会学习才是可能的。当我们观察别人动作或甚至想象做出动作时,我们大脑的相关区域会变得活跃起来。而镜像神经元对应了全身上下所有部位的行动,同时可以通过内脏运动反应,促成对他人情绪的理解和体验。为了理解他人的精神状态,我们会一板一眼地模拟他人的精神状态,这种模仿是无意识的。①

正是这种无意识的社会学习,使我们成为被社会环境决定的人。但是无论是社会环境还是物质性大脑都无法单独地决定个体意志,有心理学家测量了反社会型人格障碍的人群脑功能的差别,发现当脑异常与不利的精神遭遇结合到一起时,最有可能导致反社会型人格障碍。② 也就是说,反社会型人格障碍的形成往往需要脑缺陷与糟糕的成长环境共同作用。

在看守所接受调研的人群中,盗窃、贩毒、抢劫等违法者都只上过小学或中学,个别人没有文化,他们往往没有正式工作,被卷入了违法犯罪的亚文化群体。犯罪行为的发生在很大程度上是相互模仿的产物,他们共享着他们相互模仿的一套犯罪行为。行为的模仿与共享造就了他们不知不觉的认知和行为方式。因此社会环境也限制了他们基于自由意志的选择。

综上所述,从大脑的生物特性和生活的社会环境两方面看,人的自由意志受到很大的限制。按美国著名神经科学家伊格曼(David Eagleman)的观点,“就算自由意志存在,它也只是骑乘在庞大自动机器顶部的微小因素”。③ 但笔者认为,就算是微小因素,就算是自由意志行为相比其他行为少得可怜,但正是它的存在,人才区别于动物,才产生了人类社会的各种创新和发展。从法律遵守角度看,正是因为自由意志,我们才有能力去选择服从法律。

---

① [美]加扎尼加:《谁说了算:自由意志的心理学解读》,闾佳译,浙江人民出版社 2013 年版,第 151~152 页。

② [美]伊格曼:《隐藏的自我——大脑的秘密生活》,唐璐译,湖南科学技术出版社 2013 年版,第 173~174 页。

③ 同上书,第 139 页。

但是由于不同人的大脑特性和成长环境不同，不同人接受法律指引自由意志并不相同，对欠缺自由意志的人来说，需要从决定论角度使其服从法律，如医治病患的大脑，营造适应的成长环境。而对于具备较为健全的自由意志的人来说，运用其理性和道德的力量接受法律的指引是可能的。所以，在决定论和自由意志论两者中，如果只重视其中一个是不够的，只有相互结合，才能更好地发挥法律指引行为的作用。

（三）受限的人类理性

如果人存在自由意志，按照理性选择理论，该理论建立在一个基本精血假设之上，即“人在其生活目的满足方面是一个理性最大化者——我们称之为‘自利的’”。[①] 按照该假定，每个个体总是会遵循最优化原则，以实现效用最大化为目标做出自己的理性抉择行为。按照这种理论，人们无论在做出合法行为还是违法行为时，总是在判断自己的预期成本和收益，以实现自己利益的最大化，而法律则通过影响个人的成本和收益以形成一种内在激励，促使人们做出合法行为，避免违法行为。波斯纳（R. A. Posner）认为：“由于犯罪的预期收益大于犯罪的预期成本，所以某人才实施犯罪。”[②]换言之，增加某人的犯罪预期成本，使之大于预期收益，则能够阻止犯罪。按照理性选择理论，在个体的理性计算和自由选择下，法律产生指引作用。

但是在另外一些更为古老的道德理论中，理性选择并非自利的，而是自律的。在柏拉图的灵魂三要素论中，当理性在激情的帮助下主宰欲望的时候，一个人就是正义的人。也就是说，一个正义的人是在理性主宰了欲望之下做出选择，从而节制了欲望。在古希腊哲学中，运用理性进行的选择就是面向道德的选择，是自律的选择，而不是自利的选择，因为只有理性才能认识到真正的道德。在卢梭和康德的理论中也存在这样的意思。卢梭认为，克制嗜欲的冲动，服从自己为自己制定的法律才

---

① [美]理查德·A. 波斯纳：《法律的经济分析》，蒋兆康译，中国大百科全书出版社1997年版，第3页。

② 同上书，第292页。

是自由的。[①] 在康德那里,被迫守法应当转为自律守法,被迫守法的感性支配要转化为理性支配下的自律,要内在地运用道德律,将行动的准则变成一条普遍的法则,使自己的行为是一个"出乎义务"的行为。[②]

前一种理性我们可以称之为经济理性,后一种理性我们可称为道德理性。这两种对理性的认识很可能夸大了人类实际的理性能力。从经济理性角度,赫伯特 A. 西蒙(H. A. Simon)最早阐述了理性有限性问题,在他看来理性抉择就是从多个备选方案中选出其中一个的过程,以往的经济人模型把理性决策视为寻求最优化的过程,但他认为面对真实世界的理性决策不可能是最优化的,而只能是寻求满意的决策。西蒙认为:"理性的限度来源于人类头脑没有考虑一项决策的价值、知识和相关行为的各方面的能力。与其说人类的抉择模式是从多个备选方案中进行选择,不如说更接近于刺激—反应模式。所以人类理性是在心理环境的限度内发挥作用的。这个环境迫使人不得不选择一些要素,作为个人决策必须依据的'给定条件'。"[③]在具体的决策过程中,人们不得不面临具体的决策情境,在这种情况下,他们不可能注意到所有的信息,由于注意力的限制,他们只能进行简化,考虑关键的几个要素进行抉择。西蒙以后的行为经济学从心理学出发,进一步证实了人类的理性有限。在他们看来,理性自利和效用最大化等人性假设并不足以揭示真实的人性,人类很多判断和行为都显示出不理性的和错误的特性。

如果说经济理性是有限的理性,那么道德理性在实践中是否也是有限的呢?我们仍然需要借鉴心理学和神经科学的理论来说明。

认知心理学发现在人的大脑中存在两种思维模式,或者两套思维系统,即系统1和系统2:"系统1的运行是无意识的且快速的,不怎么费脑力,没有感觉,完全处于自主控制状态。系统2将注意力转移到需要费脑力的大脑活动上来,例如复杂的运算。系统2的运行通常与行为、选

---

① 参见[法]卢梭:《社会契约论》,何兆武译,商务印书馆1980年版,第30页。

② 参见汪雄:《论康德的守法观:从被迫守法到自律守法》,载《武汉大学学报》(人文科学版)2010年第4期。

③ [美]西蒙:《管理行为》,詹正茂译,机械工业出版社2013年版,第110页。

择和专注等主观体验相关联。”①在大多数时候，系统1为我们解决了一切问题，只有当事情变得困难时，系统2才会接手，系统2具备推理能力，其运行必须要集中注意力。由于系统2的运行要花费更高的成本，更费力，所以在大部分时候，人们完全依靠系统1来行为。特别是在需要快速决策时，指挥行为的只能是系统1。在绝大多数的道德判断中，我们需要快速做出决策，并不需要复杂的运算，实际上我们运用的是系统1，只有在需要更长时间做出决策的时候，具有推理能力的系统2才派上用场。笔者的看守所调研也说明，近70%的违法行为发生时，来不及考虑道德上的对错，或没有考虑道德上的对错，这说明该行为是系统1或自动思维支配下的行为。33%的人虽然回答说自己想过对错问题，但同时也表示自己只能这样做。这说明他们虽然进行了道德推理（把具体行为和抽象道德规范进行了联结），但是其意志受内外环境限制，缺乏自由选择的能力。

神经科学家伊格曼把大脑思维区分为理性和情绪性两套系统，理性系统类似于前面的系统2，它注重分析外界事件，而情绪性系统则监测内部状态并关注事物的好坏。情绪性系统的存在可用著名的电车难题来说明：当人们被问及是否选择通过扳道的方式让一个人被撞死来阻止列车，以避免其他5个人被撞死时，人们通常回答说会做出这种选择。但是，如果需要把轨道上方天桥上的一个胖子推下去阻止列车，来避免其他5个人被撞死，几乎没有人愿意做出这种选择。从数学角度来看，两种情况的结果是一样的，为什么会出现不同的选择呢？按照两套系统分析，把胖子推下天桥阻止列车的想象激活了情绪性系统，把一个抽象的、与个人无关的数学问题变成了个人的、情绪性决定。②

大脑中的情绪性系统会阻碍理性思考，从一个方面说，它是我们道德情感的源泉；从另一方面说，它又可以产生各种情绪，使我们情绪冲

---

① ［美］丹尼尔·卡尼曼：《思考，快与慢》，胡晓姣等译，中信出版社2012年版，第5页。

② ［美］伊格曼：《隐藏的自我——大脑的秘密生活》，唐璐译，湖南科学技术出版社2013年版，第93～95页。

动,不计后果,使大脑成为无法理性思考的“僵尸大脑”。一项针对大学生在性兴奋状态下问题决策能力的研究发现,大学生在兴奋状态和冷静状态下对问题的回答有非常大的不同,例如参与者在兴奋状态下被问及是否会施行某些非正常性行为时,他们预测“是”的可能是他们处于冷静状态下的近两倍(高出 72%),在其他类似问题上也存在显著差别。① 实验充分说明,当情绪性大脑被激活时,人们的理性大脑被压制,无暇顾及道德规范的存在以及后果的计算。

情绪性大脑使人们成为冲动的奴隶,而理性则通过计算使人们做出更多的选择并控制情绪性大脑的指挥,然而二者常常会有冲突。在著名的棉花糖实验中,4 岁的孩子被置于两难的处境中,孩子可以选择立即拿到摆在桌子上的一块小饼干,也可以选择等待 15 分钟后,拿到两块饼干。一些孩子无法抵制美味的诱惑,拿走了饼干,而另一些孩子则成功抵制了诱惑,等到了第二块饼干。在那些获得第二块饼干的孩子身上,明显表现出了抵制诱惑的种种表情和表现。② 孩子们的表现展示出了情绪性大脑和理性大脑的冲突。神经科学家发现,大脑在短期回报和长期回报之间做决策时,有一个系统关注当前满足,另一个则关注长期理性。一些与情感有关的脑区在选择当期或近期回报决策时高度活跃。这些区域与冲动行为有关,比如药物成瘾。当受试者倾向于长期回报时,与高级认知和思考有关的侧区皮层更活跃。③

看守所的调研中说明,对那些服刑人而言,法律制裁的后果没能抵挡住当时无意识下的情绪性满足,具有多次坐牢体验的人更是如此。盗窃犯也许是在特定的情境中,被激活了盗窃的冲动和满足的情绪想象,从而无法关注惩罚后果。毒贩通过贩毒来赚钱,也许是为了满足当下的

① [美]丹·艾瑞里:《怪诞行为学:可预测的非理性》,赵德亮、夏蓓洁译,中信出版社 2010 年版,第 71 ~75 页。

② 参见[美]米歇尔:《棉花糖实验:自控力养成圣经》,任俊、闫欢译,北京联合出版公司 2016 年版,第 9 ~11 页。

③ [美]伊格曼:《隐藏的自我——大脑的秘密生活》,唐璐译,湖南科学技术出版社 2013 年版,第 97 ~98 页。

毒瘾,从而激活了情绪性大脑而无暇顾及对未来后果的考虑。①

其实不仅仅是缺乏自制力的罪犯,我们大部分行为也都是无意识的、非理性状态下的产物。按照神经科学家的观点,“我们的有意识知觉仅仅是无意识处理这座庞大冰山上的一个小角。在知觉的水平面之下,是极为繁忙的无意识大脑在辛苦工作”。② 认知神经科学之父加扎尼加(Michael S. Gazzaniga)认为,我们的行动和感觉往往出现在我们意识到它之前,它们大多是无意识处理的结果。尽管是无意识处理的结果,但是我们的左脑却存在一个名为“解释器”的专门系统,它对我们的感觉、记忆、行动及其之间的关系构建解释。他认为我们的主观意识源自占主导地位的左半脑,它不断地解释突然出现在意识中的信息片段。这就形成了一种事后合理化的心理过程。③ 神经科学家的洞察使我们了解到我们意识中的理性,通常并非决策原因,而是事后的解释和建构,目的在于给出一种合乎逻辑的解释,以维持自我的统一性。这并非仅仅是针对特定的人群如此,而是普遍性现象。那么是不是说明人的行为都是没有自由意志和理性支配的呢?实际上面对选择上的难题,无意识机制无法有效应对,理性选择仍然是必须的。此外,我们不能轻视解释机制,它恰恰构成了自由意志的根基。事后阐释机制形成的原因在于人类独有的扩展意识,它依赖于工作记忆,与大脑皮层尤其是与负责语言的脑区具有非常密切的联系。阐释机制把想象、信念和反思纳入人类的心理结构,使人们对周围环境的信息不再简单被动地反应,而是可以主动进行选择。意识这种改写无意识心灵预置行为的能力,便是自由意志的基础。④ 如果没有事后阐释系统,人类行为就没有更改和修正的可能,人类有别于动物的一切活动便都是不可能的了。

---

① 本次调研中的毒贩均为看守所短期服刑者,大多是“以贩养吸”,属于为筹集自身吸毒资金而去贩毒,他们行为时更受制于身体需要,而抑制了大脑的理性系统,所以不同于那些为了获取巨额利润,经周密计划,铤而走险的贩毒者。

② [美]加扎尼加:《谁说了算:自由意志的心理学解读》,闾佳译,浙江人民出版社2013年版,第61页。

③ 同上书,第71、95页。

④ 参见费多益:《自由意志的心灵根基》,载《中国社会科学》2015年第12期。

但我们仍然要警惕事后解释往往并不是行为的初因,大多数守法行为很可能并不是来自法律的直接指引和行为人的理性选择,而是下意识的、非理性过程,就如同前述调查中违法行为大多出自下意识冲动和情绪激发一样。因此,文化对习惯的潜移默化的塑造比法律威慑更有效。理性选择论可能夸大了理性在指引守法行为中的作用,守法行为无论是服从经济理性还是道德理性,都不是遵守法律的主要原因,无意识守法才是主因,当然无意识也是经过大脑有意识部分的不断反馈和修正,并形成社会习惯和文化的结果。尽管有些实证研究表明,人们的守法行为是个人道德义务感的结果,比如汤姆·R.泰勒(Tom R. Tyler)依据芝加哥问卷调研认为,人们遵守法律来自一种价值观念的指导,对自愿遵守法律的人来说,最重要的价值观念就是合法性认同,而人们认为当局是否具有合法性,与他们认为当局做出决定时是否使用了公正的程序有密切关系。① 合法性认同是一种道德认知,值得怀疑的是,通过问卷调查得到的认识是否为受访者事后的因果关系建构?大脑阐释系统对因果关系的建构,不能说明他们守法的真正动因。

三、法律指引局限性的弥补

人具有有限的自由意志和理性,并不是说法律没有指引作用,而是说明法律的指引作用受到人的大脑生物特性和外部环境限制,不能很完美地发挥作用。但是,法律的种类很多,有些法律的指引作用受到的影响很小,人的自由意志和理性能较好地发挥作用,比如程序性、组织性法律规范与工作规程,需要预先熟知以完成指引,一旦熟知则可以进入无意识指引状态。此外,还包括一些诸如民商法、经济法等行为规范,行为人有时间根据法律后果做出理性选择。但是有些法律规范需要指引快速且复杂多变情境下的决策,自由意志和理性推理停止工作,让位于直

① 参见[美]汤姆·R.泰勒:《人们为什么遵守法律》,黄永译,中国法制出版社2015年版,第279页。

觉的、无意识的系统工作，最终使得法律指引失去效果。在我们的生活领域，特别是人与人迅速互动的领域，启动无意识系统导致的违法十分多见。例如，绝大多数的故意杀人案是在夫妻之间、恋人之间、朋友之间发生的，特别是夫妻之间最为多见，这些大多出自各种情感冲突纠葛等，其行为发生基本是基于冲动而非预谋。

在认识到法律指引的有限性的同时，要更好地实现行为秩序和法律指引需要从以下两方面入手。

（一）通过互动和模仿生成无意识行为秩序

由于人类的自由意志的匮乏和理性的有限性，单纯通过理性选择来实现法律指引是远远不足的，必须考虑到人被因果关系决定的这一事实存在。这种事实一方面是难以改变的自然事实，人们往往只能顺应自然，按自然规律行为。另一种人被决定的事实是社会事实，包括制度、规范、文化和习俗等，人们既被它决定同时又创造和决定着它。

考虑到人被内部及外部环境所决定的事实，行为主义从研究动物条件反射的理论出发，提出了一套社会秩序形成方案。该理论认为人类行为的形成和动物一样，都是被内部和外部刺激所决定的。其创始人华生（John Broadus Watson）认为："正是在内外部的有力刺激下，人类机体不得不做出反应，产生行为。"①他认为刺激导致的行为随着时间的推移，会变得越来越有规则和秩序，人类习惯也由此产生。斯金纳（Burrhus Frederic Skinner）进一步发展了这样的理论，提出了"操作性条件反射"的概念，并主张大多数人的思想、感情和行为都是一系列的奖励和惩罚的结果。他认为，当事人做出某种行为，如果得到强化或奖励，该行为会越来越多地出现；如果做出某种行为后被惩罚，该行为就会越来越少地出现。行为的变化取决于当事人所处的环境。在行为主义看来，法律的赏罚正是对行为所施加的外部刺激，通过"刺激—反应"模式对人的心理产生影响，从而塑造和控制人的行为，使其按法律要求的方式行动。

行为主义方案需要塑造特定的外部环境条件才能控制行为。历史

① ［美］华生：《行为心理学》，刘霞译，现代出版社2016年版，第23页。

上的商鞅变法有点类似于这样一种行为主义试验,商鞅以法律的赏罚来刺激人的行为,使人们的行为满足于君主的要求。商鞅变法塑造了如下外部环境:摧毁原有的文化和道德,消除人们原有的生活意义和目的,通过赏罚使整个国家"利出一孔",最终服务于君主的需要。为了达到效果,他还做到了赏罚的及时性和必然性。但这种专制主义方案不仅把人降低为追求物欲的动物,同时还把人视为实现君主利益的工具。人毕竟不是普通的被决定的动物,人在被社会决定的同时,也在自己创造着自己的人文环境。这种人文环境决定了人的思维方式和行为习惯,不知不觉地生成社会秩序。这种秩序不是通过赏罚刺激,而更多的是通过互动和模仿形成的。

按库利(Charles Norton Cooley)的形象说法,"人们彼此都是一面镜子,映照着对方",①每个自我都是一个社会自我,通过他人我们才得到自我的观念,所以自我是被社会决定的,离开了可以作为自我参照系的初级群体,自我便得不到滋养和成长。但是个体又不是单纯被决定的,社会活动是互动的过程,这种互动就是每个互动的主体不断地根据对方的行为产生反应,从而调整自己的行为,自我的意识和行为模式是在人际互动中不知不觉地形成的。米德(G. H. Mead)认为,互动中的姿态背后存在着观念,因此它是一种有意义的符号,个体的姿态会导致另一个个体认识其意义并导致反应。对方的反应又反作用于个体,使个体采取了其他人的态度,从而形成了自我。② 由于每个人在互动过程中,都被别人所决定,同时又决定着别人,这说明在社会生活中的人既是被决定的,又是具有自由意志的,我们所处的社会是人们在历史长河中共同决定的社会。人们还通过互动中的姿态对话,相互沟通、相互冲突、相互模仿,形成了共同的生活意义。

前面我们谈到人被大脑的生物特性和个体成长环境所决定,它意味

① [美]查尔斯·霍顿·库利:《人类本性与社会秩序》,包凡一等译,华夏出版社1999年版,第131页。

② 参见[美]乔治·赫伯特·米德:《心灵、自我和社会》,霍桂桓译,北京联合出版公司2014年版,第189~191页。

着在大脑的生物特性无法更改的情况下，我们可以通过优化个体的成长环境，来塑造文明的行为方式。这种社会环境优化不是指“刺激—反应”理论下的行为控制，而是通过互动规范来化解冲突形成秩序。互动是一个根据对方的反应来调整自己行为的过程，这个过程在很多时候是迅速的、无意识的，依赖于大脑系统 1 的运动。法律规范很难对这一部分的大脑运动进行控制。特别是在需要迅速决策的互动过程中，对法律后果的推理是很少被使用的。我们常常可以看到，一个轻蔑的举动甚至可以导致一场凶杀。当行为人做出轻蔑举动，以及对方进行回应时，就如同我们大多数时候的随意举止一样，无需经过推理。当情绪性大脑被激活之后，冲突就会不断升级，连杀人偿命的后果往往都不再考虑。我们在大多数互动过程中就是这样不运用推理的，通过感知对方态度来调整自己的行为，从而受情感、情绪的支配。当然这并不排除以博弈形式体现出来的理性互动也是存在的。

法律规范是通过抽象规范和行为制裁后果的预设，来调整行为，它依赖理性和有意识的行为约束，且制裁后果的发生具有滞后性。这种通过对理性和滞后性制裁的过度依赖来调整行为不太符合人的心理规律。

如前所述，我们绝大多数行为并没有经历理性这个思维过程。滞后性制裁是法律制裁的基本特征，法律滞后性制裁的作用发挥需要人动用其理性，因此法律很难通过“刺激—反应”效应来塑造行为。奖惩的刺激必须及时有效，才能训练行为。为什么多次坐牢的刺激也难以控制一个盗窃犯不去盗窃？因为制裁是滞后的，利益却是眼前的。如果伸手必被抓，他就永远不会伸手了。心理学家发现，人们普遍具有一种折现未来的意识，这部分地解释了为什么人类缺乏自制力。① 在这种意识中，未来更大的收益不如当前更小的收益，例如，在很多人看来，一个月后得到 110 元，不如现在就得到 100 元。这种意识促使人们及时行乐，这在相对缺乏自制力的人那里更为突出。因此法律的滞后性惩罚就是一种有折扣的惩罚，不仅如此，它还不具有惩罚的必然性。

---

① ［美］平克：《人性中的善良天使：暴力为什么会减少》，安雯译，中信出版社 2015 年版，第 685 页。

由于大多数的人类互动,是通过传递情感和意义实现的,是迅速的且无意识的。那么,如果通过一种作为社会习俗的互动规范,能够更好地促使人们传递尊重、公平、友爱等情感,它就能有效地制约暴力、欺诈和其他损人的恶行。行为经济学家艾瑞里(Dan Ariely)通过实验发现:简单的道歉就可以消除人们试图报复的情绪。在医疗事故发生后,医生的道歉可以迅速化解愤怒和报复心理,减少自己被告上法庭的可能。[①]这说明"道歉"作为互动规范所传递的情感有利于制约暴力。中国传统社会中"礼"的规范,就是一种互动规范,现代人往往惊讶于礼规范的琐碎和繁复,这恰恰是"礼"区别于法律的抽象概括之处。形式上琐碎的礼,内容上却隐含着一种意义的传递,表达着互动过程中的尊敬、温良和友爱等情感。由于互动过程是一个相互之间表达姿态并进行应对的过程,姿态内含的意义便可以进行传递并影响到对方的行为。于是善良传递到对方还是善良,凶恶传递到对方便还是凶恶。由于恶行同样可以像善行一样传递,那么一种能够使善行得到传递的规范便尤为重要。

前面我们谈到了大脑中的镜像神经元的存在,它的重要性在于它赋予了人们解读他人心理的能力,在不同个体间建立共情性联结。[②] 镜像神经元的这种能力使人与人之间经常会进行无意识模仿。大脑的镜像系统通过内脏运动,促成了对他人情绪的理解和体验,并且会无意识地从内部复制行为和情绪,也就是说通过觉察情绪刺激来感觉,身体会自动模拟并予以响应。[③] 如看到他人脸上的恐怖表情,自己就会产生内脏运动自动模拟恐惧表情,看到他人微笑也会自动模拟微笑。正是这种无意识效仿促进了人与人之间的互动沟通,促进了能够相互理解的人类共同体的形成。

中国传统的礼教主要是一种身教而不是言教,身教的意义在于它促

---

① [美]艾瑞里:《怪诞行为学》,赵德亮、夏蓓洁译,中信出版社 2010 年版,第 119 ~ 120 页。

② [美]希科克:《神秘的镜像神经元》,李婷燕译,浙江人民出版社 2016 年版,第 14 ~ 16 页。

③ [美]加扎尼加:《谁说了算:自由意志的心理学解读》,闾佳译,浙江人民出版社 2013 年版,第 151 页。

进的是无意识的身体模仿,而不是致力于对抽象规范的理解。虽然礼的规范也通过文字有所表达,但社会传播必须是通过身教而形成社会习俗,所以传统社会亟需的是圣贤或君子,依靠他们以身作则产生教化的力量。孔子说:"君子之德,风。小人之德,草。草,上之风,必偃。"[①]在他看来,君子的行为,可导致社会大众的无意识效仿,小人甚至也会转变。

由于法律指引依赖人的自由意志和理性,有些时候指引可能失效。所以,实现秩序必须考虑到人是被决定的。在互动和模仿中形成的秩序可在不知不觉中决定人的行为。即使法律秩序的形成,其所依赖的心理机制主要也不是理性选择和法律威慑,而是守法中的互动和模仿,即互动中一部分人守法带动另一部分人守法,当守法者成为不守法者的行为环境时,不守法者就容易被守法者形成的环境所决定。当然,如果不守法者的影响力更强时,守法者也可能转变为不守法者。在这种互动之中,政府守法就变得特别重要,只有造就法治政府,才能在社会互动中更好地形成守法行为的自动模仿。

(二)提高个体自制能力,更有效地实现法律指引

法律指引依赖于自由意志和理性选择,而它们实现的共同基础就在于自制力,有了自制力才有可能摆脱欲望的冲动,具有自由选择的能力。里奇拉克(J. F. Rychalk)认为:"自由意志指的是改变那些我们为之而发出行为的前提的能力。"[②]这种改变人类行为前提(生物性预设和环境预设)的能力在很大程度上依赖于人的自制力。从前面的看守所调研中可以发现大部分犯罪行为是出于冲动和难以自控的因素。而冲动和自制力差往往也和违法行为有着强烈的关联。根据心理学家卡斯皮(Avshalom Caspi)和莫菲特(Terri Moffitt)的研究,3 岁时被鉴定为"低度控制",即冲动、焦躁、抗拒性、不能集中注意力和情绪波动的儿童进入 21 岁后成为罪犯的可能性要高很多。[③] 自制力差和大脑功能有密切的

---

① 《论语·颜渊》。

② [美]里奇拉克:《发现自由意志与个人责任》,许泽民、罗选民译,贵州人民出版社 1994 年版,第 258 页。

③ [美]平克:《人性中的善良天使:暴力为什么会减少》,安雯译,中信出版社 2015 年版,第 692 页。

关系。导致立即满足冲动的生理基础是大脑热系统,即大脑边缘系统,它包括愤怒回路、恐惧回路和优势回路等。耐心等待长时间收益的能力来自大脑冷系统,即脑额叶部分,它调控着情感回路的活动,控制人的行为。有实验发现,立即满足的可能性让实验对象的大脑纹状体和内侧眶额皮层部分闪闪发亮。而当他们的侧前额皮层比边缘系统更活跃的时候,他们便能抵抗住诱惑,选择远期的收益;当边缘体和侧前额叶同样活跃甚至比它更活跃的时候,他们则会屈服于眼前的诱惑。① 平克(Steven Pinker)形象地把"自制"比喻为大脑边缘系统和脑额叶之间的一场拔河比赛。② 但是,如果额叶一旦受伤,自制力将会出现严重问题,包括无抑制、冲动、精神错乱、呆板、固执、淡漠、缺少反应等行为偏差,产生的行为看起来是不完整的、不切题的或稀奇古怪的。③

自制力并不等同于智力或理性思维能力,青少年的逻辑推理能力和理解能力完全可以达到成人水平,但他们的自制力却难以和成人相比,相比成年人,他们更加冲动。在一项调查中发现,16 ~ 19 岁青少年驾驶汽车发生的碰撞的风险是 20 岁以上驾驶员的 4 倍。④ 青少年冲动是由于剧增的情感诉求与自控力之间的不平衡,而自控力一般要到 25 岁才能完全成型。⑤ 法律上有行为能力和责任能力的设定,中国民法规定年满 18 周岁的人具备完全的民事行为能力,刑法规定年满 16 周岁具备刑事责任能力。但实际上青少年的前额叶皮层的成熟要晚得多,要到 20 岁左右年轻人的大脑前额叶才能成熟,20 岁前额叶皮层的各种连接尚未完成,青春期冲动其实就是大脑寻求回路的活动,其活跃程度在 18 岁

---

① [美]平克:《人性中的善良天使:暴力为什么会减少》,安雯译,中信出版社 2015 年版,第 687 ~ 688 页。

② 同上书,第 687 页。

③ 参见[美]M. S. Gazzaanig 主编:《认知神经科学》,王甦,等译,上海教育出版社 1998 年版,第 401 页。

④ See Joseph M. Peraino, Patrick J. Fitz-Gerald, " Psychological Considerations in Direct Filing", *Colorado Lawyer* 40, 2011, p. 43.

⑤ 参见[英]戴维·刘易斯:《非理性冲动》,胡晓姣等译,中信出版社 2015 年版,第 64 页。

到达峰值。①

抛开青少年和成年人的差异，就成年人之间来说，在自制力方面也存在显著的差异，这也是不少人走上违法道路的重要原因。如果说违法行为是出于自身意志之外的因素，那么法律对他们的指引就是完全无效的；对于这部分人进行单纯的制裁既是没有意义的，也是不人道的。

针对这部分人，神经科学家提出的方案主要是治疗以及前额叶健身。针对大脑和身体的治疗方案在某种程度上有着侵犯人权的嫌疑。比如，在一些国家和地区，对强奸犯和恋童癖者进行化学阉割，一如捷克、波兰、俄罗斯、韩国、美国的一些州已立法通过了针对性犯罪者的化学阉割治疗方法。② 但是，政府有多大的权力去改变个体的大脑和身体？如果能够把握好国家权力的界限，同时防止副作用的发生，治疗便不失为一种有效的方法。随着科学的发展，对大脑认识的进一步深化，预计可以有更多的干预方法。

另一种方式就是伊格曼及其同事提出的前额叶健身，他们利用脑成像中的实时反馈来进行这种自制力锻炼。方法就是通过脑成像测量个体对某物渴望而发生反应的区域，然后将这些区域的活动水平用竖条显示在屏幕上。如果参与者压制住了渴望，竖条就会降下来。参与者努力让竖条降下来，一旦降下来就意味着成功地用额叶回路压制住了渴望网络的活动。③ 通过练习前额叶健身操，虽然人还是有渴望，但是自己却知道如何能够战胜渴望，获得自制。

除此之外，也有心理学家测试了宗教信仰和自控力的关系，证明了宗教有助于克制伤及他人利益的自私和冲动的行为，增加人们的自控力。④

---

① ［美］平克：《人性中的善良天使：暴力为什么会减少》，安雯译，中信出版社 2015 年版，第 693 页。

② 参见夏草：《刑罚的犯罪学演变——以化学阉割方式为视角》，载《学术探索》2013 年第 2 期。

③ ［美］伊格曼：《隐藏的自我——大脑的秘密生活》，唐璐译，湖南科学技术出版社 2013 年版，第 149～150 页。

④ 夏草：《刑罚的犯罪学演变——以化学阉割方式为视角》，载《学术探索》2013 年第 2 期。

实际上,中国传统文化中有非常丰富的训练自制力的制度和方法。礼乐教化和修养身心可以起节制情感,变化气质之功效。“夫礼,先王以承天之道,以治人之情。”①梁漱溟认为,礼乐设施的目的在于实现“清明安和”,以祛除“愚蔽偏执之情”和“强暴冲动之气”,使人的心理情致随之顿然变化而不觉。② 礼乐教化和修养身心为何有如此神奇的功效呢?

中国传统文化中的礼乐教化和身心修养是一个整体,礼乐教化塑造身体和行为,同时带来性格气质的变化。它所主张的身心一体观有别于西方的身心二元论,中国文化中的“修心”通常是用“修身”和“修行”取代,只有通过身体行为才会有体察、体验、体知、体悟,从而带来认知转变。从儒家的思想看,礼就是一种身体和行为的实践,所以,“礼,履也”,③“礼也者,犹体也”,④“礼者,所以正身也”。⑤ 按照这种身心观,适当的身体行为导致与之相适应的认知。这就是中国古代的身心合一的认知观。在一些学者看来,中国古代身心合一的认知观契合了当代认知科学中的身心认知观。⑥ 传统认知观把心智或认知看成是可以离开身体而独立存在的,心理学家极少考虑身体对心智的塑造作用。而具身认知强调身体的体验在认知过程中的关键作用,认知是通过身体的体验及其活动的方式形成的,它决定了我们怎样认识和看待世界,它和传统认知主义视身体为刺激的感受器和行为的效应器的观点完全不同。⑦

从社会心理学角度看,微妙的情境性力量,如角色、归责、统一性、符号或者团体共识等,很容易影响人的行为,让人根本难以觉察,而行为的发生往往塑造了我们关于自我的信念,我们实际上是我们行为的

---

① 《礼者·礼运》。

② 梁漱溟:《中国文化要义》,上海人民出版社 2005 年版,第 98~99 页。

③ 《说文解字》。

④ 《礼记·礼器》。

⑤ 《荀子·修身》。

⑥ 参见黎晓丹、叶浩生:《中国古代儒道思想中的具身认知观》,载《心理学报》2015 年第 5 期。

⑦ 参见叶浩生:《具身认知:认知心理学的新取向》,载《心理科学进展》2010 年第 5 期。

产物。[1] 社会互动中,一方通过礼来节制情感和行为,这种节制创造出一种情形性力量,这种情境性力量又继续影响另一方,使得另一方也节制其情感与行为。社会生活中,这种互动不断地发生并被推广。随着这种互动的普遍化,一个社会就形成了其独特的文化性格。研究人员发现,文化性格可以固化到基因层面被遗传下来。[2]

综上所述,个体的自制能力的形成既可以是个体努力的结果,也是文化影响的结果。只有具备了足够的自制能力或自制已成为社会习惯时,法律指引才能更好地发挥作用。

四、结　语

2000 多年前,古希腊德尔菲神庙就有着"认识你自己"的教谕,然而2000 年过去了,人们对自己仍然所知甚少。如果仅仅凭借个体对自己心理的理解,并不能真正了解自己,更不能真正了解别人,因为我们很难深入到自己无意识领域。所幸的是,现代心理学和神经科学的发展,让我们对于自我有了更深的认识,它慢慢在澄清我们对大脑活动以及行为的错误理解,改变社会科学研究中的人性预设。从认知科学的研究成果出发,或许我们还应该进一步理解传统法文化中"礼法结合"的真正意义,理解古人关于教化优先于刑罚的教谕,以启发我们对当代法治建设的思考。

---

① 参见[美]菲利普·津巴多、迈克尔·利佩:《态度改变与社会影响》,邓羽等译,人民邮电出版社 2007 年版,第 84 ~ 86 页。

② 参见[美]迈克尔·加扎尼加:《谁说了算:自由意志的心理学解读》,闾佳译,浙江人民出版社 2013 年版,第 174 ~ 177 页。

《法律和社会科学》
第 18 卷第 1 辑,第 216 ~234 页

对话朱景文:法社会学和比较法的研究交融

朱景文　陈柏峰　尤陈俊*

一、法社会学与批判法学

陈柏峰:和同一代学者甚至比您小很多的学者相比,您的研究领域非常宽泛。不仅涉及量化的法社会学,这在当今西方社会很"高大上",在中国也可以说是独一无二,还在比较法、法律全球化、后现代法学理论等方面都很有建树。在您成长的过程中,这种比较庞杂而过于宏大多元的知识视野是怎么来的?您在这一过程中有什么体会?

朱景文:我研究的领域包括法社会学、比较法学、传统法理学、后现代法学、批判法学等,基本上都属于理论法学或法律方法的范围。不管别人怎么批评我,我还不是一个专门研究西方法治的所谓的部门法学者。在这个意义上,研究法学的人应该有一个最基本的定位。

法理学包括法史学都有一个逐步发展、分化、

* 朱景文为中国人民大学法学院教授,陈柏峰为中南财经政法大学法学院教授,尤陈俊为中国人民大学法学院副教授。

综合的过程。像人大的孙国华教授、北大的沈宗灵教授、社科院法学所的吴大英教授等老一代的法理学家,虽然都已经去世,但在我的心中,这三位是研究中国法理学或者说“法的一般理论”的最杰出的代表。他们三位虽然都研究法理学,但侧重不同。孙国华老师最擅长的是马克思主义法理学,他对苏联早期、列宁和斯大林时代、苏联解体等各个时期的法律特别熟悉,谈起来如数家珍。沈宗灵老师最擅长的是现代西方法哲学和比较法,但他对法社会学也研究了不少。吴大英老师最擅长的是苏联的法理学,但他在比较法和中国的法律语言等领域也有非常广泛的研究。那个时期的法理学就是一种庞大的、综合的理论。

后来到了我们这一代,包括我、张文显教授、郑永流教授、朱苏力教授和其他很多学者,我们被称为“中生代”,但现在都已经进入老年了。这一代有很多人在学界很突出,他们的研究虽然涉及法理学领域的各个方面,但都有自己专攻的范围。例如,张文显教授的知识面很广,但主要集中在法哲学。朱苏力教授研究的领域主要集中在法社会学、法律与文学,在这些方面他很有才华,也很有想法。

就我而言,我更大的兴趣是在“法的一般理论”、法理学、后现代法学、批判法学、比较法学、法律全球化等领域。但这些年来,我下功夫最大的或者研究最多的,还是法社会学。法社会学可以有不同的说法,比如,“社科法学”或“法律社会学”或其他种种说法,但基本就是法律和社会。但我更关心经验实证方面,主要是从材料和数据出发。

尤陈俊:翻阅您 20 世纪 80 年代的作品,①可以发现,就当时许多前辈学者所接受的知识训练而言,很少有人像您这样对西方法理学和传统法理学这么了解。您的这种视野是如何养成的?

---

① 朱景文教授 20 世纪 80 年代发表的文章,如《论法的阶级性和社会性》,载《法学研究》1982 年第 4 期;《试论我国社会主义法的原则的体系》,载《法律学习与研究》1986 年第 8 期;《确立适合社会主义商品经济的法律观》,载《法学》1986 年第 7 期;《确立适合社会主义商品经济的法律观》,载《法律学习与研究》1986 年第 6 期;《论新时期我国法律职能的演变》,载《现代法学》1997 年第 3 期;《对传统法律观的挑战——美国批判法律研究与中国法学理论更新的比较》,载《比较法研究》1989 年第 2 期;《当前美国法理学发展的主要趋势》,载《中国人民大学学报》1989 年第 6 期。

朱景文:这是一个发现自己和知道自己擅长什么的过程。现在的法理学学科体系是由孙国华教授那一代人建立起来的,那个时候的法理学包括三个部分:一是法哲学、法的一般理论、法的本质、法的作用等;二是法和社会、法和经济、法和文化、法和政治等;三是法的规范理论、法律的规范体系、法律关系等。后来这三个部分慢慢分化。

尤陈俊:这个分化是在什么时候?

朱景文:大概在80年代中后期。法理学者最开始研究法社会学,包括法和经济、法和政治、法和文化等,但刚开始出现的法社会学是理论法社会学。因为法理学已经对法律、经济、政治、文化做出解释了,所以我们尝试用社会学的理论来讨论法理学的内容,加入一些像"法的分层"这样新的名词。这是一种转向,试图用一些社会科学当中已经形成的普适性理论和概念,来涵盖法理学当中的一些概念。因而当时最早写出的法社会学的文章和著作,基本上都属于理论法社会学。

要研究社会,最重要的还是要做经验研究,这在当时很缺乏。缺乏的原因我自己拿不准。后来我自己开始做经验研究,写了一本《现代西方法社会学》的书来介绍西方,①其中也用了很多中国的材料。后来随着中国法治的发展,大量的案例、数据、经验等实证材料出现,就不能再停留在80年代末90年代初的理论法社会学,于是就这样一步一步进入自己喜欢的领域。例如,属于我们这一代的季卫东教授当时最早进行这方面的研究。现在来看,他也是从理论法社会学的层次来解释,将社会学理论或政治理论运用到法律当中,但他提出的包括风险社会在内的很多理论已经超过了传统的理论。

法社会学研究有4种倾向。一是理论法社会学。我们绝不否认它的重要性,相对于经验法社会学,它有非常重要的意义,现在很多人都致力于这方面的研究。

二是法律文化研究。这和比较法的研究联系比较紧密,像梁治平和高鸿钧都是专门研究比较法的。研究法史和比较法的人都有这样一

---

① 朱景文:《现代西方法社会学》,法律出版社1994年版。

种偏好,因为通过统计等实证资料进行大的法文化研究很难。例如,黄宗智先生做的研究虽然能够找到一些材料,但这些材料本身有局限性,能不能全覆盖?能不能把这个事情解释清楚,把别的事情也能解释清楚?是不是有大而化一和以偏概全的情况?这很难说。但这种所谓的跨文化、跨历史、跨时代的研究是法社会学研究的一个非常重要的领域。

三是以苏力为代表的研究。苏力可能对数据不太敏感,但他诉诸人内心的是一种情感和感受。他最著名的,也是成名的一篇文章——《秋菊打官司》就涉及文学和人的内心。他通过每个人遇到事情的时候可能都会有的感受发出了一种感慨,例如,村长被带走的时候,秋菊提出的疑问:我追求的是这个吗?这是我要的那种法治吗?这确实是人内心的一种感受。有时候,文学的力量远比冷冰冰的数字和理论要鲜活得多。苏力之所以影响大,就是因为他所提出的问题能让人在内心深处感受得到。文学比其他的理论科学更具有吸引力的原因也在于此。至于人的内心到底应该怎么解释,那就是另一套理论了。

四是经验法社会学。虽然法社会学能做出一种更广泛的解释,但它有一个更主流的东西,这就是说出的结论要有根据,要用事实和数据等实证材料说话。这里还涉及你们这一代学者讲的社科法学。社科法学实际上是 law and social science,涉及法学是不是 social science、是不是 science 等问题,在广义上也可称为法社会学,也就是 sociology of law。我在美国和马考利、楚贝克一起聊天的时候,他们问我:"你研究什么?"我说:"sociology of law。"后来他们和我说:sociology 这个词太技术化了,在美国有一个叫"law and sociology"的协会,这是美国所有和法律有关的协会中最大的学会,会员可能超过了 1000 个,开会的时候,各个领域的学者都会来,不仅包括研究法理学的,美国真正研究法理学的没有几个人,大量研究宪法、民法、刑法的相关学者都会来,甚至研究经济学、历史学、社会学等领域的学者也会来。如果只把这个单纯看作是"sociology",如果别人不理解这个"sociology",那就都会排除。

80 年代前后,有一场"法律与发展运动"(law and development movement)。它和法学的区别在于,法学是从法律规范的视角来看待和思考问题。一个案例是否符合法律、下位法是否符合上位法、整个法律是否符合宪法,都属于这套理论。但“法律和发展运动”的本质就在于要跳出法条。马考利和楚贝克也认为研究法社会学或法律和社会的这批人最大的特点就是对法律采取怀疑的态度,法律并非不可逾越,对法律本身要进行批判,但这并不是法律虚无主义。一个事情出来以后,他们会考虑这个问题到底怎么了、法律本身的规定是否合理等,他们没有那种法律至高无上或法律如何优越的观点。

尤陈俊:您在20世纪80年代末90年代初就注意到美国的批判法学,①并陆续发表了一些作品,②当时除了您之外,还有信春鹰、沈宗灵、杨少南、吴玉章等人也发表过关于美国批判法学研究的评述文章。但根据我们对那一时期中国法理学论著所讨论的主要话题的了解,那时候很多法理学研究者最热衷讨论的是诸如“法治”“民主”等大词,因此你们这种关注点在当时似乎显得有些另类。您当时为什么会对美国的批判法学研究如此感兴趣?这种另类关注的兴起有什么背景?

朱景文:批判法学是在西方相对比较主流的理论的影响下形成的自由主义思想。后来到美国以后,我发现真正在美国学界有挑战性和起到震撼作用的,恰恰就是这种批判的理论。

针对这种批判的理论,我曾经问过他们:“在法学院内部,持批判主义的观点和持自由主义观点的比例到底有多大?”他们告诉我:“基本上是一半对一半。”而像一些主流的批判法学的代表人物包括“批判法学三巨头”都在哈佛大学。我那个时候40岁出头,比较热血,西方新自由主义在中国也比较时髦。但现在我们正在学的这套法理学在西方主

① 批判法学是20世纪60年代末产生于美国耶鲁大学法学院的一股法学思潮,70年代初传播到哈佛大学、斯坦福大学、乔治城大学、伯克利加利福尼亚大学等著名大学的法学院,到70年代中期成为一个以哈佛大学法学院为中心的声势浩大的法学运动。批判法学派的核心人物是哈佛大学法学院的三位教授,即邓肯·肯尼迪、莫顿·霍维茨、罗伯特·昂格尔,他们三人自称“三人集团”。此外,还有马克·图式内特、罗伯特·戈尔登等。其中昂格尔最有理论成就,被称为批判法学研究运动的“权威”和“头面人物”。

② 参见朱景文:《对传统法律观的挑战——美国批判法律研究与中国法学理论更新的比较》,载《比较法研究》1989年第2期;《对西方法律传统的挑战——评美国批判法律研究运动》,中国检察出版社1996年版。

流理论当中正受到批判，这似乎是一种反差。在今天，这个传统是不是还在继续？这到底怎么解释？这就要另说了。例如，特朗普上台以后，对人权、全球化、自由主义等观点，基本上都是持批判态度。现在中国已经举起了全球化的大旗，但现在在西方这已经慢慢变成了一种新右派。我们作为一个理论家，就需要好好想想这到底是怎么回事。有一种永恒的正义吗？或者说有一种我们认为最好的正义理论吗？没有。我们要面对的是社会的现实。特朗普面对的是美国社会的现实，所以他提出要用美国货和美国人，这就是一种非常实际的考量。同样，我们中国人其实也很讲究实用主义观念，把人权问题或全球化问题提到最高，都是需要付出代价的。理论从来都要跟着现实走，如果理论总是唱高调，最终一定会碰壁。在某种意义上，对法教义学的人来说，从法律出发是最基本的，但另一面是这些教义都需要和现实联系起来。理论有的时候很苍白，它最终要解决的是现实问题。

从 70 年代末开始到现在 40 多年，中国的理论变迁也很大。虽然都讲中国特色社会主义，但强调的重点不一样，这就是现实。虽然保持一致性，但为什么会有这样的变化？这是因为不同的时代有不同的策略，它本身有很多利弊得失。比如，让一部分人先富起来在当时起作用，但到了一定程度，面对的就是贫富差距越拉越大的实际情况。

陈柏峰：在今天，批判法学在美国整体上已经没落，中国法学界现在关注批判法学的学者也很少。批判法学对于今天中国的法理学还有借鉴意义吗？如果有，主要体现在哪些方面？

朱景文：批判法学的兴盛时期应该是在美国 70 年代到 80 年代中期以前，后来就慢慢衰落下去了。但批判法学所代表的从左翼方面对主流理论的挑战仍在继续着，比如女权主义和种族批判等，这在美国依然是一股很强的势头。批判法学的衰落和当时全球的整体形势有关，这不仅仅是美国的问题。美国的批判法学主要是从左翼的立场和实证主义的角度出发来看待问题。理论衰落与否要看问题的根源，即引起这种思潮的根源是减弱了？还是仍然存在，甚至在某种程度上还起着非常大的作用？比如，贫富的差距是否存在？在法学院的学生中，穷人的孩子有多少?富人的孩子有多少?在就业招工的时候,穷人有多少?大家是否有平等的机会?这些是贫富差距的着眼点。再如,美国女权主义的着眼点是社会是否实际解决或比较好地减小了妇女和男人在各个方面的歧视和差距,种族批判的着眼点是不同种族的人是否真的都能得到平等对待。我始终认为批判法学可能在某一时刻会衰落下去,但只要问题没有解决,批判法学总会以这种或者那种形式或立场表现出来。

实际上,左翼思潮强调的是社会差距,是意识形态所掩盖的事实上的不平等,在实际生活中它总是表现出来,这就是根源所在。而自由主义的思潮强调的是社会团结、社会整合和社会的一致性,这和我们强调的社会和谐的理论有某种共同性,但当强调社会和谐的时候,很多东西被掩盖了,社会不和谐的因素实际上是相当大的,而这背后的东西恰恰就是现实。

一方面,改革开放给我们带来了巨大的好处,每个人都能感觉到生产力和家庭收入等各方面都取得了很大的提高;另一方面,改革开放也带来了各种差距,差距越来越大,甚至比以前在某种程度上还要大。改革带来的好处在社会的各个阶层中分配不均,有的阶层拿了"大头",而且这个"大头"掩盖了很多方面,而有的阶层只拿了"小头",这个"小头"可能和自己过去与自己的家庭相比确实是好了,但和其他阶层相比,差别越来越大。社会中这两方面都必不可少,忽视哪个方面都可能是片面的。在强调社会和谐和社会统一性的时候,必须要看到社会差距这一面。作为有良知的理论家或法学家不能昧着良心去说话,应该面对或解决社会的问题。

尤陈俊:自20世纪90年代以来,您发表了很多法社会学研究方面的论文。在您所引介的域外法社会学的知识资源方面,您对以马考利、楚贝克、格兰特等人为代表的维斯康星学派尤其关注。这是基于一种什么样的考虑?

朱景文:我在威斯康星大学做了1年的访问学者,和这些法社会学的奠基者有过直接的接触。当然在80年代我去威斯康星大学之前,楚贝克最早来北京就是我接待的。当时我们聊了很多,楚贝克当时想到哈佛大学工作,但哈佛委员会讨论没有通过,这是一件在当时美国法学界很震惊的事情,当时美国法学界有个说法——“哈佛正在成为世界的这个黎巴嫩”。楚贝克的智力和影响在中年一代中是毫无疑问的,他又和肯尼迪是朋友,他们在学术观点上的各个方面也有很多交流,但这个事情的结果就是拒批,因为当时各个派别之间相互争论得非常厉害。威斯康星学派中,观点不同于楚贝克的人也很多,例如格兰特。虽然格兰特和楚贝克是最早在法律发展运动当中对美国主流提出挑战的,但后来他们在学术观点上还是分道扬镳了。相对来说,格兰特比较偏中性,而楚贝克比较偏左翼。

虽然确实有很多学派,各个学院也都有法社会学,但相对来说,法社会学比较正宗的理论还是威斯康星学派,因为他们的很多东西靠的是经验研究,用事实和数据说话。尽管在很多人看来,我的思想有些“左”,但无论有什么样的观点,都必须要拿数据和事实说话,因为这不是一种泄愤式或愤青式的情绪表达。你提出这样一种观点,你有多少理论的、事实的或数据的根据,这就是我在威斯康星的收获。可能许多具体的理论我已经忘了,但最主要的要用事实和数据说话令我记忆深刻。美国研究法社会学的人多种多样,都来自不同的传统,但公认的真正的中心是在威斯康星,因为他们这些人始终是这么做的。威斯康星大学法学院的特征是 law in action 而不是 law in books。虽然马考利和楚贝克过去是耶鲁的,但他们的很多话在法学殿堂中,包括像在哈佛大学,别人都不爱听。马考利非常注重非诉讼纠纷解决机制,尽量避免通过诉讼来解决问题,他是最早提出 law in action 的人。

尤陈俊:批判法学会受到很多来自自由主义法学的攻击。在哈佛,昂格尔和肯尼迪很受排挤,甚至有人强调说,这帮人会影响到哈佛同事之间的关系,因此要把批判法学从哈佛赶出去。因而这一波研究现实的学者就机缘巧合之下聚集在威斯康星,这会不会和这个机缘有关系?

朱景文:或许有这个可能,但就学术而言,从来都是这样。即使到现在,哈佛和耶鲁作为美国两个顶尖的大学,基本上也形成了一种比较对立的局面。哈佛比较保守,但现在来看,左翼的或者相当一部分持批判态度的人集中在哈佛;耶鲁也具有批判精神,尤其是宪法学界,但现在更多的是右翼的或自由主义的传统比较流行,自由主义和超自由主义的传统都是从那里来的。

在某种程度上,现在耶鲁的那些人更吃香一些,但在特朗普上台以后,这些人就未必吃香了。我曾经问过美国的一位学者:“特朗普上台之后,学界和法学院的反映怎么样。”他说:“在哈佛,只有一个教授支持川普,剩下的都反对。”特朗普批判全球化、主张用美国人、买美国货,思想相对保守。作为一个学者可能因顾及脸面,当面不敢说在全球化下美国是受害者,但如果他真心支持特朗普,那确实很丢人。这可能也是学界想表达的一种对立自由,但内心到底是怎样想的,那就是另一回事了。

陈柏峰:在法社会学的理论资源方面,欧洲有马克斯·韦伯、涂尔干、卢曼等人的传统,美国则有庞德、马考利、楚贝克、格兰特、弗里德曼等人的传统。您如何看待这两种学术传统的差别?这两种学术传统对于中国法学界各自有何意义?

朱景文:欧洲传统确实受到这些人的影响,比较注重大的社会理论框架,对于法律的解释只是其整个社会理论的一部分,要从大的系统来看法律问题,这是欧洲的传统,给人的震撼和启发很大。但这套理论框架在面对现实的时候,如何进行解释,就会遇到一些问题。比如,韦伯提出了理性和非理性、形式和实质的这套理论,认为理性的和形式的是发展的最高阶段。从整个世界的发展情况来看确实是这样,但在碰到个案的时候,就会受到人们这样或那样的质疑。比如按照韦伯的理论分类,英国法是实质的、非理性的,不是形式的、理性的,但资本主义最早又是在英国发展起来的,而且英国成为“日不落帝国”,这应该怎么解释?再如,不管中国发展的道路多么曲折,但毕竟在短短30年内中国的经济确实上来了,如果按照韦伯的理论,也同样解释不了中国问题。那在这些理论中,又有多少实证的东西?

要想了解美国的法学,就必须要和实用主义哲学联系起来。换言之,如果只知道欧洲批判的传统和理论,不了解美国的实用主义传统,也就不可能真正了解美国的法学，具体包括：在30年代美国的法律现实主义是怎么出现的？具体内容是什么？它为什么用这样的思路来思考美国的问题？现在的批判法学和经济分析法学都是美国人自己研究出来的，而实用主义的传统正好是他们土生土长的东西。他们也考虑欧洲的那些问题，也思考韦伯和涂尔干等人提出的那些理论，但怎么证明这些问题和理论，他们有自己的一套思路，这是特别突出的地方。威斯康星的传统就是研究 law in action，本身没有多么深奥的理论，在构建宏大理论这个层次上，它远远不如欧洲，似乎并没有多大的建树，但他们就是从一个社会的理论或观点出发，通过实证材料来证明或证伪，要不然只会是一种理论设想，而不能再前进一步，美国的贡献正在于此。如何勾画出一种能够得到验证并且比较精致的理论或例证是美国理论的优势所在，而中国的理论往往还停留在比较宏观的层面上，如何证明或证伪还有一段相当长的路要走。

一方面，我认为中国现在的传统可能更接近于欧陆的传统，偏向于大的、宏观的理论，我们也比较擅长做这个工作，但理论的精细化、一体性和自主性还要进一步去研究。官方的话语比学者的话语要强得多，学者的话语也往往跟着官方的话语走，而能够起到像韦伯那种作用的学者几乎是凤毛麟角，很难找到。也有人说，中国现在不可能再出现一个像郭沫若一样通晓各类知识的人。现在既了解各种领域，也知晓历史和现实的人很少，每个人可能只专注于一个方面，能够产生像韦伯这样的人的时代已经过去。我们现在还在用政治理论进行解释，如何将政治话语变为学术话语还需要下很大的功夫。如果中国理论界和各个学科都努力的话，或许在这个方向上还能够继续前进。

另一方面，美国的传统是实证。研究理论确实需要实证的材料来支撑，但我们自己的功力有限。研究社会学的人对社会学的理论和方法很熟悉，但让他来研究法律问题，就可能没有那个功力，抓不住问题的要害和实质。如果对“法治是什么”这个问题弄不清楚，只用社会学的方法是做不成的。所以要求这两方面都要懂，但哪一方面都不容易。我觉得第一步是各个学科要建立起大致的理论框架，其次才是用什么样的方法来证实或证伪这些问题,这就需要脚踏实地的研究。

尤陈俊:和国内不少做法社会学研究的学者相比,您似乎更青睐定量研究。比如,您1996年参加郑杭生教授主持的《中国人民大学社会发展研究报告》①项目时,便尝试设计其中的法律指标体系,后来从2007年开始您又主持出版《中国法律发展报告》②以及近期在做的法治评估,都主要是定量研究。这是基于一种什么考虑?您如何看待法社会学研究中的定性与定量研究?

朱景文:这是一种机缘。当时参与郑杭生教授主持的项目的人除了从事文史哲工作,还包括从事经济、法学、统计学等工作的人。社会科学的一个基本方法是要从数据和事实出发,对材料做出解释,而不是从规范出发。改革开放以后,我国的立法数量和诉讼数量越来越多,这就需要拿出一个所谓"越来越多"的统计数据来。这就是法学模仿经济学和社会学而形成的一个传统方法。当时我们这么做也是一种设想和试验,因为当时在法学领域中我们熟悉的方法是规范研究,这种数量的研究可行吗?可能吗?

在当时,这其实就是一个简单的实验。我们做了一个关于立法、诉讼和法律职业的统计,到了2007年,得出一个结论:中国改革开放以来,法律、诉讼和法律职业有越来越多的趋势。这能说明什么,大家也各有各的解释。在我们能观察到的现象当中,除了在规范研究中能够看到的"质"的一面以外,确实还有大量用数据表示变化的"量"的一面。这就是一个模仿他们去做的机遇,后来就一直沿着这条路走下去了,越做越觉得还是挺有味道的。

实际上,从郑杭生教授主持的《中国社会发展报告》开始一直到2015年,我们的工作就是把国家已经公布的现有数据进行收集和整理,形成《中国法律发展报告》。所有的数据都不是我们创造的,我们

① 参见郑杭生:《中国人民大学中国社会发展研究报告2005》,中国人民大学出版社2005年版。

② 朱景文:《中国法律发展报告》,中国人民大学出版社2007年版。

只不过是将国家已经公布的数据搜集和整理起来。这看起来是一个很简单的工作,但简单绝不意味着容易,因为有很多数据今年有,明年没有,或者今年一个说法,明年又是另一个说法,统计口径不同。如果遇到这些问题,我们就会尽量想办法统一口径。实际上,这项工作应该由国家的相关部门去做,但如果今年发布一个数据,明年又发布另一个数据,最后说增长了,统计口径都不同,那这个增长能说明什么呢?我们其实取代了国家的有关机构去做这样一个"搬运工"的工作。当然多年研究下来,我们也发现了一些寻找客观数据的方法。

用事实和数据说话是我们的宗旨,这个宗旨不能变。但数据本身究竟说明了什么?很多时候确实需要好好想想。比如刚刚提到的,改革开放之前的法律屈指可数,有人说,"当时我们只有两部法律,一个'国'和一个'家'的,'国'的是宪法,'家'的是婚姻法",剩下的都是指令性和临时性的,长期起作用的就是这两部。改革开放后,中国的法律越来越多。到了2010年,中国特色社会主义法律体系形成,当时大概已经有240件法律了。对于我们现在研究法治评估来说,数量变多了是好还是不好?从"无法可依"到"有法可依",在一定程度上来说当然是好的,但是不是越多就越好呢?

进一步说,我们的诉讼量过去很小,改革开放第1年全国的诉讼量加在一起约50万件,到现在我们将近2000万件,这个数量的猛增说明人们越来越依赖法院来解决纠纷,似乎法院在解决纠纷中越来越处于中心的地位,但另一面也可以想,是不是诉讼越多就越好?这个指标本身究竟说明了什么?这些问题都很值得我们好好思考。所以从去年开始,我们从客观指标转向了主观评估。从被访问者的满意度出发,包括你觉得我们的司法公信力怎么样、我们立法是否符合实际等问题。这些内容当然比较主观,大家各有各的看法,但当主观评价中对某个东西的感受占到了一定比例的时候,这就不是个人的主观评价的问题了,而是一个社会相当大的一部分人对司法机关是否公正的评价问题。你能说这是主观的吗?尽管它来源于人们的主观感受,但有相当大的社会阶层的"面儿"在支撑着这个问题。

尤陈俊:这有点类似于社会学所讲的“刻板印象”,①是一种对职业的整体印象!

朱景文:对。就主观感受举个例子。针对社会治安状况,犯罪率好像是一个最佳的指标,犯罪率高,社会治安一定不好;犯罪率低,社会治安一定好。但在有些情况下,犯罪率纯粹是胡编的,这时候就需要依赖主观感觉。比如,你觉得你居住的小区安全吗?在你居住的这个小区,晚上12点之后你敢独自出去吗?

所以现在的法治评估就包括社会评估在内。尤其是一些国际组织在做这方面研究的时候,越来越多的不是依赖于各个国家所提供的官方数据,统计口径不同是其中一个原因,另一个原因在于官方数据不一定可靠,因此选择通过访谈来观察主观感受。但我并不是否定客观数据,如果客观数据真实可靠,确实会有相应的作用和重要性,但这些客观数据本身代表什么意思?究竟能说明什么?这需要弄清楚。客观数据与主观感受相结合是一种最完美的形式。但要做到这一点,相当不容易,还需要一段时间。但从现在主流的社会学和统计学研究的发展来看,很多评估都越来越重视主观感受。

二、比较法社会学与中国法理学

陈柏峰:2001年,您在中国人民大学出版社出版的《比较法社会学的框架和方法——法制化、本土化和全球化》②一书中提出要建立“比较法社会学”。这种比较法社会学与法社会学、比较法有什么实质性关联和不同?

朱景文:我自己是把比较法和法社会学结合起来进行研究的。

---

① 刻板印象主要是指人们对某个事物或物体形成的一种概括固定的看法,并把这种看法推而广之,认为这个事物或者整体都具有该特征,而忽视个体差异。

② 朱景文:《比较法社会学的框架和方法——法制化、本土化和全球化》,中国人民大学出版社2001年版。

比较法是对不同国家的法律制度的比较。一般来说,尤其从占主流的比较法著作来说,它的大量研究都是一种规范的研究,比如,比较中国的刑法和美国的刑法、比较我们正在制定的民法典的结构和德国民法典的结构。当然,比较法想要做深入的研究,就会进入功能比较的层次。比较法不是由学者"拍脑袋"而比较美国和德国的制度。任何事情都可以作比较,但比较的意义何在?如果两个国家的法律制度在历史和现实中从来没有接触过,这种比较的意义就很有限。

在我看来,如果进行功能比较,或者说要做一个所谓历史沿革的比较法研究,就必须建立在现实的基础上,也就是说这两个被比较的国家必须在历史上或现实中有过接触。用研究法史的人的话来说,比较法研究最核心的问题就是法律移植,没有法律移植,做比较法研究就是无用的。有些国家在历史上和现实中从来没有接触过,虽然任何两个事物都有相同点和不同点,但这样比较是没有意思的。某些制度在中国的历史传统中从来没有过,只是由于某种事件将其引入到中国以后,这个制度才在中国出现,这时候我们再研究这个制度的历史沿革才是有必要的。功能比较必然就会涉及社会或社会结构的层次。那种规范的比较仅仅是在教义学的基础上进行的一种比较,所做出来的比较法是一种非常浅层次的比较法。

研究法社会学,尤其是研究经验法社会学的人一般都局限在国内,从统计数据出发,说句老实话,能把国内这一块做好,就相当不错了。但像现在梁治平和高鸿钧做跨文化的比较研究,分别找出不同国家的问题根源,不是一件容易的事情。关于这个问题,我在威斯康星大学的时候还专门向格兰特请教过,格兰特说:"比较法社会学是一件很不容易的事情,最大的难点在于掌握的资料有限,我研究了这么多年的法社会学,除了对美国、加拿大、欧洲若干个国家、日本等的情况了解一些外,对其他国家很难有比较全面的掌握,更不要说全世界,从而也就无法展开一种经验性和实证性的研究。"但我依然认为比较法的研究要跳出规范研究和教义学的框架,还是得沿着这条路走,而不能仅仅停留在"为什么两个国家会有不同?因为法律文化不同"这样一种层面上。

过去认为"文化是个筐,什么都能装",当什么问题解释不通的时候,就归因于文化——这其实是一种解释不通的方法。做研究就是要拿出可信赖的理由,说明二者之间究竟为什么会不同,我们想做的也正是这一步。

尤陈俊:您除了在法社会学方面很有建树外,在比较法学方面也有很多研究。您曾经在《法学家》[①]上发表过文章,认为当时比较法的发展有一个从规范的比较到功能的比较的趋势。但在今天,功能主义的比较法研究也受到很多学者的批判,甚至巴兹尔·马克西尼斯在其《比较法:法院与书院》一书中将比较法研究的现状评价为"英雄暮年"。[②] 您如何看待比较法学研究的现状以及在中国从事比较法研究的前景?

朱景文:比较法之所以能成为一个学科,其根源到底在哪?这是一个最基本的问题。比较法难道仅仅是把两个国家或两个有管辖权的地方的法律制度摆出来,看相同点和不同点是什么,然后做一个规范的比较吗?如果只是这样的话,这个学科的存在有什么意义呢?比如,谈到中国民法的时候,把中国民法的体例和德国、法国的做一个比较就结束了,那还有没有必要进行比较法研究呢?甚至有人还提出,是不是包括宪法、民法、行政法在内的一切学科都可以比较着去教?这就是比较法?我认为这样存在的比较法学科过于简单,在内容上毫无创新,只是运用了比较的方法进行教学。现在民法学的很多老师们都是这样比较着去教学,这就是比较法研究吗?这就是比较法作为一个独立的学科存在的根据吗?对此我是存疑的。法理也是同样的道理,各个学派都有自己的看法和观点,但这就是法理学吗?在实质上,你的增量究竟是什么?这才是作为一个学科存在的逻辑。

就像刚才谈到的功能性比较确实有它的缺陷和不足。功能性比较

① 参见朱景文:《从规范的比较到功能的比较——比较法发展的一个趋势》,载《法学家》1993 年第 2 期。

② 参见[英]巴兹尔·马克西尼斯:《比较法:法院与书院》,苏彦新、胡德胜等译,清华大学出版社 2008 年。

是针对规范比较的不足产生的。规范比较必须要求有相同的规范，这个国家有刑法、民法，那个国家也有刑法、民法，而且名称也差不多。如果没有相同的规范，这个国家有，那个国家没有，规范比较根本没用。这时候，功能性比较就产生了。功能性比较的前提是要有共同问题。针对这个问题，这个国家可能是用这种规范和方式解决，而另一个国家是用另一种方式和法律解决。如果没有这个前提，功能比较也就没有意义了。

比如，关于青少年犯罪的问题。有的国家有专门惩治青少年不法行为的法律，甚至专门设立青少年的法庭；有的国家没有专门惩治青少年犯罪的法律，青少年与成年人都在同样的法庭；还有的国家根本不由法律解决，而是交由社区和家庭来解决。这时候，名称不一样，内容也不一样，规范比较根本没有办法做。

再如，关于通奸的问题。有的国家用刑法；有的国家用行政法；还有的国家根本不用法律来解决。这时候规范比较根本不行，只能以问题为中心。换言之，通奸的问题在哪个国家都有，只要出现这种问题，都会用这种或那种方法加以解决。这种比较就是功能性比较，但当被比较的国家没有相同的问题，或者虽然有相同的问题，但问题的性质完全不一样，这时候功能性比较也就失效了。

又如，控制人口在世界各国都是一个要面临的问题，但问题的性质在世界各国完全不一样。像北欧、日本等发达国家现在面临的是推动人口增长，通过一些手段的刺激来提高生育率。而像印度等发展中国家面临的则是如何降低生育率的问题。这些国家都有关于人口的问题，但问题的性质完全不一样，比较这两个国家就没有意义。功能性比较的失效就在于问题不一样，这时候我们要善于在脑子中转换。这就回到了教义学的问题上，如果只知道文本和规范，是没有一点用处的。所以比较法要求人们的知识面很广，不仅需要知晓外国法，还需要了解外国法产生的经济、政治、文化等背景，绝不是把文本拿来就行的，那就是一张废纸。

陈柏峰：您曾经在《法学家》2000 年第 2 期发表过一篇题为《关于

法理学向何处去的一点看法》的短文，[①]反思了法理学界的内部和外部对这个学科的现状产生各种不满的原因。在《人民日报》2017年2月13日对您的采访中，[②]您对法理学的研究做了回顾和评价，指出了中国法理学在发展过程中出现的一些短板，比如，“中国法理学存在的主要问题是对中国问题的关注程度不足，中国法理学的话语体系不健全，对中国问题的解释缺乏理论自信”，“从法学理论的结构看，中国法理学比较擅长对法律问题的价值研究和社会研究，而规范研究不足；善于把法律问题政治化，不善于把政治问题法律化”等等。您怎么看待中国法理学的研究现状（比如法教义学与社科法学之间的争鸣）？您对中国法理学的发展趋势有何展望？

朱景文：改革开放初期，无论是从孔夫子开始的传统体系，还是实现社会主义以后从苏联继受而来的马克思主义法理学的体系，好像都变成了被批判的对象，包括人治和法治的争论，法的阶级性和社会性的讨论等，这些问题在我看来好像都处于一个阶段。在发展的过程中，我不是说要回到中国传统的儒家法律文化当中，也不是说要回到苏联时期解释的马克思主义法理学的传统中，但这些问题确实值得我们好好思考。曾经有一段时间，大家都感觉到我们可以到美国和欧洲去讲学和讲课，讲中国和中国的法理学，但在国内，从国外回来的这些人一般都是讲美国和欧洲，似乎在中国，讲国外的多就吃香，就像我80年代讲批判法学的时候，好多人去听。当时，邓正来对哈耶克进行研究，出版的著作也很多。我曾经问过他：“你在中国讲哈耶克可以，因为我们对自由主义不了解，但你在国外讲些什么呢？你研究的哈耶克和一个欧洲人研究的哈耶克究竟有什么不同？你自己的学术贡献到底在哪里？”他听了以后也无言以对。这就是一个尴尬，我也一样。在改革开放之后出现的中生代中，这些人的使命是什么？是不是就是卖外国货，最先把外国的东西引进来，像个传声筒一样？但到了国外又可以讲什

① 参见朱景文：《关于法理学向何处去的一点看法》，载《法学》2000年第2期。

② 参见《彰显法理学的中国精神（学苑论衡）——访中国人民大学法学院教授朱景文》，载《人民日报》2017年2月13日。

么呢？

在相当长的一个时期，我们自己的角色和中国法治发展的程度密切相关。那个时候，我们没有自己的理论，理论都是西方的，如果把中国的儒家传统和改革开放以前所讲的马克思主义法理学拿过来，在学者当中肯定不吃香。但这些文化遗传应该怎么对待？如果到国外去，国外的学者关心的就是中国，因此作为中国学者，如何把中国的传统和现实问题向国外学者讲清楚是很不容易的。这也是这一代人必不可少的责任、担当和历史使命。

关于我个人的学术转向，是如何转到法社会学的？我本身对法社会学比较感兴趣，经过这么多年的积累，收集了很多方面的数据，之后也慢慢热衷于研究这些问题。比如，中国立法和诉讼越来越多，相应地在国外有没有这样的时期？这是怎么回事？当美国或其他国家在面临诉讼爆炸的时候，它在理论上是怎么解释的？如果我们能把中国的这个问题解释清楚，就相当不错了。

所以我认为，必须面对中国问题，解释中国问题。我觉得我们在这方面的关注程度和下的功夫远远不够。我们现在中年这一代的法理学者对西方理论的了解程度远远差于对中国古代传统的了解程度。尽管专业是实实在在的，但如果对中国思想史没有深入的研究，谈论中西法理学就根本站不住脚。这是一个非常深刻的感受。

现在中国法理学的现状和地位究竟如何？我们的话语权不多，属于我们自己的法理学的标示性概念还提不出来。这种现象在其他学科也同样存在。有些人就是生搬硬套，他们自己也知道。比如在民法领域，到底有哪些是生于中国、长于中国的理论？当然我不是说没有和世界各国相通的东西，但恰恰民法不同于宪法和行政法，它是最根植于一个国家和社会的传统当中的学科，如果在这一领域都提不出标识性的概念和理论，一味去追求所谓的西方理论和现代理论，过了若干年以后，我们应该拿什么交代？

中国法理学甚至中国法学在相当大的程度上需要仰仗于中国思想史和中国制度史的提炼。我不是说中国的东西都是好的，腐朽的东西也都是好的,但是要"化腐朽为神奇",把我们内在的精华提炼出来,这可能就是未来中国法理学的出路。我们现实的东西是从历史当中一步步走过来的,没有这些是不行的,自己凭空创造出来一个东西,这是科学吗?我们需要站在前人的肩膀上,哪怕走一小步,就已经相当不错了,这就是实事求是。

《法律和社会科学》
第18卷第1辑，第235～237页

编辑手记：家事法的社会科学研究

贺 欣*

在中国法学的版图上，家事法可谓"后娘养的"——一个复杂却得不到重视的领域。它无法与被称为"母法"的宪法相比，也不占据法理学的传统高位，没有机会像商法那样在经济改革中弄潮，更甭提与显赫的民法、刑法、行政法、程序法争锋。它长期被视为民法中的一个小旮旯，处"江湖"之末流。难怪鲜有年轻学者投身，研究人才青黄不接。

边缘并不意味着不重要。在当今的中国，离婚已经是一个很普遍的现象。据官方公布的数据，2016年共有416万对夫妇离婚，而离婚诉讼高达140万件。有估计认为，大城市如北京，离婚率高达40%。同时，中国1/3的家庭中存在家庭暴力，家暴是诱发离婚的主要原因。离婚和家庭问题直接引发恶性事件，甚至影响社会稳定。

家事法的重要性并不仅仅表现在离婚和家庭暴力的广泛性上。从家事法的制定到实施，它就不仅仅是民法的小分支，而是国家试图控制家庭和社会的巨大机器中的一个重要组成部分。想想有关计划生育的政策和法律，它们甚至规范人们在床上

---

* 香港大学法律学院教授。

的行为。不同的立法方向和司法行为,体现了国家在何种程度上渗透和控制社会。此外,也体现了个人和家庭是如何抵制和对抗这种控制。这两个方面几乎界定了当代社会私人空间的范围。在这个意义上,家事法从来就是彰显国家、法律和社会关系的最佳的窗口和切入点。这也就是为什么在海外的中国研究中,家事法从来都是重点。

如果把焦距拉近,进入诉讼的离婚案件就是关键的研究课题。条文上的法律固然重要,需要回答的是法律如何运作。当法律有规定且清晰时,法官如何解读法律?当法律缺失时,他们如何应对?调解何时进行?如何进行?使用什么话语?法官如何处理子女抚养权、外遇、性能力等情感爆灯的争议?如何定义和解释过错?需要什么样的证据?当法官和警察没有按照法律的要求介入家庭暴力的事件而产生极端的后果时,他们是否需要承担责任?

如果转换视角,试图通过法官与当事人和诉讼参与人的互动来理解法官的行为模式时,它其实是一个复杂而微妙的过程。法官似乎手握大权,但运用这种权力时却束手束脚、如履薄冰。他们必须按照一定的原则和规则行事,同时,他们必须面对一群需要重新安排生活的当事人。绝大多数当事人对法律世界是陌生的,他们中的大多数希望来法院寻求帮助,期待新生。也有一些人抵制变化,不愿意被推入别人设定的轨道。他们经历的是一场充满期待、怀疑、挫折,甚至是对抗的过程。法官面对的是一群情绪激动、身陷危机、对离婚决定模棱两可、常怀着过高期待的当事人。法官需要关注他们情绪上的不稳定以及难以预期的行为。法官在执行权力和履行职责时,触及的是鲜活生命中情感的旋涡和深藏的秘密,他们必须在作负责任的决定和防止被这些旋涡卷入之间找到平衡。

相对于丰富的经验事实,当前的家事法研究可谓"前不着村,后不着店。"传统家事法学对中华人民共和国成立以来的历史甚少着墨,对正来发生、将来必然成为趋势的女权主义的影响几乎置若罔闻。对"两性平等""保护妇女、儿童权利"等原则也缺乏深入的调查和拷问。硕果仅存的是紧跟政治风向的调解成功学和家事审判改革。即使这样的研究也大多是想象建构为主,关注的是“尚未发生的事。”

在这样的背景下,我们组织了这一辑“家事法社科研究”专号。①文章选题覆盖面广,从历史到当代、从行为到话语、从审判到调解、从异性恋到同性恋、从大陆到香港。研究方法多样,从经验到女权、从历史到学理,从档案到田野。作者大多是新生代,他们思想活跃、精力充沛、闯劲十足。我们希望这些文章会成为家事法研究兴起的契机。

① 为筹备这辑专号,我们还于 2019 年 4 月 27 日在香港大学法律学院举办了“China's Family Law in Action”工作坊。此外,《法律和社会科学》在 2013 年也曾推出“私人生活与法律”专号(第 11 卷)。

图书在版编目(CIP)数据

法律和社会科学. 第18卷. 第1辑 / 贺欣主编. --
北京：法律出版社, 2020
ISBN 978-7-5197-4591-2

Ⅰ. ①法… Ⅱ. ①贺… Ⅲ. ①法律-文集 Ⅳ.
①D9-53

中国版本图书馆CIP数据核字(2020)第092149号

法律和社会科学(第18卷第1辑)
FALÜ HE SHEHUI KEXUE
(DI-18 JUAN DI-1 JI)

贺 欣 主编

责任编辑 韩满春
装帧设计 马 帅

出版 法律出版社
总发行 中国法律图书有限公司
经销 新华书店
印刷 北京虎彩文化传播有限公司
责任校对 李景美
责任印制 陶 松

编辑统筹 学术·对外出版分社
开本 710毫米×1000毫米 1/16
印张 15.25
字数 206千
版本 2020年6月第1版
印次 2020年6月第1次印刷

法律出版社/北京市丰台区莲花池西里7号(100073)
网址/www.lawpress.com.cn
投稿邮箱/info@lawpress.com.cn
举报维权邮箱/jbwq@lawpress.com.cn
销售热线/400-660-8393
咨询电话/010-63939796

中国法律图书有限公司/北京市丰台区莲花池西里7号(100073)
全国各地中法图分、子公司销售电话：
统一销售客服/400-660-8393/6393
第一法律书店/010-83938432/8433
西安分公司/029-85330678
重庆分公司/023-67453036
上海分公司/021-62071639/1636
深圳分公司/0755-83072995

书号:ISBN 978-7-5197-4591-2
定价:68.00元